Dietmar Grieser

Das späte Glück

*Wer nicht mehr liebt und nicht
mehr irrt, der lasse sich begraben.*

Goethe

Für Dorothea

Inhalt

Vorwort   13

———

»Auf Händen müßt ihr ihn tragen!«   16
Constanze Mozart und Nikolaus von Nissen

»Für dich erblühend in Wonne ...«   31
Richard Wagner und Carrie Pringle

———

Die lieblichste der lieblichsten Gestalten   42
Johann Wolfgang von Goethe und Ulrike von Levetzow

»Eine Art Gesundheitsliebe ...«   57
Heinrich Heine und Elise Krinitz

Zweiter Anlauf   71
Edgar Allan Poe und Elmira Royster

»Meine kleine Elfe ...«   81
Henrik Ibsen und Rosa Fitinghoff

»Ich weiß und fühle ...«   94
Arthur Schnitzler und Suzanne Clauser

»Ein wunderbares Wesen ...«   *107*
Franz Kafka und Dora Diamant

»Du liebes, liebes Mädel!«   *121*
Josef Weinheber und Gerda Janota

»Ich bin der Schuldige!«   *135*
Hans Fallada und Ursula Losch

Mit Haut und Haar   *148*
Joseph Roth und Irmgard Keun

———

»Ich werde ewig unglücklich sein ...«   *160*
Leonardo da Vinci und Francesco Melzi

Die ehrbare Dirne   *170*
Rembrandt und Hendrickje Stoffels

»Liebe Mizzi!«   *180*
Gustav Klimt und Marie Zimmermann

Die Hölle   *193*
Richard Gerstl und Mathilde Schönberg

Die Kokosnuß   *204*
Amedeo Modigliani und Jeanne Hébuterne

———

Kein süßer Fratz *221*
Fred Astaire und Robyn Smith

»Gib nur acht, über Nacht kommt
die Liebe …« *231*
Greta Keller und Wolfgang Nebmaier

Je ne regrette rien *242*
Edith Piaf und Théo Sarapo

———

Schlechter Verlierer *255*
Napoleon Bonaparte und Fanny Bertrand

———

Literaturverzeichnis *265*
Bildnachweis *272*

11

Vorwort

Nimmt die partnerschaftliche Zuwendung – entgegen den pessimistischen Parolen von der allgemeinen Verrohung der Welt – stetig an Intensität zu? Wird heute mehr geliebt als in früheren Zeiten? Nicht nur die Jungen, die immer eher ins Intimleben eintreten: Auch die Alten reklamieren ihr Recht auf Liebe, ja sogar ihren Anspruch auf Sex. Schon in den *Bucolica*, den Hirtengesängen des römischen Dichters Vergil, lesen wir: »Alles bezwingt die Liebe.« Bezwingt sie auch das *Alter*? Und Goethe, der mit gutem Beispiel vorangeht und sich als Vierundsiebzigjähriger während seiner Marienbader Kuraufenthalte nach den Zärtlichkeiten der fünfundfünfzig Jahre jüngeren Ulrike von Levetzow verzehrt, geht sogar noch einen Schritt weiter: »Wer nicht mehr liebt und nicht mehr irrt, der lasse sich begraben.«

Vor allem die großen Künstler, denen ihr Charisma zu allen Zeiten die Gabe verliehen hat, noch gegen Ende ihres Lebens umworben zu sein, haben es den anderen, den minder Begünstigten, immer wieder vorexerziert: Das Wunder der »letzten Liebe« – es ist kein leerer Wahn. Leonardo da Vinci und Rembrandt, Heine und Ibsen, Richard Wagner und Emile Zola sind eindrucksvolle Beispiele dafür. In neuerer Zeit stoßen wir auf die Namen Modigliani und Klimt, Schnitzler und Kafka, Weinheber und Fallada. Auch die Mozart-Witwe Constanze, der Tänzer Fred Astaire und die

Sängerin Edith Piaf zählen zum Kreis jener Auserwählten,
denen Gott Eros eine Art zweites Leben vergönnt hat.
Nicht immer freilich wird den Jungen, die sich auf eine Beziehung zu einem alternden Menschen einlassen, ihr
»Opfer« gedankt: Die walisische Malerin Gwen John, die
dem sechsunddreißig Jahre älteren Auguste Rodin in dessen
letzten Lebensjahren Modell sitzt, gerät in eine so zerstöre-
rische, ja erniedrigende Abhängigkeit von dem greisen Bildhauer, daß sie darüber all ihre eigene Kreativität einbüßt und
in tiefster Verzweiflung endet. Und Kurt Tucholsky, der im
schwedischen Exil seine Gefühle zwischen der Schweizer
Ärztin Dr. Hedwig Müller und seiner Haushälterin Gertru-
de Meyer »aufteilt«, setzt in seinem kurz vorm Tod nieder-
geschriebenen Testament weder die eine noch die andere als
Universalerbin ein, sondern – seine Exgattin Mary Gerold.
»Spätes Glück« – da darf auch an die Wiener Modistin Emilie Trampusch erinnert werden, die Johann Strauß Vater aus
seiner Ehe mit Anna Streim ausbrechen läßt und dem zehn
Jahre Älteren noch siebenfache Vaterfreuden beschert, an
den österreichischen Großkaufmann Julius Meinl und die
vierzig Jahre jüngere Japanerin Michiko Tanaka, an die Wiener Salondame Berta Zuckerkandl und ihr Nahverhältnis zu
dem französischen Politiker Georges Clemenceau, an die
»amour fou« des Malers Richard Gerstl und der Schönberg-
Gattin Mathilde, an die gegen heftigsten Widerstand der
Familie der Braut durchgesetzte Eheschließung des acht-
undsiebzigjährigen Cello-Virtuosen Pablo Casals mit dessen
achtzehnjähriger Schülerin Marta Montañez, an die stür-
misch verlaufende Liaison des Richard-Wagner-Enkels Wie-
land mit der Sängerin Anja Silja, an die Blitzheirat des durch
die Veröffentlichung seiner Tagebücher berühmt geworde-

14

nen Dresdner Gelehrten Victor Klemperer und seiner fünfundvierzig Jahre jüngeren Studentin Hadwig Kirchner, an
die Eheschließung des achtundachtzigjährigen Johannes
Heesters mit der blutjungen Kollegin Simone Rethel, an den
Hollywood-Schauspieler Leon Askin, der als Hochbetagter
in seine Geburtsstadt Wien heimkehrt und dort noch mit
fünfundneunzig vor den Standesbeamten tritt.

Die Öffentlichkeit, die Fälle wie diese mit kritischer Aufmerksamkeit verfolgt, reagiert unterschiedlich: Gehen die
einen, zwischen bloßem Unverständnis und offenem Ab-
scheu schwankend, pikiert auf Distanz, so erblicken die anderen in dem späten Miteinander zweier Menschen eine ans
Wunderbare grenzende Gnade, deren auch sie, kommen sie
einmal selber in die Jahre, nur zu gern teilhaftig würden.

Im vorliegenden Buch werden Sie, verehrte Leserin, ver-
ehrter Leser, weder auf das eine noch auf das andere treffen:
Der Autor beschränkt sich, gestützt auf die ihm zur Verfügung stehenden Quellen, aufs streng sachliche Referieren.

Der 1990 verstorbene Schriftsteller und Kritiker György Se-
bestyén hat für die Beurteilung eines meiner früheren, ähn-
licher Thematik gewidmeten Werke die schöne Formulie-
rung »Kulturgeschichte des Gefühls« geprägt. Zu dieser
noch wenig entwickelten Sparte möge auch mein neues
Buch ein Beitrag sein.

Dietmar Grieser

»Auf Händen müßt ihr ihn tragen!«

Constanze Mozart und Nikolaus von Nissen

In einem Alter, wo manche andere erst in den Brautstand tritt, wird *sie* bereits Witwe: Als Mozart am 5. Dezember 1791 stirbt, ist Constanze neunundzwanzig, in genau einem Monat wäre ihr dreißigster Geburtstag zu feiern. Doch nach Feiern ist der sechsfachen Mutter, von deren Kindern allerdings nur die Söhne Carl und Franz Xaver Wolfgang am Leben geblieben sind, nicht zumute: Hat sie sich nicht aus Verzweiflung über den Verlust des geliebten Mannes gar in dessen Bett gelegt, um angesteckt zu werden und ihm in den Tod zu folgen?

Ja, es ist wahr: Sie neigt zur Koketterie, die zweitjüngste Tochter des Mannheimer Souffleurs Franz Fridolin Weber, und Mozart tobt jedesmal vor Eifersucht, wenn sie sich beim Pfänderspiel von jungen Offizieren die Waden messen läßt. Aber auch, wenn's noch so oft danach aussieht: Zu einem Seitensprung hat sie es niemals kommen lassen. Ihrem Wolferl ist sie treu: Weder vorher noch gar nebenher gibt es in ihrem jungen Leben einen zweiten Mann.

Nun also diese erschreckende Leere in der auf einmal viel zu großen Wohnung: Die Beletage im Kleinen Kayser-Haus, Stadt Nr. 970 (heutige Adresse: Wien I., Rauhensteingasse 8), umfaßt sechs Zimmer, zwei Küchen, Dachboden, Keller und Holzgewölb. Dazu kommt die akute Geldnot der Mozarts: Seit acht Jahren auf Pump lebend, hat Wolferl seiner

Familie – der ältere der beiden Buben ist knapp sieben, der jüngere gar erst viereinhalb Monate alt – einen wahren Schuldenberg hinterlassen. Einer der Gläubiger verübt einen Selbstmordversuch.

Von den Verwandten kann die junge Witwe keinerlei Hilfe erwarten, also wendet sie sich mit ihrem Gesuch um eine Gnadenpension an den Kaiser. Das erste, was Leopold II. der Bittstellerin zugesteht, ist die Abhaltung einer musikalischen Akademie, an der der gesamte Hof teilnimmt. Von den fünfzehnhundert Gulden, die das Konzert abwirft, werden hundertfünfzig Dukaten an die Hinterbliebenen ausgezahlt. Und am 12. März des folgenden Jahres wird Constanzes Pensionsantrag stattgegeben – freilich nur in der Höhe eines Drittels des Mozart-Gehaltes: zweihundertsechsundsechzig Gulden per anno.

Um sich und die beiden unmündigen Kinder durchzubringen, muß sie also dazuverdienen. Sie versucht es mit Konzerten – zuerst in Wien, dann auch in Leipzig, Dresden und Prag. Und am 28. Februar 1796 – da ruht Mozart bereits über vier Jahre unter der Erde – steht Constanze sogar als Sängerin auf der Bühne: Im Königlichen Opern-Theater zu Berlin übernimmt die inzwischen Vierunddreißigjährige eine der Partien in »La Clemenza di Tito«.

Aber sowohl die Erträge aus den Konzerten wie die aus dem gelegentlichen Verkauf von Partituren aus dem Mozart-Nachlaß (so etwa an König Friedrich Wilhelm II., der ihr auf ein entsprechendes Bittgesuch hin acht Stücke abnimmt) sind nur ein Tropfen auf den heißen Stein: Constanze Mozart muß sich um regelmäßige Einnahmen umsehen. Wie wär's, wenn sie einen Teil ihrer Wohnung an zahlungskräftige Zimmerherren vermietet?

Constanze ist umgezogen – zuerst in ein bescheideneres Quartier im Judengäßchen, nun in die geräumige Wohnung im obersten Stockwerk des Michaelerhauses. Hier kann sie endlich auch wieder Gäste empfangen, musikalische Soireen arrangieren. Künstler aus Mannheim und Berlin, aus Prag und Paris, die zu Konzerten in Wien weilen, rechnen es sich zur Ehre an, der Witwe Mozart ihre Aufwartung zu machen, und auch die Wiener Gesellschaft, der allmählich zu dämmern beginnt, welches Jahrhundertgenie dieser mit kaum sechsunddreißig Jahren aus dem Leben Gerissene gewesen ist, zeigt sich ergriffen, wenn dessen Gefährtin vor ihre Gäste hintritt und sie nicht nur verköstigt, sondern auch bei einem der Quartette mitwirkt oder gar eine Mozart-Ariette zum besten gibt.

Einer dieser Stammgäste im Michaelerhaus ist der Diplomat Georg August von Griesinger. Selbst Legationssekretär an der sächsischen Gesandtschaft in Wien, ist er mit einem Kollegen von der dänischen Vertretung befreundet, der seit 1793 in Wien amtiert, und ihn, Nikolaus Nissen mit Namen, aus Hadersleben in Nordschleswig stammend und Sproß einer französischen Mutter, führt er anläßlich einer der Soireen der Saison 1797/98 bei Constanze Mozart ein. Legationssekretär Nissen ist unter allen Gästen des Abends der mit Abstand dankbarste: Selber hochmusikalisch, schon als Kind am Klavier ausgebildet, nun aber die Flöte bevorzugend, kennt er viele der Mozart-Kompositionen, hat etliche der Opern gehört, liebt vor allem die »Zauberflöte«, ist also selig, in Gestalt der Mozart-Witwe seinem Idol nahe zu sein.

Auch Constanze zeigt sich von dem ein Jahr Älteren, seinem Enthusiasmus und seiner weichen Stimme mit dem angenehmen dänischen Akzent angetan, und als man nach erster

*Mit neunundzwanzig
Witwe: Constanze
Mozart*

Konversation über Fachliches, etwa übers Sonatenspiel,
auch auf Persönliches zu sprechen kommt und sich herausstellt, daß der ebenso artige wie hochgebildete Fremde auf
Wohnungssuche ist, bietet ihm Constanze ein Untermietzimmer in ihrer geräumigen Bleibe am Michaelerplatz an.
Kurz darauf bezieht Nikolaus Nissen sein neues Logis hinter
der Hofburg, Tür an Tür mit Constanze Mozart, und da
deren Kinder, die inzwischen dreizehn bzw. sechs Jahre alten
Buben, ohne Vater sind, springt der hilfsbereit-fürsorgliche
Untermieter von Stund an überall ein, wo männlicher Rat
gefragt ist. Er lehrt sie lateinische Grammatik und französische Aussprache, plagt sich mit ihnen in Algebra und geo-

metrischen Beweisen, und wenn die Musikstunde ansteht, schiebt er »Wowi«, dem Knirps, drei Sitzkissen unter, damit die kleinen Hände zu den Klaviertasten hinaufreichen.

Die Gefühle, die Nikolaus Nissen vom Tag des Kennenlernens an für die Mutter der beiden Halbwaisen empfindet, muß er zunächst noch für sich behalten: Nur zu deutlich spürt er, daß er für die ersehnte Annäherung eine Menge Geduld wird aufbringen müssen. Immerhin ist auf dem Umweg über die Kinder mancherlei Andeutung möglich – etwa, wenn er den offensichtlich dem Vater nachgeratenden, hochmusikalischen »Wowi« dazu anhält, zu Mutters Namenstag ein kleines Rondo zu komponieren, sein Opus Nummer eins fein säuberlich abzuschreiben und der freudig überraschten Jubilarin auf den Gabentisch zu legen.

Nissen ist ein ernster, grundsolider Mann. Und er sieht gut aus – trotz der leicht fliehenden hohen Stirn und des schon frühzeitig schütteren fahlblonden Haupthaares. Aber auch Constanze ist bei allem Liebreiz keine Schönheit. Nissen ist größer von Wuchs als Mozart, sein eigentliches Kapital sind die blauen Augen, die zugleich Klugheit und Güte ausdrücken. An die Frau, die einmal sein Leben teilen soll, stellt der junge Diplomat so hohe charakterliche Ansprüche, daß die zwei Kandidatinnen, die seinen bisherigen Weg gekreuzt haben, sich verschreckt von ihm zurückgezogen haben.

Auch Constanze verhält sich ihrem Verehrer gegenüber spröde. Andererseits ist sie des Alleinseins müde: Es ist also zunächst ein Gefühl tiefer Dankbarkeit, das sie schließlich doch zu dem ein Jahr Älteren hinzieht. Zum vertrauten »Du« mag sie sich nur durchringen, weil auch die Kinder ihn duzen, ja mit der Zeit sogar von der Anrede »Onkel« zu der Anrede »Vater« übergehen.

Es ist also keine stürmische Leidenschaft, die sich da zwischen den beiden Enddreißigern anbahnt, und auch, als ihr Zusammenleben längst eheähnlichen Charakter hat, lassen sie beinahe zwölf Jahre verstreichen, bis sie vor den Traualtar treten. Das liegt allerdings nicht nur an Constanzes Zurückhaltung, sondern hat auch handfeste praktische Gründe: Als Diplomat im Dienste des Königs von Dänemark ist Nikolaus Nissen niedrig besoldet, und Constanze verlöre im Fall einer Eheschließung ihre Witwenpension. Obwohl es beiden jedesmal wie ein Stich durchs Herz geht, nehmen sie in Kauf, daß sie in den Pausen der Konzerte, die sie gemeinsam besuchen, von ihren Freunden als »Herr Nissen und Frau Mozart« herumgereicht werden.

Da alles noch so beharrliche Werben um die auch formelle Besiegelung ihres Bundes weiterhin an Constanzes Widerstand scheitert, greift Nissen zu einem Mittel, das ihm vor allem von seiner stolzen Mutter, als sie davon erfährt, eine strenge Rüge einträgt: Er schreibt der Frau, mit der er in einem und demselben Haushalt lebt, zärtliche Briefe. »Liebste Freundin« und »Liebe Mozartine« nennt er sie abwechselnd in den fein gedrechselten Episteln, die er ihr neben das Bett, auf die Kommode oder auch auf den Küchentisch legt. Und da die Adressatin die amourösen Billets doux ihrem Verehrer wortlos zurückgibt, nimmt deren Ton nach und nach an Schärfe zu: »Hasse mich, aber liebe mich nicht halb!« steht in einem der Briefe. Und er endet mit den Worten »Dein Dich verzweifelt suchender N.«

Wenn es also schon mit dem Gang zum Traualtar so übermäßig lange dauert, bemüht sich Nikolaus Nissen mit um so größerem Eifer, sich seiner störrischen Geliebten in den Dingen des Alltags unentbehrlich zu machen. Er bringt ihr

*Beharrlicher
Brautwerber:
Nikolaus von Nissen*

bei, Briefe zu schreiben, vor allem Geschäftsbriefe, die ihr,
der Hüterin des Mozart-Nachlasses, den Umgang mit den
ausbeuterischen Verlagen erleichtern sollen; er lehrt sie mit
dem vorhandenen Geld hauszuhalten; er weitet, wofür sie
bislang nicht das geringste Interesse aufgebracht hat, sogar
ihren Blick fürs Politische; er hält sie dazu an, in die Papier-
stöße, die überall in der Wohnung herumliegen und unter
denen sich so manche Kostbarkeit von Mozarts Hand befindet, Ordnung zu bringen; er sorgt dafür, daß die Bittschrei-
ben ehrgeiziger junger Musiker, die der Witwe ihres Idols
ihre Erstlingswerke vorlegen und sich von ihr Zuspruch erhoffen, nicht unerledigt bleiben; ja, er schafft es sogar, aus
der Frau, die es mit der Verantwortung fürs Fortkommen
der mittlerweile heranwachsenden Söhne nicht immer allzu
ernst nimmt, eine gute Mutter zu machen.

Dies vor allem rechnet sie ihm hoch an. Ihre Einsicht kommt
freilich reichlich spät: Erst, als Nikolaus Nissen bereits im
Sterben liegt, schreibt Constanze an Sohn Carl nach Mai-

land: »Alles, was er mit so vieler Mühe tut, tut er nur für Dich und Deinen Bruder. Es ist grenzenlos. Ja, so einen gütigen Vater, wie Ihr Flegel ihn habt, gibt es nicht viele. Wenn Ihr's nur auch verdient! Auf Händen, mit Baumwolle umwunden, daß Ihr ihm nicht wehe tut, müßt Ihr ihn tragen!«

Rührt sich da vielleicht gar ihr schlechtes Gewissen? Die Söhne jedenfalls lassen es an Verehrung für den Mann, den sie nun schon lange ihren Vater nennen, nicht fehlen. Daß sie – jeder auf seine Art – das Schicksal so vieler Geniesprößlinge teilen, denen es nicht gelingen will, aus dem übergroßen Schatten des Vaters herauszutreten, steht auf einem anderen Blatt: Carl bringt es in seiner Wahlheimat Italien nur bis zum subalternen Kleinbeamten einer Steuerbehörde, und Franz Xaver Wolfgang, bei dem das musikalische Erbe des Vaters stärker durchschlägt, kann sich zwar als Klavierlehrer und Chorleiter einen Namen machen, nicht aber als Kapellmeister und Komponist.

Die Hochzeit von Constanze Mozart und Nikolaus Nissen, die nun doch endlich zustande kommt – am 26. Juni 1809 treten die beiden Endvierziger im Martinsdom zu Preßburg vor den Traualtar –, findet in Abwesenheit der Mozart-Söhne statt. Ein Musiklehrer und ein Hauptmann, beides Wien-Flüchtlinge wie das Brautpaar, denen allesamt die vom sieg-reichen Napoleon unterdrückte Haupt- und Residenzstadt verleidet ist, sind als Trauzeugen die einzigen, die dem fei-erlichen Akt beiwohnen. Doch die Schlichtheit der Zeremo-nie in der fast leeren fremden Kirche darf nicht zu der An-nahme verleiten, hier entledigten sich eine verzagte Witwe und ein frustrierter Junggeselle einer lästigen Pflicht: Ihrer beider »Ja« kommt aus vollem Herzen, Constanze Mozart und Nikolaus Nissen sind mittlerweile zu einem Paar zusammengewachsen, dessen reife Liebe jeder Erschütterung, die womöglich noch auf sie zukommen könnte, eisern standhält.

Einige Zeit kann er es vor ihr verbergen, dann aber fährt Nissen immer öfter panikartig aus dem Schlaf auf, und Constanze weiß aus seinen Angstzuständen und Brustbeschwerden die richtigen Schlüsse zu ziehen: Ihr Mann ist krank. Besonders, wenn er sich bei der Arbeit übernimmt, meldet sich sein schwaches Herz. Es bleibt ihm keine andere Wahl, als seinen König um Versetzung auf einen ruhigeren Posten zu ersuchen, und da sein Antrag allzu lange unerledigt liegenbleibt, wandelt er ihn eines Tages in ein Gesuch um Entlassung in den vorzeitigen Ruhestand um. Nun endlich reagiert sein Dienstherr, und er reagiert auf noble Weise: Nissen werden zum Abschied der renommierte Danebrog-Orden sowie der Titel Etatsrat verliehen. Vor allem Letzteres gefällt auch seiner Frau: Constanze genießt es, von nun an als »Etatsrätin von Nissen« angesprochen zu werden, und auch in ihrer Korrespondenz geht sie dazu über, sich mit dem wohlklingenden Titel zu schmücken, der mit dem ebenfalls begehrten »von« verknüpft ist.

Ein Problem, das nun freilich auch zu lösen ist, ist die Frage: Was soll man da eigentlich noch in Österreich, in Wien? Das Ehepaar von Nissen rüstet zur Übersiedlung in die Heimat des Gatten. Im vertrauten Kopenhagen, so ist sich der erst achtundvierzigjährige Exdiplomat sicher, wird er eher als im von Napoleons Truppen besetzten Wien eine Betätigung finden, die sich mit seiner schwer angeschlagenen Gesundheit vereinbaren läßt.

Constanze zerbricht sich derweil den Kopf darüber, was von dem vielen Hausrat den Weg nach Kopenhagen mit antreten soll. Am schwersten fällt ihr die Trennung vom alten Mozart-Klavier, das bisher jeden Wohnungswechsel mitgemacht hat: Sohn Carl, der diesbezüglich Interesse angemeldet hat, soll es bekommen. Zehn Dukaten für die Verpackung und fünf für den Transport berechnet der Spediteur, der die Überstellung nach Mailand abwickelt. Und damit »Wowi«, der jüngere der Mozart-Söhne, nicht eifersüchtig wird, wird Carl das Versprechen abgenommen, er werde seinem Bruder gegenüber behaupten, das kostbare Stück sei mit nach Kopenhagen gegangen.

Die Übersiedlung der Eheleute nach Dänemark hat eine mißliche und eine gute Seite: Momentan schlecht bei Kasse, können sie sich keinen eigenen Wagen leisten, sondern müssen sich, zusammen mit allerlei fremdem Volk, mit der Postkutsche begnügen. Dafür aber kommen die beiden auf der langen, von vielerlei Aufenthalten in Landgasthöfen unterbrochenen Reise einander näher als je zuvor: Die vielen neuen Gesichter und die ständig wechselnden Herbergen – da zieht man sich umso mehr zurück, sucht beim Partner Geborgenheit.

Kopenhagen nimmt nicht nur den Landsmann, sondern auch dessen Gefährtin herzlich auf, Nissens Freunde von einst stehen bereit, dem Paar unter die Arme zu greifen, und auch der erhoffte Posten für den nunmehrigen Herrn Etatsrat findet sich alsbald: Als Zensor der politischen Blätter bezieht er zwar nur einen geringen Sold, doch dafür strengt ihn das Zerpflücken der Zeitungen nicht stärker an, als es seiner angeschlagenen Physis zuträglich ist.

Die Wohnung in der Lavendelgasse, die nun für über zehn Jahre ihre Lebensmitte bilden wird, ist zwar bescheiden, doch kann man sich immerhin für die Hausarbeit eine Magd leisten, und da an derselben Adresse ein Traiteur werkt, der seinen Kunden zu erschwinglichen Preisen die fertigen Mahlzeiten in die Wohnung liefert, fällt es auch nicht weiter ins Gewicht, daß Constanze noch immer nicht kochen kann.

Auch fürs Musikalische ist vorgesorgt: Bis man daran denken kann, bei einem der Wiener Instrumentenmacher ein neues Klavier zu bestellen, begnügt man sich mit einem Clavichord, das Constanze bei ihren täglichen Stimmübungen unterstützt. Und was die Mozart-Witwe ganz besonders freut: Auch in Kopenhagen werden Wolferls Werke aufgeführt, ja die Verehrung für den nun schon seit drei Jahrzehnten Toten nimmt solche Formen an, daß einer der reichen Kaufleute der Stadt, als er Vater eines Sohnes wird, den Neugeborenen auf den Vornamen Mozart taufen läßt.

Jetzt wird allmählich auch die Zeit reif, ein Projekt anzugehen, das für Nikolaus von Nissen seit Jahr und Tag ein Herzenswunsch ist: Er hat vor, die noch immer ausständige große Mozart-Biographie zu schreiben. In Schachteln und Mappen, Briefumschlägen und Stößen von Heften liegt das sorgfältig gesammelte, kopierte und wohlgeordnete Material bereit, eine Batterie gespitzter Schreibfedern wartet auf dem Sekretär des Archivzimmers nur darauf, ins Tintenfaß getaucht zu werden. Zuvor aber gehen noch Bittbriefe in großer Zahl an all jene Adressen, die weitere Details über Leben und Werk des Meisters verheißen, und vor allen anderen ist es klarerweise Constanze, die sich mit Fragen löchern lassen muß – Fragen, auf die sie, die notorisch Vergeßliche und von Natur aus Unordentliche, nicht immer eine Antwort weiß.

Was dem ehrgeizigen Unternehmen des übergenauen, ja pedantischen Nissen entgegensteht, ist dessen rapid sich verschlimmerndes Herzleiden: Nur mit größter Überwindung vermag Constanze die vom Arzt verordneten Prozeduren auszuführen – etwa, wenn dieser seinem Patienten zumutet, sich zur Linderung der Krämpfe abwechselnd siedend heißes und eiskaltes Wasser auf die Brust gießen zu lassen. Ob es da nicht vielleicht doch besser wäre, nach Österreich zurückzukehren und von Salzburg aus den Kurort Gastein anzupeilen, von dessen Heilkräften man seit einiger Zeit wahre Wunderdinge hört?

Sommer 1821. Das Haus in Kopenhagen wird verkauft, via München reist das Ehepaar Nissen zur Kur nach Gastein; beim Straubinger, dem ersten Haus am Platze, sind zwei Zimmer frei. An das Toben des Wildbaches, das auch durch die geschlossenen Fenster dringt, gewöhnt man sich rasch. Die verordneten Bäder tun dem Patienten gut: Wenn er von den Aufgüssen in der Badestube in den Gasthof zurückkehrt, verschlingt er sein Saftgulasch mit einem Heißhunger, als wäre er nicht ein Mann von sechzig, sondern ein kraftstrotzender junger Bursche.

Inzwischen ist auch alles für die Übersiedlung nach Salzburg Nötige in die Wege geleitet: Im Haus des Bürgermeisters Anton Heffter am Alten Markt findet man Unterschlupf, bis das endgültige Quartier auf dem Nonnberg bezugsfertig ist. Und hier, wo man von der weinlaubüberdachten Holzbank im Garten bis zur Getreidegasse hinunterblicken kann, in der Mozart zur Welt gekommen ist, setzt Nikolaus von Nissen sein Alterswerk fort, und auch wenn die ihm verbleibenden fünf Lebensjahre nicht dazu ausreichen werden, die große Mozart-Biographie zu vollenden: Sich hier, beflügelt

27

vom Genius loci, in Wesen und Schaffen des Hochverehrten zu versenken, bedeutet dem Schwerkranken höchste, vielleicht sogar lebensverlängernde Erfüllung.

Jetzt auf einmal wachsen ihm auch die Kräfte zu, mit Constanze eine weitere Deutschlandreise zu unternehmen, um die mit Mozart verbundenen Stätten und Personen aufzusuchen; die Kuraufenthalte in Gastein werden zur alljährlichen Übung. Und wenn man wieder daheim ist in dem Häuschen neben dem Nonnenkloster, wo das Bild des kleinen Wolferl mit dem Spielzeugdegen an der Wand hängt, der Stich mit Schwester Nannerl und Vater Leopold am Klavier sowie das Porträt der Söhne Carl und »Wowi«, die einander zärtlich umschlingen, dann ist um die beiden Eheleute eine Atmosphäre späten stillen Glücks, die für Stunden all die Mühsal des Krankseins und der Todesnähe vergessen macht.

Ein wesentliches Element dieses ehelichen Glücks ist es, daß Nikolaus Nissen in bezug auf seinen Vorgänger nicht nur keinerlei Eifersucht empfindet, sondern Mozart in den Bund einbezieht. Auch bei allem, was Constanze in dieser Richtung unternimmt, ist *er* die treibende Kraft – ob sie, begleitet von Nissens Freund Griesinger, einen letzten (vergeblichen) Versuch unternimmt, auf dem Friedhof von St. Marx Mozarts Grab zu finden, ob er ihr anläßlich von Salieris Tod das wiederauflebende alte Gerücht auszureden versucht, der »schlimme« Mann habe seinen Konkurrenten durch Giftmord beseitigt, oder ob er sie dazu anhält, sich über ihre berechtigten Vorbehalte gegen Mozarts Schwester Nannerl hinwegzusetzen und der Erblindeten in deren Haus in der Kirchgasse ihre Aufwartung zu machen. Wenn es um Mozart geht, schlägt Constanze ihrem Mann keinen Wunsch ab, und sie ist es schließlich auch, die das zunächst ins

Stocken geratende und im Winter 1825/26 gänzlich zum Erliegen kommende Projekt der Mozart-Biographie zuendeführt.

Nissen selber, nun als Folge seines körperlichen Verfalls leutscheu werdend, vergeßlich und verwirrt, ist dazu nicht mehr imstande: Der Arzt verordnet dem Fünfundsechzigjährigen kalte Umschläge, läßt ihn zur Ader, empfiehlt statt fester Nahrung nur noch Rhabarbersaft. Am 22. März 1826 schließt er ihm, der zuletzt nur noch wortlos seinen Dank für all die Obsorge ausdrücken kann, die Augen: Constanze von Nissen verwitwete Mozart geborene Weber ist zum zweitenmal Witwe, zum zweitenmal allein.

Sie hat das Ende kommen sehen, ist auf alles vorbereitet gewesen – erst, als die Leichenträger den Toten abholen, bricht Constanze schluchzend zusammen. Im Familiengrab auf dem Salzburger Sebastiansfriedhof wird Nikolaus von Nissen beigesetzt. Als einige Wochen später der Steinmetz den nach ihren Anweisungen angefertigten Grabstein abliefert, entdeckt Constanze den Fehler, der ihr bei der Textierung unterlaufen ist: Nicht Hardensleben ist der Name von Nissens Geburtsort, sondern Hadersleben. Doch jetzt, nachdem der Meißel sein Werk getan hat, ist es fürs Ausbessern zu spät: Constanze kommen die Tränen. Doch es sind Tränen, in die sich auch ein leises Lächeln mischt: Was würde er, der es mit allem Geschriebenen so genau genommen und der ihr, der mit Orthographie und Zeichensetzung stets auf Kriegsfuß Stehenden, geduldig die Fehler ausgebessert hat, wohl zu diesem peinlichen »Rückfall« sagen? Reißt nun, wo er seiner geliebten »Mozartine« nicht mehr über die Schulter schauen kann, wieder der alte Schlendrian ein? Einen »Wirrkopf« hätte er sie wohl genannt – wie so oft in all den

Jahren. Aber er hätte es ohne alle Strenge getan, ohne Rechthaberei. Sondern voller Verständnis, Geduld und Zärtlichkeit. Und wohl gleichfalls mit einem leisen Lächeln.

Nach der Seelenmesse in der Universitätskirche, bei der Sohn Franz Xaver Wolfgang alle, die dabei sind, mit Mozarts Requiem zu Tränen rührt, geht Constanze daran, ihr ferneres Leben zu ordnen. So traurig es ist, daß am selben Tag wie sie auch Sophie, ihre jüngste Schwester, den Mann verloren hat – für die beiden Witwen ist es wie ein Fingerzeig von oben, ihren künftigen Lebensweg gemeinsam zu beschreiten: Constanze holt Sophie zu sich ins Haus. Die jüngere werkt in der Küche, die ältere am Sekretär. Sechzehn Jahre hat Constanze noch vor sich: Am 6. März 1842, zwei Monate nach ihrem achtzigsten Geburtstag, stirbt sie an Lungenlähmung und wird im Mozart-Weberischen Familiengrab an der Seite ihres zweiten Mannes beigesetzt.

»Für dich erblühend in Wonne …«

Richard Wagner und Carrie Pringle

Die Affäre mit *Mathilde Wesendonk* liegt beinahe zwanzig Jahre zurück; *jetzt* ist auch des Meisters Leidenschaft für *Judith Gautier* am Verglimmen. Zwei Musen unterschiedlichen Typs: Hat die deutsche Industriellengattin mit ihrer leidenschaftlichen Hinwendung zu Richard Wagner vor allem dessen *Werk* befruchtet und nicht nur an den Wesendonk-Liedern, sondern am Entstehen des »Tristan« starken Anteil, so ist die Beziehung zu der französischen Schriftstellerin eine auch in *erotischer* Hinsicht voll ausgelebte Romanze. Nicht umsonst haben ihr die Pariser Freunde den Spitznamen »Orkan« verliehen: Wie im Sturm erobert die blühende junge Frau Herz und Sinne des siebenunddreißig Jahre Älteren, der sich seinerseits, um seine Virilität zu beweisen, zum Gockel macht und vor den Augen der Angebeteten auf die Bäume im Park von Wahnfried klettert, ja sogar an der Fassade des Hauses herumturnt.

Ausdrücklich nimmt der Dreiundsechzigjährige das Recht auf »Kindereien« für sich in Anspruch, und weilt Judith, mit der er sich in ihrem Bayreuther Versteck vergnügt, außer Landes, so überschüttet er sie nicht nur mit glühenden Liebesbriefen, sondern auch mit den absonderlichsten Wünschen. Einmal soll sie ihm aus Paris Riechkissen schicken, die er sich zwischen die Leibwäsche legen will, um von ihrem

Duft inspiriert zu werden, dann wiederum verlangt er nach einer geblümten Decke für seine Chaiselongue, der er den Namen »Judith« gibt.

Beide Liebenden sind verheiratet: sie mit dem Schriftsteller Catulle Mendès, er seit 1870 mit der vierundzwanzig Jahre jüngeren Cosima von Bülow. Die Briefe, die man miteinander wechselt, gehen also über einen Vertrauensmann. Erst, als die Beziehung der beiden Ehebrecher abkühlt, wird Cosima in die »amour fou« eingeweiht und schließlich sogar selber mit der Fortführung der Korrespondenz betraut.

In die Rolle der stillen Dulderin, die die Affären ihres exzentrischen Mannes wortlos hinnimmt und den Kummer über dessen Seitensprünge in sich hineinfrißt, muß Frau Wagner freilich erst hineinwachsen. »Ich leide, und ich verschwinde, um mein Leiden zu verbergen!« schreibt sie in ihr Tagebuch. Was ihr dabei hilft, ist ihr eigenes schlechtes Gewissen: Als streng erzogene Katholikin erblickt Cosima in ihren Seelenqualen die gerechte Strafe dafür, daß sie selber ein Kind der Sünde und auch ihre Beziehung zu Wagner anfänglich bigamistischer Natur ist.

Jetzt, wo der Meister die Arbeit an seinem »Welt-Abschiedswerk«, an der Partitur des Bühnenweihfestspiels »Parsifal« aufgenommen hat, kann Cosima Wagner hoffen, daß es mit den außerehelichen Eskapaden ihres Herzallerliebsten vielleicht doch ein Ende hat. Man verbringt glückliche Tage miteinander, die glücklichsten seit Jahren, und kein Mensch kann ahnen, daß ausgerechnet die Fabel vom »reinen Toren« Parsifal, der sich den Versuchungen der »Frauenminne« mit allen Mitteln widersetzt, bei Wagner neue amouröse Verstrickungen auslöst. Verstrickungen, die sogar sein nahes Ende beschleunigen werden …

Parsifal, zweiter Aufzug. Wagners Bühnenheld betritt Klingsors Zaubergarten, lustvoll erwartet von einer Schar verfüh-
rerischer Blumenmädchen. Von allen Seiten stürzen sie herbei; vom Waffenlärm aufgeschreckt, erwachen sie aus ihrem
Schlaf und sehen sich von ihren zur Verteidigung des Schlosses ausrückenden Geliebten verlassen. Da ist ihnen der schöne Jüngling, der da in ihr Reich eindringt, eine willkomme-
ne Beute: »Dir zu Wonn' und Labe gilt mein minniges
Mühen!« Halbnackt, nur mit rasch übergeworfenen Gewän-
dern, umschmeicheln und umwerben sie ihn. Doch der für
weibliche Verführungskünste Unempfängliche wehrt ihre
Zudringlichkeiten ab und setzt, als alles Widerstreben nichts
hilft, zur Flucht an …
Fast vier Jahre nimmt die Arbeit am »Parsifal« in Anspruch:
Am 13. Januar 1881 legt Wagner den Federhalter aus der
Hand, die Partitur der Letztfassung ist abgeschlossen. Jetzt
geht es um die Besetzung der einzelnen Rollen; für 26. Juli
1882 ist die Uraufführung vorgesehen.
Auch von den Blumenmädchen aus dem zweiten Akt hat er
eine klare Vorstellung: »Ich verlange nicht weniger als sechs
Sängerinnen ersten Ranges. Sie müssen von gleicher Stimme und Stimmlage sein – und dazu hübsche, schlankge-
wachsene Frauenzimmer.«
Wagner selber trifft die Auswahl, eine nach der anderen finden sich die Bewerberinnen in Bayreuth zum Vorstellungs-
termin ein. Am 5. August ist eine gewisse Carrie Pringle an
der Reihe; sie ist für eine der drei »Solo-Blumen« der ersten
Gruppe vorgesehen. Frl. Pringle ist eine Engländerin von
Mitte zwanzig, die ihr Gesangsstudium in Italien absolviert
hat. Fürs Vorsingen hat sie Webers »Freischütz« gewählt;
Frau Cosima, die den Auftritt im Musiksalon von Haus

»Psychische
Aufregungen«
eines Endsechzigers:
Richard Wagner

Wahnfried mitverfolgt und auch in ihrem Tagebuch festhal-
ten wird, bescheinigt der Kandidatin, sie habe die Arie der
Agathe »recht erträglich« gesungen.

Ganz anderer Ansicht ist Wagner: Er zeigt sich von der Stimme und nicht minder von der bezaubernden Erscheinung
der gertenschlanken Person mit dem Schwanenhals, dem
brünetten Wuschelkopf und der kecken Stupsnase hingerissen, und seine Begeisterung steigert sich noch, als sie im Jahr
darauf nach Bayreuth wiederkehrt und bei den am 2. Juli
1882 einsetzenden Proben mit der fertig einstudierten Partie auf der Bühne steht.

Doch noch ist es nicht soweit: Eine Reihe anderer Ereignisse zieht vorübergehend Wagners Interesse auf sich, und so
manches davon geht ihm gleichfalls unter die Haut. Da ist

zum Beispiel der Ausflug, der ihn samt Familie – man weilt wieder einmal im geliebten Italien – von Amalfi ins nahe Ravello führt, wo die Besichtigung des berühmten Palazzo Rufolo auf dem Programm steht. Im Eselskarren legt man das letzte Stück Wegstrecke zu dem halbverfallenen, im maurischen Stil des zwölften Jahrhunderts erbauten Schloß zurück; von dort geht's über eine marmorne Treppe zu einem kleinen Rosengarten. Der Anblick der Blütenpracht, der romantischen Hecken, Nischen und Sitzbänke sowie der von Zypressen umstellten Pavillons versetzt die Reisegesellschaft in helles Entzücken, und Wagner, mit allen Gedanken beim zweiten Akt des »Parsifal«, schreibt ins Gästebuch: »Klingsors Zaubergarten ist gefunden!« Fehlen nur noch die Blumenmädchen …

Weniger bedeutet dem Meister die Begegnung mit dem Maler Auguste Renoir, der ihm während eines Sizilien-Aufenthaltes im palermitaner »Hôtel des Palmes« seine Aufwartung macht: Die erbetene Porträtsitzung wird gnädig gewährt. Wagner ist in einen Samtrock gehüllt, dessen breite Ärmel mit schwerem Atlas gefüttert sind. Man unterhält sich in einem kuriosen Gemisch aus Französisch und Deutsch, springt von einem Thema zum andern – Wagner hat keine Ahnung, mit welcher Berühmtheit er es zu tun hat. Und auch vom künstlerischen Ergebnis des fünfunddreißigminütigen Rencontre zeigt er sich wenig angetan: Wie der »Embryo eines Engels« komme er sich vor …

Große Probleme erwarten den Meister daheim in Bayreuth: Hochzufrieden mit der glücklichen Entwicklung seiner Seelenfreundschaft zu König Ludwig II., bedrückt es ihn umso mehr, daß er mit den Aufführungsrechten seiner Werke an den Münchner Hof gebunden ist. Was tun, damit man den

»Parsifal« im Bayreuther Festspielhaus herausbringen kann? Die mühseligen Verhandlungen mit dem königlichen Generalintendanten Baron von Perfall zermürben ihn so sehr, daß er ernstlich erwägt, nach Amerika auszuwandern. Dort, so haben ihm seine Berater den Mund wässerig gemacht, würden ihm mit Sicherheit die finanziellen Mittel zur Verfügung gestellt werden, um die Aufführungsrechte seiner Werke zurückzukaufen.

Wagner hat auch bereits sehr klare Vorstellungen von seinem Leben in der Neuen Welt: In Minnesota werde er sich niederlassen, werde ein Haus bauen und eine eigene Schule gründen, und den »Parsifal« werde er den Amerikanern widmen, damit diese im Gegenzug eine Million Dollar lockermachen. Daß es nicht zur Ausführung seiner Pläne kommt (die auf die Vermittlerdienste seines Zahnarztes Newell Jenkins zurückgehen), liegt an den Kindern: Sie hängen an Bayreuth.

Es bleibt also dabei: »Parsifal« wird auf dem Grünen Hügel, in dem im Sommer 1876 eingeweihten Festspielhaus, aus der Taufe gehoben werden; die Vorarbeiten laufen an. Zuvor wird rasch noch – am 22. Mai 1882 – der neunundsechzigste Geburtstag gefeiert: Wagners Assistent Engelbert Humperdinck läßt einen Knabenchor aufmarschieren und erste Ausschnitte aus der »Parsifal«-Musik erklingen.

Wagners gute Laune während der unterdessen angelaufenen Bühnenproben erhält einen Dämpfer durch den plötzlichen Tod der geliebten Haushündin Molly. Die Kinder schaufeln ihr im Garten von Wahnfried ein Grab. Verdruß bereitet ihm auch der elende Zustand der Bayreuther Gastronomie; Wagner richtet diesbezüglich ein Protestschreiben an die Stadtväter: »Man sagt mir, daß im Hotel zur Sonne bei einer Table d'hôte zu sieben Mark nicht ein gesundes Stück Fleisch zu bekommen sei.«

Teils zur Premiere, teils zu einer der folgenden fünfzehn Vorstellungen haben sich illustre Gäste angesagt: Cosimas Vater Franz Liszt, die Kollegen Léo Delibes und Camille Saint-Saëns, die Damen Elisabeth Nietzsche, Lou von Salomé und Malvida von Meysenbug, der junge Gustav Mahler, der Kritiker Eduard Hanslick. Nur König Ludwig II. bleibt diesmal fern. Anton Bruckner weilt schon während der Vorbereitungszeit in Bayreuth, desgleichen der Sohn eines Münchner Hornisten, der gerade das Abitur bestanden hat – sein Name: Richard Strauss.

Als Dirigent der Uraufführung ist der Münchner Kapellmeister Hermann Levi vorgesehen. Daß einem Juden ein »christliches« Werk wie der »Parsifal« anvertraut sein soll und das bei einem Komponisten, der für seine antisemitischen Ausfälle bekannt ist, führt zu mancherlei Irritationen, die auch nicht vor übelster Verleumdung haltmachen: In einem anonymen Brief wird Levi bezichtigt, mit Cosima Wagner eine ehebrecherische Beziehung zu unterhalten. Um die leidige Sache vom Tisch zu haben, weiht Wagner den Maestro in die schmutzige Intrige ein, und es kostet ihn nicht geringe Mühe, den zu Unrecht Angeschwärzten bei der Stange zu halten: Mit den Worten »Sie sind und bleiben mein Parsifal-Dirigent« ruft er den zutiefst Gekränkten, der inzwischen ersucht hat, von seiner Aufgabe entbunden zu werden, zurück, und bei einem gemeinsamen Nachtmahl im Haus Wahnfried, wo auf Wagners ausdrücklichen Wunsch »hebräischer Wein« ausgeschenkt wird, werden auch die letzten Unstimmigkeiten aus dem Weg geräumt.

»Tiefe Ergriffenheit« – so lautet das übereinstimmende Ur-

teil über die Reaktionen des Premierenpublikums: Der
26. Juli 1882, an dem sich zum erstenmal der Vorhang des
Bühnenfestspielhauses Bayreuth für Richard Wagners Spätwerk »Parsifal« öffnet, kann also mit goldenen Lettern in die
Annalen der europäischen Musikgeschichte eingetragen
werden. Kurz nach sechzehn Uhr erklingen die Anfangstakte
des Orchestervorspiels, um achtzehn Uhr dreißig beginnt
der zweite, um zwanzig Uhr dreißig der dritte und letzte Akt.
Der Meister selber hat Regie geführt, Paul von Joukowsky
zeichnet für die Bühnendekorationen verantwortlich. Das
Orchester setzt sich aus Mitgliedern des Münchner Hofthea-
terensembles zusammen, die durch Musiker aus Berlin,
Coburg, Darmstadt, Dessau, Hannover, Karlsruhe, Meinin-
gen, Rotterdam, Schwerin, Weimar, Wien und Würzburg
Verstärkung erhalten haben. Um den Verführungskünsten
der Blumenmädchen, die sich in Klingsors Zaubergarten
über den schönen Jüngling Parsifal hermachen sollen, die
nötige Drastik zu verleihen, hat man eigens einen Choreo-
graphen beigezogen: Richard Fricke.
Der Mann scheint ganze Arbeit geleistet zu haben: Richard
Wagner ist von der Szene im zweiten Akt derart hingerissen,
daß er den sechs Schönen über das Auditorium hinweg
»Bravo!« zuruft. Obwohl das Publikum, ganz auf Weihespiel
eingestellt, den ungeschlachten Störenfried niederzischt
(ohne zu ahnen, daß es der Meister höchstpersönlich ist, der
aus seiner Loge den »fleurs du mal« lauthals Beifall spendet),
wird sich das ungehörige Spektakel auch bei den Folgevor-
stellungen wiederholen.
Wer Wagner bei der Probenarbeit der vergangenen Wochen
beobachtet hat, weiß den Grund für dessen überbordenden
Enthusiasmus: Der Neunundsechzigjährige, dessen Lebens-

»Bist du uns hold, so bleib nicht fern«:
Blumenmädchen Carrie Pringle (ganz links, kniend)

uhr in knapp sieben Monaten abgelaufen sein wird, hat sich
ein letztes Mal verliebt. Die junge Engländerin Carrie
Pringle, die der ersten Gruppe der Blumenmädchen an-
gehört, hat es ihm angetan, und da stört es ihn auch nicht im
mindesten, daß der Kostümbildner sie – ebenso wie die fünf
anderen – in geschmacklose Fetzen gesteckt hat und auch
die allzu grelle Dekoration des Zaubergartens beim Publikum auf Ablehnung stößt.
Umso vollendeter ist der Gesang der sechs Schönen: Ihr
»Bist du uns hold, so bleib nicht fern!« könnte betörender
nicht klingen – hierin sind sich Komponist und Publikum

einig. Wagner hat freilich nur für *eine* von ihnen Augen, und das ist Carrie. Nichts kann ihn daran hindern, ihr »Des Gartens Zier und duftende Geister / im Lenz pflückt uns der Meister!« auf sich persönlich zu beziehen, und wenn es mit den Worten »Wir wachsen hier in Sommer und Sonne / für dich erblühend in Wonne« im Text weitergeht, weidet er sich an der Wunschvorstellung, selber derjenige zu sein, für den das lüsterne Zauberwesen »in Wonne erblüht«.

Niemandem, am wenigsten Frau Cosima, bleibt verborgen, was sich da anbahnt. Kann man es denn als normal abtun, daß Wagner bei den folgenden »Parsifal«-Vorstellungen fast nur noch dem Beginn des zweiten Aktes beiwohnt, um sich die Blumenmädchen-Szene anzusehen? Auch bei dem für den 3. August angesetzten Empfang in Wahnfried ist es einzig und allein das Frl. Pringle, mit dem der Meister scherzt und sich schließlich in eine der hinteren Ecken des Saales zurückzieht.

Was sich in diesen Tagen weiter rund um die zwei abspielt, bleibt ein streng gehütetes Familiengeheimnis: Sowohl Tochter Isolde, die sich, zu dieser Zeit ein Mädchen von siebzehn, in späteren Jahren zu dunklen Andeutungen hinreißen lassen wird, wie auch Gattin Cosima, die in ihrer verklausulierten Hieroglyphen-Schrift die Affäre in ihrem Tagebuch festhält, sind in die Vorgänge eingeweiht.

Auch Gerüchte von einer heimtückischen Attacke auf Wagners »Lieblingsblume« sickern durch: Soll es wirklich nur ein unglücklicher Zufall sein, daß Carrie Pringle bei einer der folgenden Vorstellungen über eine Schnur stolpert und mitten in ihrem Auftritt in einen der Bühnenabgründe stürzt? Leicht verletzt muß sie das Festspielhaus verlassen, eine eilends herbeigerufene Droschke bringt sie in das nahe dem

Hofgarten gelegene Haus des Bayreuther Forstmeisters Fröhlich, wo sie einquartiert ist. Hat da womöglich jemand vom Bühnenpersonal »in höherem Auftrag« gehandelt, um der übermütigen Person einen Denkzettel zu verpassen? Tatsache ist, daß Carrie Pringle in der folgenden Saison an die Mailander »Scala« engagiert wird, und es spricht alles dafür, daß sie ihren Karrieresprung der Fürsprache ihres einflußreichen Gönners zu verdanken hat. Ja, sogar bei seinem nächsten (und letzten) Venedig-Aufenthalt, zu dem Richard Wagner Mitte September aufbricht, will ihm das schöne Kind nicht aus dem Kopf: Maestro Hermann Levi, der inzwischen seine Tätigkeit am Teatro la Fenice aufgenommen hat, erhält Auftrag, Carrie Pringle zum Vorsingen nach Venedig einzuladen.

Das ist selbst für die stille Dulderin Cosima, die sich daran gewöhnt hat, ihrem Mann jedwede Schwäche durchgehen zu lassen, zu viel: Am Morgen des 12. Februar 1883 kommt es darüber zwischen den Eheleuten zum Krach. Am Tag darauf gegen fünfzehn Uhr erleidet der Neunundsechzigjährige eine Herzattacke, von der er sich nicht mehr erholt. Hausarzt Dr. Keppler, peinlich darauf bedacht, sich auf keinerlei »Vermutungen« einzulassen, lüftet gleichwohl, was die Todesursache seines Patienten betrifft, einen Zipfel des Geheimnisses, indem er unzweideutig zu Protokoll gibt, »psychische Aufregungen« hätten Wagners Ende beschleunigt. Psychische Aufregungen – damit kann nur jene von Tochter Isolde bezeugte Auseinandersetzung ihrer Eltern gemeint sein, die ihren Grund in Carrie Pringles bevorstehendem Besuch in Venedig gehabt hat. Sie selber, das verführerische Blumenmädchen aus dem »Parsifal«, wird ihr Leben lang dazu schweigen.

41

Die lieblichste der lieblichsten Gestalten

Johann Wolfgang von Goethe
und Ulrike von Levetzow

Weder Wien noch Prag beehrt er mit seinem Besuch, auch Paris bekommt er sein ganzes Leben lang nicht zu Gesicht. Dafür kommt er sechzehn Mal nach Karlsbad: Hier ist Goethe in seinem Element. Man hat es penibel zusammengezählt: Volle drei Jahre hält sich Deutschlands Dichterfürst in den böhmischen Kurbädern auf.

Jetzt, im Sommer 1820, den er wie gewohnt in Karlsbad zubringt, dringt immer häufiger der Name *Marienbad* an sein Ohr. Vierzig Kilometer westlich, dicht vor Eger, wo es bis vor kurzem nichts als sumpfige Wildnis gegeben hat und undurchdringliche Wälder, ist ein neuer Kurort im Entstehen. Der Siebzigjährige weist seinen Diener Stadelmann an, alles für einen Tagesausflug Nötige zu veranlassen, besteigt sein »Fahrhäuschen« und schaut sich diesen Ort, von dem man so tolle Dinge hört, aus der Nähe an. Die Berichte scheinen nicht übertrieben, Goethe schreibt an Sohn August nach Weimar:

»Mir war es, als befände ich mich in eine amerikanische Einsamkeit versetzt, wo man Wälder rodet, um in drei Jahren eine Stadt zu bauen.« Und er fährt fort: *»Der Plan ist glücklich, die Ausführung streng, die Handwerker tätig, die Aufseher einsichtig und wach. Nicht leicht hab ich etwas Erfreulicheres gesehen.«*

Im Jahr darauf kehrt er wieder. Und bleibt. Vom 29. Juli bis zum 25. August bezieht Goethe im sogenannten Klebelsbergschen Hause Quartier. Das von dem späteren österreichischen Finanzminister Graf Franz von Klebelsberg für dessen Freund Friedrich Leberecht von Brösigke, einen ehemaligen preußischen Offizier, an einem der bewaldeten Hänge von Marienbad errichtete Palais ist nicht nur seiner fabelhaften Aussicht wegen das mit Abstand erste Haus am Platze. Durch die hinteren Fenster dringt der Duft der Fichten in die Gemächer, durch die vorderen – je nach Jahreszeit – der Duft frischgeschnittenen Grases oder frischgewendeten Heus.

Was Goethe an seinem neuen Logis jedoch besonders gefällt, sind die Wirtsleute, die ihn umsorgen: Brösigkes Tochter ist eine Frau von Levetzow, deren Bekanntschaft er bereits vor fünfzehn Jahren gemacht und die er unter dem Stichwort »Pandora« auch in seinem Tagebuch verewigt hat. Amalie von Levetzow ist, obwohl erst vierunddreißig, Witwe, lebt jetzt mit dem steinreichen Grafen Klebelsberg zusammen und richtet im übrigen ihr ganzes Augenmerk auf das Wohl der drei heranwachsenden Töchter, die sich in ihrem Gefolge befinden. Bertha, die jüngste, verspricht eine Schönheit zu werden, Amalie, die mittlere, ist ein Wildfang, Ulrike, die älteste, ist von ernstem Wesen und ebenfalls nicht ohne Reize. Die schmale Gestalt der jetzt Siebzehnjährigen, ihre großen blauen Augen mit dem noch kindhaften Blick, ihr schönes blondes Haar, das sie in dichtem Geflecht um den Kopf trägt, und ihr voller Mund üben auf den Hausgast, der seit fünf Jahren Witwer ist, eine Anziehungskraft aus, die alles, was der Erotiker Goethe in letzter Zeit an Gefühlen bekundet hat, übersteigt.

Nichts ist leichter für ihn, als mit der fünfundfünfzig Jahre Jüngeren Kontakte zu knüpfen: Man trifft einander bei den gemeinsamen Mahlzeiten an der Table d'hôte, bei ausgelassenen Pfänderspielen auf der Terrasse vorm Haus, bei den Promenaden am Heilbrunnen. Doch bei allem nicht zu übersehenden Eifer, mit dem der Dichter Ulrikes Nähe sucht, bleibt der Umgang der beiden in diesem ersten gemeinsamen Sommer streng im Rahmen des Konventionellen. Eine von Ulrikes Freundinnen fertigt eine Bleistiftzeichnung von Goethe an, sie macht sie ihr zum Geschenk. Die Widmung, die er ihr selber in ein Exemplar seines soeben erschienenen Romans »Wilhelm Meisters Wanderjahre« schreibt, könnte förmlicher nicht sein: »Frl. Ulrike von Levetzow zu freundlichem Andenken des Augusts 1821.«

Daß Goethe ein Dichter ist, erfährt Ulrike erst jetzt: Nicht eine einzige Zeile von ihm hat sie bisher gelesen, und da ist der »Wilhelm Meister« für ein adeliges Landpomeranzchen wie sie nicht gerade ein leichter Einstieg. Umso mehr schmeichelt es ihr, daß der »große Gelehrte«, wie sie den alten Herrn zu nennen pflegt, so viel Interesse für sie aufbringt. Wenn er, seinen naturkundlichen Neigungen folgend, bei den täglichen Exkursionen in und um Marienbad Wolkenflug und Wetterstand beobachtet und, das Geologenhämmerchen im Handgepäck, seltene Mineralienfunde macht, hat sie Mühe, seinen Erläuterungen zu folgen, und so greift Goethe zu einer List, sie vielleicht doch für »quarzreiche Granite« und »lose Zwillingskristalle« zu interessieren: Er mischt eine Tafel »feinste Wiener Chocolade« unter die ihr präsentierten Steine, oder er geht überhaupt, was seine Mitbringsel für sie betrifft, zu Blumen über, die sie dann sogleich ihrem Herbarium einverleibt. Ergiebigeren Gesprächsstoff bilden ihre Erinnerungen an Straßburg, wo Ulrike kurz zuvor das Mädchenpensionat besucht hat: Goethe fragt seine Begleiterin nach ihren Erfahrungen mit der Stadt aus, an deren Universität er selber vor einem halben Jahrhundert studiert und die »Lizenz der Rechte« erworben hat.

Auch den folgenden Sommer verbringt Goethe in Marienbad, das um diese Zeit eine rein deutsche Siedlung im Königreich Böhmen ist. Als er am 19. Juni 1822, von Weimar via Jena, Pößneck, Hof und Eger anreisend, am Ziel eintrifft, sind die Levetzows längst zur Stelle, und wieder ist Tag für Tag Ulrike um ihn – diesmal gar volle zwei Monate. Das Bukett, das er ihr zum Empfang zusteckt, wird getrocknet, gepreßt und unter Glas gerahmt; dankbar hält sie auf einem beigefügten Zettelchen den Namen des Spenders fest. Und in den gerade erschienenen fünften Band seiner Autobiographie »Dichtung und Wahrheit«, der die »Campagne in Frankreich« zum Gegenstand hat, schreibt er ihr ein Widmungsgedicht, das bereits einiges von seinen Empfindungen für Ulrike erahnen läßt:

> *Wie schlimm es einem Freund ergangen,*
> *davon gibt dieses Buch Bericht;*
> *nun ist sein tröstendes Verlangen:*
> *Zur guten Zeit vergiß ihn nicht!*

Doch die Ereignisse, die zum offenen Gefühlsausbruch, zur schicksalsschweren Entscheidung, ja schließlich geradewegs in die Katastrophe führen werden, stehen erst noch bevor: Goethes Werben um Ulrike von Levetzow, ihre Zurückweisung und der daraus resultierende Kraftakt dichterischer Sublimierung zu dem Jahrhundertgedicht »Elegie«, den Stefan Zweig über hundert Jahre später in den Rang einer »Sternstunde der Menschheit« erheben wird, fallen in den Sommer des folgenden Jahres: 1823.

Diesmal, so will es von Anfang an scheinen, ist alles anders als sonst. Die Suite im Klebelsbergschen Palais, an deren Komfort sich Goethe schon so sehr gewöhnt hat, steht ihm bei seinem dritten Marienbad-Aufenthalt nicht zur Verfügung: Die Räume werden für Großherzog Carl August von Sachsen-Weimar-Eisenach benötigt, der gleichfalls zur Kur angereist ist – und zwar mit großem Gefolge. Goethes Ausweichquartier ist der benachbarte Gasthof Zur goldenen Traube. Seine zwei Zimmer befinden sich im Obergeschoß, unmittelbar angrenzend die Kammern für Sekretär Dr. Johann John und Diener Carl Stadelmann. Das Mobiliar ist einfach, Teppiche und Schränke fehlen zur Gänze, die porzellanene Waschschüssel wird aus einem hölzernen Wasserfaß gefüllt, dessen Inhalt täglich von der Quelle im Talgrund herbeigeschafft wird.

»Meine Lebensweise ist sehr einfach«, berichtet Goethe nach Weimar, »ich trinke morgens im Bette, bade den dritten Tag, trinke abends am Brunnen, speise mittags in Gesellschaft, und so geht es denn hin.«

Apropos Gesellschaft: Der Landesherr von Weimar ist keineswegs der einzige illustre Gast, auch der Exkönig von Holland und Napoleons Stiefsohn Eugen sind zugegen, desgleichen Caroline von Humboldt, die Grafen Nostitz und Bülow und viele andere mehr. Der »russische van Dyck«, Orest Adamowitsch Kiprenskij, und der deutsche Maler Wilhelm Hensel fertigen Porträts des Dichterfürsten an; die Berliner Sopranistin Anna Pauline Milder-Hauptmann und die schöne Polin Marie Szymanowska, Hofpianistin des

Zaren, sorgen für musikalische Genüsse; mit dem Prager
Komponisten Václav Jan Tománek, dessen Vertonungen von
Goethe-Versen der Meister höher schätzt als diejenigen
Beethovens und Spohrs, wird die weitere Zusammenarbeit
besprochen; und die Diskurse mit dem Slawisten Josef Dob-
rovsky, die Goethes altes Interesse für die Geschichte Böh-
mens neu anfachen, haben zur Folge, daß er ein deutsch-
tschechisches Vokabelheft für den eigenen Gebrauch anlegt.
Natürlich ist Goethe auch wieder auf Mineraliensuche: Das
Prager Nationalmuseum, der Prämonstratenser-Konvent im
nahen Tepl sowie Kurarzt Dr. Heidler werden von ihm mit
kleinen Kollektionen bedacht. Eine Expedition zum Krater
von Kammerbrühl soll ihm neue Erkenntnisse über den Ursprung der Vulkane liefern; Abt Carl Caspar Reitenberger,
der eigentliche Promotor des Marienbader Kurbetriebs, lädt
Goethe in sein Stift ein; Fürst Metternich öffnet den Gästen
die Tore seines Schlosses im nahen Königswart.

In Marienbad selbst stürzt sich der knapp Vierundsiebzig-
jährige mit staunenswertem Elan ins Gesellschaftstreiben,
läßt keine der Assembleen, keine der Redouten aus, freut
sich, daß ihm beim Tanzen die schönsten Partnerinnen zu-
geführt werden. »Alles regt sich nun wieder, sowohl der Körper als der Geist!« schreibt er an Freund Karl Ludwig von
Knebel. Sucht er Entspannung von all dem Trubel, so tut
Frau Schildbach, die Wirtin der »Goldenen Traube«, alles,
ihrem Gast unliebsame Störungen vom Leibe zu halten:
»Durch ein sonderbares Glück«, schreibt er in einem seiner
Briefe aus jenen Tagen, »wohnen in meinem Haus nur Frauenzimmer, die still und verträglich sind.«

Still und verträglich – das ist vor allem *eine*, und *ihr* gilt noch
mehr als in den beiden vorangegangenen Sommern sein

ganzes Interesse: Ulrike Theodore Sophie von Levetzow. Wenn er sie auf der Tanzfläche an sich vorüberschweben, auf der Terrasse ihr neues, der herrschenden Walter-Scott-Mode angepaßtes Schottenkleid ausführen oder am Brunnen das frische Heilwasser schlürfen sieht, wird ihm warm ums Herz, und das steigert sich noch, wenn er an das »liebe Kind« das Wort richten und ihrer Stimme lauschen darf: »Sie ist heiter, aber nicht lustig.« Auf gemeinsamen Spaziergängen tut sie ihm sogar den Gefallen, sich zu bücken und ein paar der am Wege liegenden Steinchen aufzulesen: Goethe ist entzückt und schreibt es in aller Unbefangenheit nieder – in einem Billett an Ulrikes Mutter: »Zu den hundert Stellungen, in denen ich sie mir vor mir sehe, wieder ein neuer Gewinn.« Frau von Levetzow geht darauf nicht weiter ein, erspart sowohl dem Briefschreiber wie sich selbst jegliche kritische Beurteilung des ungestümen Verhaltens des großen Mannes, der der Vater, ja der Großvater ihrer Erstgeborenen sein könnte.

Doch Goethe läßt nicht locker: Um zu klären, ob ihm bei seinem fortgeschrittenen Alter eine Heirat mit einer so jungen Frau schaden könnte, sucht er den Arzt auf. Der beruhigt ihn. Wie Dr. Fidelius Scheu *wirklich* über die Absichten seines Patienten denkt, behält er für sich. Weniger schonungsvoll äußert sich Großherzog Carl August, den Goethe als nächsten ins Vertrauen zieht: »Alter, immer noch Mädchen!« lacht ihn der neun Jahre Jüngere ungeniert aus.

Ja, immer noch Mädchen. Oder genauer gesagt: diese eine. Goethe kann den alten Freund tatsächlich dazu überreden, sich bei Frau von Levetzow zum Besuch anmelden zu lassen und ihr an seiner Statt den Heiratsantrag für Ulrike zu überbringen. Der Herzog, in großer Montur samt Stern und

In Weimar ist die Hölle los:
Goethes Sohn August bangt ums Erbe

Orden anrückend, läßt es, um der Werbung Nachdruck zu
verleihen, auch nicht an eigener Initiative fehlen: Er verspricht der »Brautmutter« eine herausragende Stellung an
seinem Hofe und der »Braut« für den Fall des Ablebens des
»Bräutigams« eine jährliche Pension von satten zehntausend
Talern.

Es wird ein schwieriges Gespräch, das die zwei da miteinander zu führen haben: Amalie von Levetzow erkennt, daß der
Antrag ernst gemeint ist, daß sie ihn nicht als Scherz abtun
kann. Also flüchtet sie sich in die Aufzählung der seitens
Goethes Familie zu erwartenden Widerstände: Was würden
Sohn August und dessen Gemahlin Ottilie dazu sagen, daß
ihnen der Vater eine Stiefmutter ins Haus bringt, die um vieles jünger ist als sie und ihnen womöglich gar ihr Erbe streitig macht? Auch auf diesen Einwand ist der Herzog vorbereitet: Dem »jungen Paar« stünde in Weimar ein eigenes
Haus zur Verfügung, dem herrschaftlichen Schloß näher als

dem Besitz auf dem Frauenplan. Nur auf Frau von Levetzows vorsichtig vorgebrachten Hinweis auf den gewaltigen Altersunterschied weiß auch Carl August keine Antwort. Mit dem hinhaltenden Bescheid, man müsse schließlich auch die Meinung Ulrikes einholen, die bisher keinerlei Lust zum Heiraten, ja überhaupt wenig Interesse für die Männerwelt gezeigt habe, geht man auseinander.

Und wie reagiert Ulrike? Ihr Erschrecken ist wohl noch größer als das der Mutter. Gewiß, auch sie habe den alten Herrn lieb, aber doch nur »wie einen Vater«. Und vielleicht wäre sie sogar bereit, einzuwilligen, um ihm – wie sie es ausdrückt – »nützlich« zu sein. Doch zwei Dinge seien es, die sie letztlich daran hinderten, »ja« zu sagen: die Furcht vor dem Gedanken, sich von den eigenen Leuten, von Mutter und Geschwistern trennen zu müssen, und die Rücksicht auf Goethes Familie.

Tatsächlich ist in Weimar die Hölle los. Kaum sind die ersten Gerüchte von Goethes Heiratsabsichten in das kleine Fürstentum gedrungen, droht Sohn August mit dem Wegzug nach Berlin: Der große Bruch bahnt sich an. Erst, als die Nachricht von Ulrikes Zurückweisung des Brautwerbers durchsickert, kehren im Haus am Frauenplan wieder Ruhe und Frieden ein: »Ich fange an, zu hoffen, daß alles gut gehen und sich die ganze Geschichte wie ein Traumbild auflösen werde!« schreibt Sohn August an Gattin Ottilie.

Goethe selber hat indes noch keineswegs aufgegeben. Als Amalie von Levetzow mit ihren drei Töchtern überstürzt abreist, um in Karlsbad unterzutauchen, folgt ihnen der Dichter nur wenige Tage später nach. Das so sehr geliebte Marienbad ist ihm nach dieser bitteren Abfuhr »zur vollkommenen Wüste geworden«. Unbedingt muß er Ulrike wiedersehen, zwischen ihr und ihm ist es ja noch immer zu keinerlei Aussprache gekommen. Statt dessen schickt er ihr einige ihr gewidmete Gedichte an den neuen Aufenthaltsort. »Treulich wie immer, diesmal ungeduldig« kritzelt er auf das beigeheftete Billett.

Als Goethe kurz darauf in Karlsbad eintrifft, zögert er nicht, dasselbe Quartier zu beziehen, in dem auch die Levetzows untergebracht sind: eine Etage über ihnen, im zweiten Stock des Gasthofs Zum goldenen Strauß. Mit Anstand kommt man über die nächsten zwölf Tage hinweg, bringt, als wäre nichts geschehen, fast die ganze Zeit miteinander zu, feiert auch Goethes Geburtstag in gewohnter Manier. Diener Stadelmann hat einen Tagesausflug organisiert, Frau von Levetzow tischt Rheinwein und Kuchen auf, die Töchter überreichen dem Jubilar einen geschliffenen Becher mit dem berühmten Datum und den Initialen ihrer Vornamen. Daß außer dem U auch ein B und ein A in das Glas eingraviert sind und bei der Gratulationscour alle drei Mädchen gleichrangig zum Zug kommen, zeugt für Frau von Levetzows kluge Regie.

Der Tag der Heimreise naht. »Allgemeiner, etwas tumultuarischer Abschied«, notiert Goethe über jenen 5. September 1823. Als erste brechen die Levetzows auf, Ulrike läuft hinauf ins Obergeschoß – zum Abschiedskuß. Aufgewühlt, ja tiefverstört besteigt Goethe die Kutsche, die abfahrbereit vorm Gasthof wartet.

Die Reise führt ihn zunächst nach Eger, am 13. September trifft er in Jena, am 17. in Weimar ein. Noch unterwegs wird ihm ein für allemal klar, wie es um ihn und das »geliebte Töchterchen« steht: Man wird einander wohl kaum je wiedersehen. Doch wo dem *Mann* Entsagung auferlegt ist,

51

wächst dem *Dichter* neue Kraft zu: Goethe nimmt den Schreibkalender, den er für seine Reiseaufzeichnungen verwendet, zur Hand, löst den Bleistift aus der an dem Büchlein befestigten Lasche und geht daran, seiner Niederlage ein neues Werk, ja ein Stück Weltliteratur abzugewinnen: die Marienbader Elegie. So oft der Wagen auf der zwölf Tage langen Strecke anhält und vor allem in jedem der Nachtquartiere überträgt er die eilig hingekritzelte Urfassung des dreiundzwanzigstrophigen Gedichtes Zug um Zug in Reinschrift; bei der Ankunft in Weimar liegen die fünf Folioblätter fertig vor. Er wird sie eigenhändig einbinden – in einen Umschlag aus blauem Karton, dem Blau seines Familienwappens. Und noch etwas: Goethe hütet das Manuskript wie sein intimstes Geheimnis, überläßt es entgegen seiner sonstigen Gewohnheit keiner seiner Hilfskräfte zur Abschrift, gibt es lange nicht aus der Hand.

Sich selbst zitierend, hat er an den Anfang des Werkes das berühmte Tasso-Wort gestellt: »Und wenn der Mensch in seiner Qual verstummt / Gab mir ein Gott zu sagen, was ich leide.« Es folgen die dreiundzwanzig Strophen in der auch von ihm nur selten benützten Versform der Stanze. Doch was der Dichter zunächst nur wenigen Auserwählten in mündlichem Vortrag zur Kenntnis bringt, wird in späterer Zeit, wenn die »Elegie« gedruckt vorliegt, über weite Strecken in den allgemeinen Zitatenschatz eingehen: Verse wie »So sahst du sie im frohen Tanze walten / Die lieblichste der lieblichsten Gestalten« oder »So klar beweglich bleibt das Bild der Lieben / Mit Flammenschrift ins treue Herz geschrieben« werden sich tausende und abertausende nicht etwa nur unglücklich Liebender zu eigen machen, werden sie wieder und wieder in ihre Poesiealben eintragen.

Auch Goethe selber dient die »Elegie«, obwohl er sie (mit der Anrufung der Götter, die ihn »zugrunde richten«) so düster enden läßt, als eine Art Medizin: Immer wieder bittet er Freund Carl Friedrich Zelter, sie ihm vorzulesen. Tatsächlich wirkt die Katastrophe von Marienbad lange in ihm nach: »Drei Monate habe ich mich glücklich gefühlt«, gesteht er einem weiteren seiner Vertrauten, »fast wie ein Ball hin und her geschaukelt, aber nun ruht der Ball wieder in der Ecke, und ich muß mich den Winter durch in meine Dachshöhle vergraben und zusehn, wie ich mich durchflicke.« Im November 1823 erkrankt der Dichter, die Ärzte fürchten um sein Leben. In den acht Jahren, die ihm noch verbleiben, wird es zu keinen größeren Reisen mehr kommen, er wird nie mehr Thüringen verlassen – und schon gar nicht in Richtung Marienbad.

Und wie geht es mit Ulrike weiter? Auch sie löst sich von dem Ort, dem sie zwar so manche glückliche Stunde verdankt, der aber auch ungeheure Verwirrung in ihr Leben gebracht hat: Das Klebelsbergsche Palais, das zum Gedenken an Großherzog Carl Augusts Aufenthalt nunmehr »Haus Weimar« heißt und das in ihren Besitz übergegangen ist, stößt sie ab; statt dessen zieht sie sich in das nordböhmische Dorf Trziblitz zurück. Im Schloß ihres nunmehrigen Stiefvaters – Mutter Amalie hat sich in zweiter Ehe mit dem Grafen Klebelsberg vermählt – lebt sie das einsame Leben eines Stiftsfräuleins »Zum heiligen Grabe«, das alle Anträge heiratswilliger Männer ausschlägt, neben der Pflege ihrer Liebhabereien eine Spinnschule gründet und ansonsten ganz im Dienst für ihre verwitwete Schwester Bertha und deren Kinder aufgeht. Goethe erfährt von ihrem Verbleib nur aus einem Brief ihrer Mutter. Das »Töchterchen« ist inzwischen fünfundzwanzig, Amalie von Levetzow berichtet nach Weimar:

»Ulrike ist, wie sie war, gut, sanft, häuslich. Ihre immer gleichbleibende Laune, ihr gefälliges anspruchsloses Wesen macht ihr fast alles aus Bekannten Freunde, was ja als ein Glück anzusehen ist.«

Lästig sind ihr lediglich die vielen Anfragen und Besuche von Goethe-Verehrern, die aus ihrem Mund Aufschluß über die Ereignisse vom Sommer 1823 erhoffen. Ihr auch durch seine sprachliche Unbeholfenheit berühmt werdendes Diktum »Keine Liebschaft war es nicht!«, mit dem sie als Neunzigjährige Bilanz ziehen wird über die Tage mit »Göthe« (wie sie zu schreiben beliebt), scheint die Bestätigung dafür zu sein, daß sie in ihm wohl am ehesten eine Art Ersatzvater gesehen hat. Im Herbst 1899, also sechsundsiebzig Jahre nach den Geschehnissen von Marienbad, stirbt Baronesse Ulrike von Levetzow in ihrem Altjungfernstübchen auf Schloß Trziblitz bei Leitmeritz; in einem offenen Miniaturtempel im spätklassizistischen Stil wird die Fünfundneunzigjährige beigesetzt.

Anmerkung für den Literaturtouristen, der gewillt ist, den »Akteuren« der »Marienbader Elegie« an Ort und Stelle nachzuspüren: Aus Schloß Trziblitz (heutiger Ortsname: Trebívlice) wird in späterer Zeit eine Schule und aus Ulrikes Sterbezimmer deren Konferenzraum; das ehemalige Klebelsbergsche Palais in Marienbad, unter wechselnden Namen (Haus Weimar, Hotel King of England, Hotel Kaukasus) als Luxusherberge genutzt, ist heute eine Ruine, wohingegen der Gasthof Zur goldenen Traube, Goethes Logis

In einen Waldwinkel verbannt:
das ungleiche Paar von Marienbad

im »entscheidenden« Jahr 1823, als intaktes Museum eine Vielzahl originaler Erinnerungsstücke birgt, darunter Gesteinsproben von seinen mineralogischen Expeditionen, eine Marienbad-Zeichnung von des Dichters Hand sowie einiges an Proben aus Ulrikes Herbarium.

Auch an Denkmälern, die die Erinnerung an die Geschehnisse vom Sommer 1823 wachzuhalten versuchen, ist im heutigen Marienbad (Mariánské Lázne) kein Mangel: Das alte Bronzestandbild, das 1932 mit einer Festrede des Pra-

Die lieblichste der lieblichsten Gestalten

ger Schriftstellers Johann Urzidil auf dem Platz vor Goethes
letztem Marienbader Quartier enthüllt und nach Meinung
der einen während des Zweiten Weltkrieges für Rüstungs-
zwecke eingeschmolzen, nach einer anderen Version jedoch
erst nach 1945 »entfernt« worden ist, hat 1993 einen Nachfolger gefunden, in dem sich, von einem heimischen Künstler angefertigt und von einem Vertriebenenverband finan-
ziert, der Versöhnungswille der Sudetendeutschen Lands-
mannschaft und der neuen Republik Tschechien ausdrücken
soll. Auch das 1974 im Auftrag der Roten Armee vom dama-
ligen »Bruderstaat« DDR gestiftete Goethe-Denkmal, das
den Dichter zusammen mit Ulrike darstellt, hat sich erhalten, nur hat man es von seinem ursprünglichen Standort
in einen einige Gehminuten entfernten Waldwinkel trans-
feriert, und auch über diese, von den einen als Politikum
gedeutete und von den anderen als Kuriosum belächelte
»Aktion« kursieren die unterschiedlichsten Ansichten: Während die Zeitgeschichtler, nach dem Grund der »Verbannung« befragt, darauf verweisen, daß Marienbad 1945 gar
nicht von den Sowjets, sondern von den Amerikanern befreit
worden ist, erklären die Heimatforscher die Unbeliebtheit
des Doppelstandbildes mit dem in der Tat nicht wegzuleug-
nenden Umstand, daß der betreffende Bildhauer bei der
Gestalt der Ulrike tüchtig danebengegriffen und der in
Wahrheit Gertenschlanken die Statur eines Pummelchens
verpaßt hat.

Was macht man mit so einem verkorksten Objekt? Man ent-
persönlicht es, man tauft es um. Und so stehen denn nicht
Goethe und Ulrike in ihrem einsamen Waldversteck, sondern – so die offizielle heutige Bezeichnung des umstrittenen Kunstwerks – »Goethe und die Muse«.

56

»Eine Art Gesundheitsliebe ...«

Heinrich Heine und Elise Krinitz

Nur im nationalistischen Lager und unter den Antisemiten ist man anderer Meinung: Seit der »Harzreise«, seinen »Zeitgedichten« und seinem eigentlichen Hauptwerk »Deutschland – ein Wintermärchen« gilt Heinrich Heine als die Nummer eins unter den lebenden Schriftstellern deutscher Sprache. Auch daß er nun schon vierundzwanzig Jahre außer Landes weilt, schmälert nicht etwa, sondern mehrt noch seinen Ruhm: Für ihn, den respektlosen Freigeist, zunächst eine ideologisch bedingte Zwangslage, wäre es für so manchen kosmopolitisch Denkenden die Erfüllung eines kühnen Wunschtraumes: ein Bürger von Paris zu sein.

Vor allem die Reize der Vorstadt haben es ihm angetan: »Du hast keinen Begriff, wie sehr die gute Luft und der Sonnenschein mir wohltun!« schreibt Heine im Herbst 1854 an die Mutter, als er ihr seine neue Unterkunft in Batignolles schildert. »Gestern saß ich, wohler als je, unter den Bäumen eines eigenen Gartens und aß die schönsten Pflaumen, die mir überreif fast ins Maul fielen.«

Doch der Winter macht ihm einen Strich durch die Rechnung: Nur ein paar Monate und der Siebenundfünfzigjährige muß, von Kälte und Feuchtigkeit vertrieben, sein Quartier wechseln. Nun also logiert er im fünften Stock des Hauses Avenue Matignon Nr. 3: 105 Stufen führen zu der

Wohnung hinauf, von deren Balkon man bis zu den Champs-Elysées blicken kann.

Seit dem Tod seines reichen Hamburger Onkels Salomon, der ihn mit einer fixen Apanage über Wasser gehalten hat, verbinden ihn mit den Verwandten daheim fast nur noch Erbschaftsstreitigkeiten. Dafür sind die Erträge aus seinen Büchern ansehnlich wie nie zuvor: Allein der Kontrakt über sein Spätwerk »Romanzero«, das innerhalb von drei Monaten vier Auflagen erlebt, sichert ihm auf Jahre hinaus die ersehnte finanzielle Unabhängigkeit.

Die braucht er allerdings auch unbedingt, denn Heine ist ein todkranker Mann, und die Arzthonorare, der Sold für Dienstmädchen und Pflegerin sowie die Kosten für die Medikamente zehren an der Substanz. »Es ist schon teuer genug, in Paris zu *leben*. Aber in Paris zu *sterben*, ist noch unendlich teurer!« berichtet er seinem Verleger Julius Campe. Sechs Jahre quält er sich nun schon mit seinen Leiden herum. Daß es nicht irgendwo, sondern immerhin während eines Besuches des Louvre – und zwar angesichts der Venus von Milo – passiert ist, daß ihm plötzlich die Beine den Dienst versagten, ist ein schwacher Trost: Heine ist seither halbseitig gelähmt, zeitweise auf einem Auge blind und ohne Geschmackssinn; dazu kommen ständige Schmerzen, Koliken und Krämpfe. Nur sein Geist bleibt hellwach. Um schreiben zu können, ist er auf fremde Hilfe angewiesen: Ein Sekretär nimmt seine Diktate entgegen, besorgt ihm die Korrespondenz.

Woran mag es liegen, daß ihm, wenn er auf sein Lager gebettet ist, die Füße wie leblos herunterhängen, daß er die Augenlider, um sehen zu können, mit der Hand hochschieben muß, daß nur noch stärkste Morphiumdosen, teils oral,

Trost in der
»Matratzengruft«:
Heinrich Heine

teils in Form von Einläufen verabreicht, teils in die zu diesem Zweck offengehaltene Nackenwunde gestreut, seine
Schmerzen lindern? Sind es die Spätfolgen einer, wie vermutet wird, in jungen Jahren »eingefangenen« Syphilis? Ist
es ein besonders tückischer Fall von Tuberkulose, der sich als
Rückenmarkshaut- und Hirnhautentzündung äußert? Oder
ist gar Erbliches mit im Spiel?
Wie auch immer: Heine ist ans Bett gefesselt. Und damit ihm
nicht das ständige Liegen weitere Pein bereitet, hat man
mehrere weiche Unterlagen übereinandergeschichtet: In
einem verzweifelten Ausbruch von Galgenhumor nennt er es
seine »Matratzengruft«.
Von Mathilde, seiner Frau, kann er in dieser mißlichen Lage
wenig Hilfe erwarten. Die achtzehn Jahre Jüngere, eigent-

lich Crescentia mit Namen, unehelich geboren, eine Dorf-
schönheit, die mit fünfzehn nach Paris kommt und sich als
Verkäuferin in einem Schuhgeschäft durchbringt, ist seit
1841 mit dem Dichter, dessen Sprache sie nicht spricht, verheiratet. Heine liebt die hübsche, mit den Jahren allerdings
zu Korpulenz neigende Person, läßt es sich einiges Geld kosten, der Analphabetin nachträglich in einem vornehmen In-
ternat die versäumte Schulbildung zukommen zu lassen,
kann ihr aber, seitdem er krankheitsbedingt seinen ehelichen
Pflichten nicht mehr nachzukommen vermag, schwerlich
verwehren, ihrer Neigung zu Putzsucht und Geldver-
schwendung nachzugeben.

Um sich in der Muttersprache zu verständigen und gar in
Fragen seines Berufes Gedankenaustausch zu pflegen, ist
Heine also auf fremde Besucher angewiesen. Seitdem sein
erbärmlicher Gesundheitszustand allgemein bekannt, ja sogar so etwas wie eine Mode ausgebrochen ist, dem Sterbenskranken – wie er selber höhnt – »wie einer Reliquie« zu
huldigen, den »Muhamedanern« vergleichbar, die »nach
Mekka pilgern«, ist an Gesellschaftern, die den Patienten auf
andere Gedanken bringen wollen, kein Mangel. Schriftstel-
lerkollegen reisen aus Deutschland an und geben einander
in der Avenue Matignon die Türklinke in die Hand, Verleger
und Übersetzer melden sich zur Visite an, Bewunderer
schicken aufmunternde Briefe, und auch wenn Ehefrau Mathilde, die von alledem kein Wort versteht, nur teilnahmslos
danebensitzen kann, ist Heine weit davon entfernt, ihr des-
wegen Vorhalte zu machen. Im Gegenteil: »Sie hilft mir,
diese schmerzliche Bürde zu ertragen, die ich gewiß abwür-
fe, wenn ich allein wäre!« bekennt er in einem der Briefe an
seine Mutter.

Das ist allerdings im Februar 1851. Jetzt, vier Jahre später, hat sich die Situation weiter zugespitzt: Der Siebenundfünfzigjährige muß sich darauf einstellen, daß er nicht mehr lange zu leben hat. Als Mathilde den Augenblick gekommen sieht, in seiner Anwesenheit Gott anzurufen, für ihren Mann zu beten und um Vergebung seiner Sünden zu flehen, fällt ihr der alte Spötter mit der lästerlichen Bemerkung ins Wort: »Sei ruhig, Kind, er wird mir vergeben, das ist schließlich sein Beruf.«

Samstag, 16. Juni 1855. Die Post, die da im fünften Stock des Hauses Avenue Matignon Nr. 3 abgegeben, vom Dienstmädchen entgegengenommen und dem Patienten ans Bett gebracht wird, sieht auf den ersten Blick nicht viel anders aus als all die rührseligen Briefe, mit denen Heine-Leser (und vor allem Heine-Leserinnen) nun schon seit Jahren ihrem Idol Trost zu spenden versuchen. Vielleicht ist er nur um eine Spur geheimnisvoller als die meisten dieser Episteln: Das Petschaft, mit dem das Kuvert versiegelt ist, zeigt als Emblem eine Fliege, und da es sich, wie die schwungvoll-weiche Schrift verrät, um einen Brief von Frauenhand handelt, wird in Heines blitzschnell reagierender Phantasie aus dem ihn offenbar wenig ansprechenden Namen Margareth, mit dem der Brief unterzeichnet ist, kurzerhand eine Fliege – und das auf französisch: *Mouche*.
Und was schreibt ihm diese »Mouche«?
Die frappierende Direktheit, dieser unbefangen-burschikose Ton, mit dem die sonderbare Fremde sich »ihrem« Dichter nähert, scheint Heine zu gefallen. Er liest also, nachdem er die etwas geschraubten Eingangsfloskeln hinter sich gebracht hat, weiter:

»Schon seit Jahren, Monsieur, seit dem Tage, da ich zum erstenmal in Ihren Werken las, hatte ich das Empfinden, daß wir früher oder später Freunde werden würden. Von diesem Augenblick an habe ich Ihnen eine innige Zuneigung bewahrt, welche nur mit meinem Leben aufhören wird, wovon ich Ihnen, wenn es Ihnen Freude macht und Sie es wünschen, gern einmal Zeugnis ablegen will.«
Es folgen ein paar weitere Absätze, die wieder ins Geschwollene abgleiten. Und dann die klare Aufforderung:
»Wenn mein Anliegen nichts Verletzendes für Sie enthält und wenn Sie meine Vertraulichkeit als die Begeisterung meines Herzens auffassen, vielleicht gewähren Sie mir dann meine Bitte, vielleicht erlauben Sie, daß ich Sie besuchen darf.«
Der Brief schließt mit praktischen Hinweisen für den Fall, daß der Adressat zu einer Rückantwort geneigt sein sollte: »Zwischen heute und nächsten Mittwoch« möge er der Schreiberin »die Gunst erweisen«, ihr unter der Chiffre M.B. postlagernd »eine Zeile« zukommen zu lassen – als »Andenken aus der Hand, die ich so gerne ergreifen möchte«.
Die »Zeile« trifft tatsächlich ein: Noch gleichen Tags fordert Heine die »sehr liebenswürdige und charmante Person« auf, ihn zu besuchen, und da die daraufhin zustande kommende erste Begegnung – eines plötzlichen Schwächeanfalls des Dichters wegen – vor der Zeit abgebrochen werden muß, erneuert Heine gleich darauf seine Einladung:
»Ich bedaure sehr, daß ich Sie letzthin nur wenige Augenblicke sehen konnte. Sie haben einen äußerst vorteilhaften Eindruck hinterlassen, und ich sehne mich nach dem Vergnügen, Sie recht bald wiederzusehen. Den ganzen Tag bin ich zu jeder Stunde bereit, Sie zu empfangen. Ich weiß nicht, warum Ihre liebreiche Teilnahme mir so wohltut.« Ist es, so

fährt er fort, sein Aberglaube, daß er sich einbilde, »eine gute Fee« besuche ihn »in trüber Stunde«?

Heine hat sich vor kurzem von seinem Sekretär getrennt, also greift er selber zu Papier und Feder – auch dies ein Zeichen dafür, wie sehr ihm an dem neuen Kontakt gelegen ist. Denn sein Augenleiden ist inzwischen so weit fortgeschritten, daß ihm eigenhändiges Schreiben zur Qual wird.

Umso größer die Enttäuschung, daß die liebe »Mouche«, wie er seine Adorantin nennen wird, ihn beim nächsten Treffen davon unterrichten muß, sie habe sich, selber nicht die Gesündeste, schon vor längerem für eine Kur im Schwarzwald angemeldet, halte sich also die kommenden vier Wochen nicht in Paris auf, sondern in Wildbad. Um der schmerzlich Entbehrten dennoch nahe zu sein, muß er sich mit den paar französischen Übersetzungen seiner Gedichte begnügen, die sie ihm vor der Abreise aushändigt. Daß sie nach ihrer Rückkehr nicht sofort zu ihm eilt, trägt ihr heftige Vorwürfe ein.

Nun allerdings, aller Bedenken enthoben, sie könnte dem Patienten zur Last fallen, nehmen »Mouches« Visiten regelmäßigen Charakter an: Fast täglich sitzt sie stundenlang an Heines Krankenbett. Man unterhält sich über dieses und jenes, sie liest ihm vor, sie nimmt ihm kleinere Sekretariatsarbeiten ab, wobei es gelegentlich auch (etwa ihrer unleserlich gekritzelten Großbuchstaben wegen) nicht ohne Tadel abgeht, und sie berät ihn, des Französischen wie des Deutschen gleichermaßen mächtig, in Übersetzungsfragen. An manchen Tagen schleppt sie sogar medizinische Fachliteratur an: Der Dichter soll wissen, daß sie sich auch über Möglichkeiten der Bezwingung seiner Leiden den Kopf zerbricht.

Beide spüren längst, daß es sehr viel mehr als nur der Gedankenaustausch zweier einander zugeneigter Menschen ist, was da tagtäglich an Heines Krankenlager abläuft. Doch während »Mouche« erst in späteren Jahren, in ihren lange nach Heines Tod veröffentlichten Memoiren, ihre Gefühle aussprechen und mit den Worten »Ich glaubte einen Christuskopf vor mir zu sehen, über dessen Gesicht Mephistos Lächeln glitt« ihren ersten Eindruck von Heine schildern wird, läßt dieser in seinen Billetts, die er ihr ins Haus schickt, seiner Leidenschaft für die dreißig Jahre Jüngere freien Lauf: »Ich liebe Sie mit todkranker, innigster Zärtlichkeit«.

Einmal per Du, dann wieder per Sie, gibt er ihr die poetischsten Kosenamen, nennt sie abwechselnd »Bisamkatze« und »Lotosblume«, verwendet statt neuer Briefumschläge die schon von ihr benützten, um solcherart »die liebe Pfote zu küssen, die so graziös dieselben beaufschriftet hat«, und leidet darunter, wenn er dem »holdesten Herz« einmal – sei es des schlechten Wetters, sei es eines plötzlichen Migräneanfalls wegen – einen schon vereinbarten Besuchstermin absagen muß. In solchen Fällen folgt in Windeseile eine umso stürmischere Aufforderung, die unfreiwillige Entbehrnis so rasch wie möglich zu beenden:

»Je öfter Sie kämen, desto glücklicher wäre ich. Meine gute Mouche! Flattern Sie mir um die Nase herum mit Ihren Fittichen! Ich kenne ein Lied von Mendelssohn, wo der Refrain ist ›Komme du bald!‹. Die Melodie summt mir ständig im Kopfe – komme Du bald!«

Es bleibt nicht bei den Briefen: Heine macht seiner »Mouche« aparte Geschenke, er bringt sie mit seinen Geschwistern zusammen, als diese zu Besuch nach Paris kommen, und vor allem: Er widmet ihr Gedicht um Gedicht. Freilich sind es Verse, die nicht nur von Liebe singen, sondern fast noch mehr von Verzicht: Der sterbenskranke, an seine »Matratzengruft« gekettete Dichter beklagt mit der ihm eigenen Offenheit, daß seine schwachen Kräfte nur für platonischen Eros ausreichen:

> *Worte! Worte! Keine Taten!*
> *Niemals Fleisch, geliebte Puppe,*
> *Immer Geist und keinen Braten,*
> *Keine Knödel in der Suppe.*

Selbst in seiner so verzweifelten Situation ist ihm also der schnoddrige alte Spott nicht abhanden gekommen – ein Spott, den er in erster Linie gegen sich selbst richtet:

> *Die Lotosblume erschließet*
> *Ihr Kelchlein Mondenlicht,*
> *Doch statt des befruchtenden Lebens*
> *Empfängt sie nur sein Gedicht.*

Da ist es vielleicht ein Trost, sich an die Hoffnung zu klammern, auch die Geliebte habe es nicht auf körperliche Vereinigung abgesehen:

> *Viel gesünder, glaub ich schier,*
> *Ist für dich ein kranker Mann*
> *Als Liebhaber, der gleich mir*
> *Kaum ein Glied bewegen kann.*
> *Deshalb unserem Herzensbund,*
> *Liebste, widme deine Triebe,*
> *Solches ist dir sehr gesund,*
> *Eine Art Gesundheitsliebe.*

Heines Besucherin müßte mit Blindheit geschlagen sein, wenn sie anderes, wenn sie »mehr« erwartete: Sie liebt in Heinrich Heine den *Dichter*, nicht den *Mann*. Und dafür ist sie bereit, jegliches Opfer zu bringen, das ihr abverlangt wird: Längst hat sie die vormals so geliebten Spaziergänge über die Boulevards von Paris aus ihrem Tagesprogramm gestrichen, sie hat den Verkehr mit den meisten alten Freunden eingestellt, ihr Platz in diesen acht Monaten, die Heine noch vor sich hat, ist dessen Krankenlager.

Als Krankenschwester versteht sie sich dennoch nicht: Mouche ist durchaus das, was man in späterer Zeit eine emanzipierte Frau nennen wird. Aber weder ihr Stolz noch ihr klarer Geist können ihr verbieten, einen Gott zu verehren, dessen Welt ganz und gar die ihre ist, und dieser Gott heißt Heinrich Heine.

Wie aber heißt sie selbst? »Mouche« und »Lotosblume« – das sind nur die Kosenamen, die ihr ein sie anhimmelnder Dichter gegeben hat, der sich seinerseits einen »verliebten Mops« nennt. Und auch Margareth, wie sie sich in ihren ersten Briefen unterzeichnet, ist ein Pseudonym, zu dem ihr ihre Vorsicht rät. Und vielleicht nicht nur ihre Vorsicht, sondern auch ein gewisser Hang zu Romantisierung und Mystifikation. Oder schämt sie sich gar ihres echten Namens?

Es ist wahr: Mit »Elise Krinitz«, wie es in ihren Papieren steht, kann man in einer Stadt wie Paris wenig Staat machen. Vor allem später, wenn sie sich selber der Schriftstellerei zuwenden wird, wird sie sich der verschiedensten »noms de plume« bedienen, wird sich abwechselnd Margot Bellgier, Sarah Dennigson, Abel de Gérard und Camille Selden nennen, und auch Heine gegenüber läßt sie ihre wahre Identität, ihre Herkunft und ihren bisherigen Lebensweg im dunkeln.

Tatsache ist, daß sie eine Landsmännin von ihm ist. 1828,
vielleicht auch schon ein paar Jahre früher, kommt sie in Prag
zur Welt: Spornergasse Nr. 7, es ist das Palais der Grafen No-
stitz-Rieneck. Johann Nepomuk, Sproß dieses ebenso angesehenen wie wohlhabenden Adelsgeschlechtes, ist ihr Vater;
die Mutter, Gouvernante im gräflichen Hause, stirbt im Wo-
chenbett. Das uneheliche Kind wird von Verwandten der
Mutter adoptiert: Es ist ein aus dem sächsischen Torgau
stammendes Bankierehepaar, das keine eigenen Kinder hat.
Dieser Adolf Krinitz weilt viel außer Landes, außerdem
bricht eines Tages sein in Leipzig angesiedeltes Unternehmen zusammen: Frau und Tochter ziehen nach Paris.
Elise erhält eine standesgemäße Ausbildung. Zweisprachig
aufwachsend, nützt das sensible, frühreife Mädchen seine

*»Vielleicht erlauben
Sie, daß ich Sie
besuchen darf«:
Elise Krinitz alias
»Mouche« (hier in
späteren Jahren)*

musikalische Begabung zu ersten Auftritten als Pianistin, gefolgt von Versuchen als Komponistin kleiner Klavierstücke und Chorwerke. Nur im Privatleben läuft alles schief: Kaum großjährig geworden, heiratet Elise einen aus England stammenden Mitgiftjäger, der sich ihrer nach nur kurzer Ehedauer entledigt, indem er seine Angetraute in eine Irrenanstalt einweisen läßt. Mit Hilfe eines redlichen Arztes ihrem »Gefängnis« entronnen, ist sie fortan ein gerngesehener Gast in den Pariser literarischen Salons, macht dort die eine und andere interessante Männerbekanntschaft, und vor allem: Sie beginnt zu schreiben. Das Idol, dem sie nachstrebt, ist der auch in Frankreich vielgelesene Heinrich alias Henri Heine, von dessen gesundheitlichen Problemen sie aus der Zeitung weiß.

Es gehört Mut dazu, sich dem Dichter, zu dessen Umkreis sie keinerlei Zutritt hat, zu nähern. Und Elise *hat* diesen Mut. Da sie mit ihrem Ansinnen keinerlei erotische Ziele verfolgt, läßt sie sich auch nicht von dem Umstand abschrecken, daß Heine ein verheirateter Mann ist.

Umgekehrt scheint auch Madame Heine an den bald schon täglichen Treffen der beiden nicht weiter Anstoß zu nehmen: Für sie wird eine Frau wohl nur dann zur Nebenbuhlerin, wenn sie auch sexuelle Ansprüche stellt, und in diesem Punkt braucht sich Mathilde Heine keine Sorgen zu machen. Wer wüßte besser als sie, daß alles erotische Begehren ihres seit Jahren schwerkranken Mannes aufs Gedankliche beschränkt bleibt?

Diese fremde Person, die da stundenlang an Heines Bett sitzt und sich mit ihm in einer Sprache unterhält, von der sie, Mathilde, kaum ein Wort versteht, ist also in ihren Augen keine Gefahr. Als sie einander einmal im Vorzimmer begegnen, werden nur stumme Blicke gewechselt, und auch der Gruß der Besucherin bleibt unerwidert. Als Mathilde Heine nach dem Tod ihres Mannes gefragt wird, ob sie denn niemals auf »Mouche« eifersüchtig gewesen sei, zeigt sie sich aufs höchste erstaunt und räumt lediglich ein, sie habe »cette Allemande« (»diese Deutsche«) manchmal für eine verkappte Spionin gehalten. Eines allerdings läßt sie, die sich ansonsten so unbekümmert gibt, nicht zu: Elises Wunsch, Madame Heine nach dem Ableben ihres Mannes für die Dauer einer Stunde bei der Totenwache ablösen zu dürfen, wird brüsk abgeschlagen.

Daß sie auch in Heines Testament unerwähnt bleibt, trifft sie weniger: Der Besitz all der schwärmerischen Briefe, die ihr der Dichter geschrieben, und der vielen intimen Gedichte, die er ihr gewidmet hat, sind ein ungleich kostbarerer Schatz als jedes noch so großzügige Legat. Nur eines wird sich Elise später zum Vorwurf machen: daß sie zu dem für 16. Februar 1856 vereinbarten Besuch in der Avenue Matignon nicht erschienen ist: Ein böser Katarrh, der sie plötzlich überfallen hat, hält sie davon ab, das Haus zu verlassen. Am Tag darauf ist Heinrich Heine tot: Der Dichter und seine letzte Liebe haben nicht voneinander Abschied nehmen können. Der Brief, mit dem er ihr die Qualen seines vergeblichen Wartens vorhält, wird ihr zur schier unerträglichen Last.

Auch die Beerdigung setzt ihr zu: An der Seite ihrer Mutter folgt Elise Krinitz dem Leichenzug auf dem Friedhof von Montmartre. An die hundert Trauergäste sind erschienen; Heines Willen entsprechend, ist kein Priester zugegen, wird keine einzige Grabrede gehalten. Alles läuft lautlos ab. Als der Sarg in die Grube gesenkt wird, ist nur das Knirschen der

Stricke zu vernehmen. Elise unterdrückt den schweren Seufzer, der ihr auf den Lippen liegt.

Erst achtundzwanzig Jahre später wird sie den Mut finden, mit ihren Gefühlen in die Öffentlichkeit zu gehen: Unter dem Pseudonym Camille Selden bringt die mittlerweile Sechsundfünfzigjährige ihr Erinnerungswerk »Heinrich Heines letzte Tage« heraus. In einem Jenaer Verlag erscheint die deutsche Ausgabe, noch im selben Jahr folgen eine französische und eine englische. Zuvor schon hat sie mit einer Studie über Mendelssohn, einer Reihe zeitgeschichtlicher Publikationen sowie einer französischen Übersetzung von Goethes »Wahlverwandtschaften« von sich reden gemacht. Ihren Lebensabend verbringt Elise Krinitz als Deutsch- und Englischlehrerin am Mädchenlyzeum von Rouen; am 7. August 1896, vierzig Jahre nach dem Hinscheiden ihres Idols, stirbt sie achtundsechzigjährig in Orsay, zwanzig Kilometer südwestlich von Paris.

Zweiter Anlauf

Edgar Allan Poe und Elmira Royster

Allan ist nicht etwa der zweite Vorname des Edgar Poe, sondern der Familienname seines Adoptivvaters: Der am 19. Januar 1809 in Boston Geborene ist seit seinem dritten Lebensjahr Vollwaise. Seine frühverstorbenen Eltern, beide dem scheel angesehenen Berufsstand der Wanderschauspieler angehörig, die mit ihrer Truppe von Stadt zu Stadt ziehen, können ihrem Zweitgeborenen nur ein Hungerleiderdasein in einem feuchtkalten, winters ungeheizten Untermietzimmer bieten; da ist das wohlgeordnete, ja luxuriöse Leben im Haus des Ziehvaters ein enormer sozialer Aufstieg. John Allan, der den kleinen Edgar an Kindes Statt annimmt, ist einer der reichsten Bürger von Virginia, betreibt in der Hauptstadt Richmond einen florierenden Textilgroßhandel.

Edgar Allan Poe genießt also alle Privilegien einer sorglosen Jugend, hat seinen eigenen Hauslehrer und Erzieher, verfügt über eine Dienerschaft, die ihm jeden Wunsch vom Mund abliest, trägt feinste Maßanzüge. Reitpferde und Jagdhunde begleiten ihn, wenn er das Haus verläßt; jegliche Sportart – von Schwimmen über Schießen bis zu Schlittschuhlaufen – steht ihm offen; auch seine geistige Überlegenheit macht ihm nicht nur Freunde, sondern weckt bei der Jeunesse dorée von Richmond Neid. Keine Sekunde denkt der ebenso verwöhnte wie begabte Jüngling daran, im El-

71

ternhaus zu verbleiben, eine kaufmännische Lehre zu absolvieren und in den Textilhandel einzusteigen: Edgars Zukunft
kann nur in einem der akademischen Berufe liegen, er soll
Jurisprudenz studieren und vielleicht einmal Rechtsanwalt
werden.

Da ist, als der Sechzehnjährige sich zum erstenmal verliebt,
die ein Jahr jüngere Elmira Royster, die ihrerseits einer
wohlhabenden Richmonder Familie entstammt, genau der
richtige Umgang für ihn. Die Roysters sind mit den Allans
befreundet, als aktive Mitglieder der presbyterianischen Kirche teilen sie auch deren Weltanschauung.

Edgar ist ein gerngesehener Gast im Hause Royster: Elmira
und er musizieren miteinander, sie spielt Klavier, er Flöte,
und da der über beide Ohren in seine »Myra« Verliebte auch
über ein erstaunliches zeichnerisches Talent verfügt, fertigt
er von ihr eine Bleistiftskizze an, die ein bildhübsches, dun-
kelhaariges Mädchen mit träumerischen Augen, feinge-
schwungenem vollen Mund und zwei reizenden Grübchen
zeigt. Heimlich feiern die beiden Verlobung: Wenn Edgar,
der demnächst an der Universität von Charlottesville inskri-
bieren wird, nach absolviertem Studium nach Richmond
zurückkehrt, soll geheiratet werden.

Elmiras Eltern, die dem zukünftigen Schwiegersohn wohl
auch deshalb zugetan sind, weil sie von der Annahme ausgehen, Edgar werde eines Tages der Alleinerbe des Millio-
nenvermögens seines Adoptivvaters sein, sehen also der
glänzenden Partie, die ihrer Tochter da ins Haus steht, hoff-
nungsvoll entgegen. Sie können nicht ahnen, daß John Allan,
dessen Verhältnis zu Edgar sich mehr und mehr abkühlt,
seitdem dieser die außerehelichen Umtriebe seines Adoptivvaters verurteilt und die Partei der betrogenen Mutter

»Ich hoffe, die Vorsehung wird ihn schützen«: Elmira Royster

ergriffen hat, keineswegs daran denkt, den Ziehsohn zu seinem Nachfolger zu machen, sondern ganz im Gegenteil auf den offenen Bruch mit dem aufmüpfigen Kerl zusteuert (und ihn tatsächlich verstoßen und enterben wird).

Einen ersten Vorgeschmack dessen, was auf Elmiras Eltern und in weiterer Folge auf deren Tochter zukommen wird, erhält Mister Royster, als sich die beiden Schwiegerväter in spe eines Tages zu einer Aussprache treffen und Mister Allan bei dieser Gelegenheit klar durchblicken läßt, was er von seinem Adoptivsohn hält: Der nach außen hin so wohlanständige Bursche sei in Wahrheit ein liederlicher Nichtsnutz, der mit Sicherheit sein Studium nicht abschließen, der eines Tages mittellos, wenn nicht hochverschuldet dastehen und mit dem es überhaupt ein schlimmes Ende nehmen werde.

Die Folge: Im Hause Royster ist Feuer unterm Dach, Elmira und Edgar müssen schleunigst voneinander getrennt werden, dürfen unter keinen Umständen zusammen vor den Traualtar treten.

Edgar ahnt nichts von der dramatischen Zuspitzung: In herzzerreißendem Abschied, bei dem auch ein kostbares Geschenk – eine Perlmuttschatulle mit den in Silber eingravierten Initialen des Brautpaares – den Besitzer wechselt, sagt er im Februar 1826, kurz nach seinem siebzehnten Geburtstag, der ihm Anverlobten Lebewohl, wechselt zum Studium nach Charlottesville über und schickt Elmira, den Tag der Eheschließung mit der ein Jahr Jüngeren ungeduldig herbeisehnend, einen Liebesbrief nach dem anderen.

Doch die Briefe bleiben ohne Antwort: Sie werden von Vater Royster abgefangen und vernichtet. Edgar kann sich nicht erklären, wieso Elmira, die eben noch seine Gefühle so leidenschaftlich erwidert hat, sich von einem Tag auf den anderen von ihm abwendet: Er stürzt in tiefe Depressionen, sucht Trost im Alkohol und im Glücksspiel und dreht vollends durch, als er nach Semesterschluß nach Richmond zurückkehrt und dort erfahren muß, »seine« Myra lebe nicht mehr am selben Ort, habe in der Zwischenzeit einen anderen Mann geheiratet und sei an dessen Seite – für Edgar unerreichbar – untergetaucht.

Nach und nach rücken die wenigen, zu denen Edgar noch Vertrauen hat, mit der grausamen Wahrheit heraus: Elmiras Eltern, verschreckt von John Allan's düsteren Andeutungen über den angeblich exzentrischen Charakter seines Adoptivsohnes, dessen wüsten Lebenswandel und dessen miserable Zukunftsaussichten, haben ihrer Tochter ins Gewissen geredet, ihr den zärtlich geliebten Bräutigam mit allen Mitteln abspenstig gemacht und die mittlerweile Siebzehnjährige in höchster Eile mit einem vermögenden jungen Mann verheiratet, an dessen gesichertem Auskommen keinerlei Zweifel besteht.

Diesem Alexander Barrett Shelton, seines Zeichens Kaufmann, kommt bei aller Verzweiflung, die dessen Brautraub bei dem einige Jahre Jüngeren auslöst, immerhin das unfreiwillige Verdienst zu, Edgar Allan Poe, dessen erste schriftstellerische Versuche schon in Schülertagen eingesetzt haben, in jene Bahnen zu lenken, die sein gesamtes künftiges Leben bestimmen werden: Der zutiefst Verletzte sucht Rettung im geschriebenen Wort, reift zum Dichter heran. Noch im selben Jahr bringt er seinen Vers vom verlorenen Glück zu Papier, »drin Lust und Liebe blühn«.

Edgar Allan Poe weiß nun, daß er seinen künftigen Weg allein beschreiten muß: Noch bevor ihn Adoptivvater Allan auch offiziell verstößt, sagt er sich selber von dem finsteren, hartherzigen, verständnislosen Mann los, und was sein ferneres Leben ihm an Eheglück vorenthalten wird (die Verbindung mit seiner Cousine Virginia Clemm geht er eher aus Mitleid als aus Leidenschaft ein), wird er nun mit umso wüsteren Ausschweifungen als Alkoholiker und Spieler zu kompensieren versuchen. Als Meister des raffiniert ausgeklügelten Psycho-Thrillers zu einem der ganz Großen der amerikanischen Literatur aufsteigend und mit Titeln wie »Der Untergang des Hauses Usher«, »Die Morde in der Rue Morgue«, »Der Goldkäfer« und »Der Rabe« Erfolge über Erfolge einheimsend, wird er doch zeit seines Lebens ein Chaot, ein Hungerleider, ein sowohl physisch wie psychisch Kranker bleiben, der sich nach und nach daran gewöhnt, mit allen, auch den vertracktesten Schicksalswendungen zu rechnen – außer mit *einer*: daß er eines fernen Tages zu seiner verlorenen Jugendliebe zurückfinden, am Ende seines Lebens nochmals »seine« Myra in die Arme schließen, ja sogar das Eheaufgebot für sie beide bestellen würde ...

14. Juli 1849, sechs Monate nach Edgar Allan Poes vierzigstem Geburtstag. Vor zwei Jahren ist ihm seine Gattin Victoria weggestorben, ein Nervenzusammenbruch streckt den jungen Witwer nieder, auch einen Selbstmordversuch hat er hinter sich. Sein körperlicher Verfall schreitet unaufhaltsam fort, nur unter größten Strapazen hat er die Reise von New York via Philadelphia nach Richmond geschafft. Die Cholera hat er überstanden, jetzt droht eine neue Nervenkrise. Trost findet er einzig bei dem Gedanken, vielleicht in der Stadt seiner Kindheit endlich die angeschlagene Physis zu stabilisieren: Poe erwägt, seinen New Yorker Haushalt aufzulösen und nach Richmond zu übersiedeln.

Auch Elmira, seine große erste Liebe, lebt wieder in Richmond – und ebenso wie er verwitwet: Vor fünf Jahren ist Alexander Barrett Shelton gestorben. Mit ihrem Sohn, dem einzigen Kind aus ihrer Ehe, bewohnt Elmira, inzwischen eine Frau von neununddreißig, eine herrschaftliche, von einem großen Garten umsäumte Villa in der vornehmen Grace Street. Von ihrem Mann mit einem ansehnlichen Vermögen bedacht, gilt ihr ganzes Interesse der Erziehung ihres Sohnes, der Verwaltung ihres Besitzes sowie der strengen Erfüllung ihrer Christenpflicht. Um Erbschleicher von ihr fernzuhalten, hat Ehemann Shelton testamentarisch verfügt, daß sich die Bezüge seiner Witwe im Fall einer Wiederverheiratung auf ein Viertel der Nettoeinkünfte aus dem hinterlassenen 100 000-Dollar-Vermögen reduzieren.

Hat Edgar Allan Poe, als er sich Anfang August 1849 dazu entschließt, ein Wiedersehen mit Elmira herbeizuführen, es auf ihr Geld abgesehen, oder will er einfach nur nachholen, was ihm vor über zwanzig Jahren versagt geblieben ist: mit der Frau seines Herzens ein spätes Eheglück anzusteuern? Jedenfalls geht er bedachtsam vor. Er muß einkalkulieren, daß natürlich auch Elmira über seinen angeschlagenen Ruf im Bilde ist: Zu grell waren in all den Jahren die Zeitungsschlagzeilen über Poe's Alkoholexzesse, seine physischen Kollapse, seine Zusammenstöße mit Polizei und Justiz. Da kommt es wie gerufen, daß die »Richmond Whig« zu seiner Begrüßung einen Artikel veröffentlicht, der seine jüngsten literarischen Erfolge ins rechte Licht rückt: Sogar in Frankreich sei er nun ein berühmter Mann.

»Gott helfe meiner armen Seele«: Edgar Allan Poe

Daß Poe für das geplante Wiedersehen mit Elmira einen Sonntagvormittag wählt, ist allerdings ein Fehler: Das ist die Zeit, da die prinzipientreue fromme Frau mit allen Gedanken bei ihrem Herrgott ist. Der frisch eingekleidete Mann, der da – im hellen Sommeranzug, schwarzer Samtweste, Halstuch und Panama-Hut – das »American Hotel« in Richmond verläßt, sich zur Shelton-Villa begibt und den Diener um Einlaß bittet, wird also erst einmal abgewiesen. Zwar reicht Elmira ihrem Überraschungsgast freundlich die Hand, doch ersucht sie ihn, ein andermal wiederzukommen: Jetzt sei sie im Begriff, zum Kirchgang aufzubrechen, und da werde sie nicht einmal um seinetwillen eine Ausnahme machen.

Poe tut, wie ihm geheißen, unternimmt einige Tage später einen zweiten Anlauf. Diesmal wird er aus dem Empfangszimmer neben dem Hauseingang ins Obergeschoß gebeten: Elmira, sichtlich gerührt, von ihrem einstigen Verehrer auch dreiundzwanzig Jahre nach der gewaltsamen Trennung nicht vergessen worden zu sein, lauscht aufmerksam seinen wohlgesetzten Worten. Rasch kommt er zur Sache, macht Elmira ohne Umschweife einen Heiratsantrag.

Alles hat sie erwartet, nur das nicht: Sie reagiert teils verlegen, teils amüsiert. Erst, als ihr klar wird, daß Edgar es tatsächlich ernst meint, tritt in Elmira Sheltons Sitting room so etwas wie feierliche Stille ein: Die Umworbene bittet um Bedenkzeit.

An den folgenden Tagen wiederholt Poe seine Besuche in der Shelton-Villa, man kommt einander näher und näher, die seinerzeit wortlos gelöste Verlobung wird erneuert.

Vor allem zwei Ereignisse sind es, die Elmiras Einwände zum Verstummen bringen: Um seinen Vorsatz zu untermauern, er werde ein für allemal dem Alkohol abschwören, tritt Poe demonstrativ der örtlichen Vereinigung »Sons of Temperance« bei, und bei dem begeistert akklamierten Vortrag, den er am 22. September im Concert Room des »Exchange Hotel« hält, sitzt Elmira stolz in der ersten Reihe. Daß der Dichter, nun also auch eine lokale Berühmtheit, nicht nur ein ansehnliches Vortragshonorar kassiert, sondern sich auch über ein gutdotiertes Angebot freuen kann, einen neuen Gedichtband herauszubringen, verfehlt seine Wirkung auf Elmira nicht: Für 17. Oktober wird die Trauung angesetzt. Poe schenkt der Braut eine zur Brosche umgearbeitete Kamee.

Unter den wenigen, die in Poes Pläne eingeweiht sind, steht seine Tante Maria Clemm, die den Dichter seit Jahr und Tag mütterlich umsorgt, obenan; der Brief, den sie in diesen Tagen von Elmira empfängt, ist wohl vor allem als Versuch der von neuen Zweifeln heimgesuchten Braut zu verstehen, sich selber Mut zuzusprechen – sie schreibt:

»Ich hoffe, die Vorsehung wird ihn schützen und auf den Pfad der Wahrheit leiten, damit sein Fuß nicht ausgleite.«

Noch hoffnungsvoller der Brief, mit dem Poe die geliebte Tante ins Vertrauen zieht – es ist sein letzter:

»Elmira ist gerade vom Lande heimgekommen, ich verbrachte den gestrigen Abend mit ihr. Ich glaube, sie liebt mich hingebungsvoller, als ich es jemals erfahren …«

Bis zur Hochzeit sind es nur noch dreißig Tage, Poe will die verbleibende Zeit dazu nutzen, in Philadelphia und New York eine Reihe in Schwebe befindlicher geschäftlicher Angelegenheiten zu erledigen. Am Abend des 26. September verabschiedet er sich von der Verlobten; so rasch wie möglich will er nach Richmond zurückkehren, um fortan nur noch für die Frau seines Herzens dazusein. Ungern läßt ihn

Elmira ziehen: Bevor er den Weg zum Hafen antritt, um das Dampfschiff zu besteigen, hat sie ihrem »Eddy« noch den Puls gefühlt. Er klagt über Unwohlsein, hat starkes Fieber …

Am 3. Oktober gegen vier Uhr morgens legt das Boot an der Zwischenstation Baltimore an. Da die Weiterfahrt nach Philadelphia an einem plötzlich am Susquehanna River ausbrechenden Sturm scheitert, der die Fahrrinne des Schiffes in ein tobendes Inferno verwandelt, kehrt Poe um und reist mit der Eisenbahn nach Baltimore zurück. Auf dem Weg zum Bradshaw's Hotel, wo er die Nacht zu verbringen gedenkt, wird er von zwei zwielichtigen Gestalten verfolgt: Die Halunken zerren ihn in eine Spelunke, setzen ihn unter Drogen und rauben ihn aus. Sogar die Kleider reißen sie ihm vom Leib; in halb bewußtlosem Zustand lassen sie ihr Opfer mitten auf der Straße liegen. Mit letzter Kraft tastet sich Poe zum nahen Pier; auf einer der Gleitkufen, über die normalerweise die Schiffsladungen herangerollt werden, verbringt er den Rest der kalten Oktobernacht.

Ein Passant, der den Dichter erkennt, ruft eine Droschke herbei; gegen neun Uhr morgens trifft der Halbtote im »Washington Hospital« ein. Den Ärzten antwortet er nur mit wirren, zusammenhanglosen Sätzen; drei Tage später tritt der Tod ein. »Gott helfe meiner armen Seele!« sind seine letzten Worte. Die Beerdigung auf dem Presbyterianischen Friedhof von Baltimore erfolgt so rasch, daß Elmira Shelton von den Ereignissen erst erfährt, als sie vorüber sind: Außer dem Reverend, der die Einsegnung vornimmt, folgen nur vier Personen dem Sarg; die Frau, der ein grausames Schicksal zum zweitenmal den Geliebten entrissen hat, ist nicht unter ihnen.

»Meine kleine Elfe …«

Henrik Ibsen und Rosa Fitinghoff

G inge es nach mir, würde ich in die Berge flüchten!« antwortet er seinem Verleger auf die Frage, wo und wie er
den siebzigsten Geburtstag zu feiern gedenke. Ibsen fürchtet sich vor »diesen schrecklichen Tagen«, die er rund um den
20. März 1898 auf sich zukommen sieht. Die Anfragen häu-
fen sich, Programmvorschläge treffen ein – es sind nicht nur
die wochenlange Störung seiner Arbeit und die mit all den
Festakten und Banketten verbundenen Strapazen, die den
Jubilar ängstigen, sondern vor allem der Gedanke an den
Eintritt ins Greisenalter. Dabei befinde er sich, schreibt er an
seinen französischen Übersetzer, »körperlich in ausgezeich-
netem Zustand«. Und damit das noch eine Weile so bleibt,
hat er sich einen jener patentierten elektromagnetischen
Gürtel zugelegt, von denen man momentan wahre Wunderdinge hört: Sie dienen der Anregung des Blutkreislaufs.

Auch sonst könnte Henrik Ibsen zufrieden sein: Die Arbeit
an seinem neuen Stück »Wenn wir Toten erwachen« schreitet zügig voran, seine Einkünfte haben Rekordmarken erreicht, und seit den Erfolgen mit der »Wildente«, dem
»Volksfeind«, den »Gespenstern«, »Rosmersholm«, »Hedda
Gabler«, »Baumeister Solness« und »John Gabriel Bork-
mann« liegt nicht nur die skandinavische Theaterwelt, sondern auch die in Deutschland, England, Frankreich und
Rußland im Ibsen-Fieber. Da ist es manchen Zeitgenossen

sogar schon zu viel des Guten; der Verfasser eines in Berlin publizierten Spottgedichtes lästert:

> *Keine Rettung! Überall*
> *künden Ibsens Namen,*
> *preisend mit Posaunenschall,*
> *Moden und Reklamen.*
> *Auf Cigarren, Damenschmuck,*
> *Torten, Miedern, Schlipsen*
> *prangt das Wort in goldnem Druck:*
> *Ibsen! A la Ibsen!*

Obwohl er nicht sonderlich an seinem Heimatland Norwegen hängt, weiß Ibsen die Ruhe und Geborgenheit seines jetzigen Lebens zu schätzen: Siebenundzwanzig Jahre im fremdsprachigen Ausland – das ist genug. Christiania (wie das spätere Oslo zu dieser Zeit heißt) soll und wird sein Alterssitz sein. Dreimal zieht er um, zuletzt in die geräumige Wohnung im zweiten Stock eines Neubaues an der Ecke Arbiensgate/Drammensvejen, die er selber gesucht, gemietet, bezogen und eingerichtet hat, weil Ehegattin Suzannah, ihres Gichtleidens wegen auf das rauhe nordische Klima allergisch, wieder einmal zur Kur in Italien weilt. Mit Rücksicht auf sie und ihre Launen hat er seine Wahl getroffen: Wegen der kalten Fußböden mag sie nicht parterre, wegen des Treppensteigens nicht unterm Dach wohnen. Gebe Gott, daß sie nicht dennoch an dem neuen Quartier dies und das auszusetzen hat; Ibsen versucht es ihr schmackhaft zu machen, indem er ihr brieflich die vortreffliche Raumaufteilung schildert:

»Ich bekomme ein großes Arbeitszimmer mit direktem Zugang von der Diele, so daß Leute, die zu mir wollen, kein an-

deres Zimmer der Wohnung passieren müssen. Du hast zu Deiner freien und ausschließlichen Verfügung einen großen Ecksalon mit Altan und daneben ein beinahe ebenso großes Wohnzimmer mit Tür zum Eßzimmer, wo für 20 bis 22 Personen gedeckt werden kann. Vom Eßzimmer geht es direkt in die geräumige Bibliothek und von dort in Dein Schlafzimmer, das bedeutend größer ist als mein jetziges. Mein Schlafzimmer liegt daneben und hat einen Balkon. Über den Flur brauchst Du nur, wenn Du ins Bad willst. Große helle Küche, Speisekammer und Anrichte sind natürlich auch vorhanden, desgleichen viele eingebaute Wandschränke. Ich glaube, Du wirst zufrieden sein.«

Traum von der »kleinen Elfe«:
Henrik Ibsen

Na, hoffentlich. Suzannah ist eine schwierige Partnerin. Daß »die Ausbrüche ihrer schlechten Laune« den Dichter oft »zur Verzweiflung bringen«, gibt er ihr sogar schriftlich, und weil er für ein Gutteil der häuslichen Querelen die ständig gegen ihn hetzende Schwiegermutter verantwortlich macht, beschwört er Suzannah, endlich den Kontakt mit dieser »wirrköpfigen« Frau abzubrechen. »Ihr Eingreifen war immer verhängnisvoll. Willst Du es ihr nicht *selbst* sagen, so werde *ich* es tun.«

Ist es da ein Wunder, daß Ibsen immer wieder bei jungen Frauen, die ihm Respekt, ja Zuneigung entgegenbringen, seelische Zuflucht sucht? Einmal ist es die vierunddreißig Jahre jüngere Wienerin Emilie Bardach, der er bei einem seiner Aufenthalte in der Südtiroler Sommerfrische Gossensaß begegnet, ein andermal Helene Raff, die Tochter eines Münchner Komponisten, und zuletzt – besonders intensiv – die Pianistin Hildur Andersen. Es sind Beziehungen, die stets nach dem gleichen Schema ablaufen: Der alternde Dichter zeigt sich von der jugendlichen Ausstrahlung seiner Angebeteten, von ihrer Gemütswärme und auch von ihrem wachen Intellekt entzückt, er hofiert sie, führt mit ihnen vertrauliche Gespräche, lädt sie zu gemeinsamen Wanderungen ein und wechselt mit ihnen, sobald man räumlich wieder voneinander getrennt ist, schwärmerische Briefe.

Die erotischen Signale, mit denen Ibsen erkennen läßt, daß er nur zu gern auch den körperlichen Versuchungen nachgeben würde, die von diesen »holden Engeln« ausgehen, bleiben auf den Austausch harmloser Zärtlichkeiten und schriftlicher Liebeserklärungen beschränkt: Trotz aller Unbill, die ihm das Leben an der Seite seiner Frau aufbürdet, nimmt Ibsen es mit der ehelichen Treue ernst. Und auch

Suzannah, der das Getändel mit den »sich anbiedernden Weibern« nicht verborgen bleibt, reagiert mit Nachsicht, allenfalls mit Spott: Sie weiß, daß ihr von diesen »Konkurrentinnen«, mag da bisweilen auch noch so heftige Leidenschaft auflodern, letztlich keine Gefahr droht. Da sie samt und sonders – mehr oder minder erkennbar – in Ibsens dichterisches Werk Eingang finden, ihm also die »Modelle« für so manche Bühnenfigur liefern, macht sie es sich zur Gewohnheit, in all den Affären nichts weiter als einen künstlerischen Inspirationsquell zu sehen: »Material« fürs nächste Stück.

Eine Bestätigung für den rein platonischen Charakter von Ibsens »Amouren« wird in späteren Jahren übrigens auch sein Hausarzt Dr. Edvard Bull liefern, der sich in einem sechsseitigen Rückblick auf seinen Umgang mit dem inzwischen verstorbenen Patienten freimütig über dessen Prüderie auslassen wird: von der fast krankhaften Scheu, sich zu entblößen, bis zu der Unfähigkeit, über Körperteile und Körperfunktionen anders als mit den verschämtesten Umschreibungen zu sprechen. Das männliche Glied ist für ihn die »kleine«, der Anus »die große Einrichtung«. Dr. Bulls Resümee: »Ich bin fest davon überzeugt, daß er mit keiner dieser Frauen ein sexuelles Verhältnis eingegangen ist.«

Das gilt also auch (und ganz besonders) für die letzte in dieser Reihe. Ihr Name: Rosa Fitinghoff.

Henrik Ibsens siebzigster Geburtstag. So sehr ihm davor graut, all die vielen Huldigungen, Festreden und Geschenkannahmen über sich ergehen zu lassen: Zumindest in der engeren Heimat wird er sich dem Rummel kaum entziehen können. Ibsen stimmt also dem Plan einer Rundreise durch die skandinavischen Hauptstädte zu. Den Anfang macht

Christiania, gefolgt von Kopenhagen; nun, Mitte April 1898, ist Stockholm an der Reihe. Die Laune des Dichters hat sich schlagartig gebessert, seitdem er Nachricht erhalten hat, sein über alles geliebter Sohn Sigurd habe sein Berufsziel erreicht und sei zum Chef der Abteilung für Handel und Schiffahrt im norwegischen Innenministerium ernannt worden und habe sogar Aussicht auf einen Ministerposten (was Ibsen später in die Lage versetzen wird, seinen Filius scherzweise als »Seine Exzellenz« zu titulieren).

Im Gegensatz zu Kopenhagen, wo unser Jubilar zur Kenntnis nehmen muß, daß das ihm verliehene Großkreuz des Dannebrog-Ordens – wie in Dänemark üblich – nur aus Pappmaché besteht, also auf eigene Rechnung beim Hofjuwelier gegen die eigentliche Trophäe einzutauschen ist, wird Ibsen in Stockholm angemessen geehrt: Das Großkreuz des Nordsterns, das ihm König Oskar an die Frackbrust heftet, ist die höchste Auszeichnung, die Schweden zu vergeben hat. Nun aber, so atmet der von all den steifen Feierlichkeiten Ermattete auf, ist es genug davon, und Ibsen macht sich daran, die Koffer für die Heimfahrt zu packen. Da erreicht ihn im letzten Augenblick noch eine weitere Einladung: Eine Stockholmer Frauenvereinigung möchte den Dichter mit einer Vorführung einer Volkstanzgruppe erfreuen. Widerwillig sagt Ibsen zu, verschiebt seine Abreise um einen Tag. Er wird es nicht zu bereuen haben ...

Der 16. April 1898 ist ein Samstag, das Theater ist dicht gefüllt, Ibsen nimmt seinen Ehrenplatz in der vordersten Reihe des Parketts ein. Die Tanzgruppe ist in schwedische Tracht gekleidet, desgleichen die Musiker – also endlich einmal keine pathetischen Huldigungsreden: Der Dichter kann

sich entspannt zurücklehnen und die anmutigen Darbietun-
gen auf der Bühne verfolgen. Eine der jungen Frauen, sie
mag Mitte zwanzig sein, sticht ihm besonders ins Auge, und
je länger die Tanzpaare über die Bühne wirbeln, sieht er nur
noch *sie*: Rosa Fitinghoff.
Ibsen wünscht der schönen Fremden vorgestellt zu werden,
und da er gerade ein prachtvolles Rosenbukett im Arm hält,
das ihm die Organisatorinnen zu Beginn der Vorstellung
überreicht haben, hat er auch gleich das passende Geschenk
parat. Sodann läßt er seine Hand über den Kopf der jungen
Tänzerin gleiten und flüstert ihr ins Ohr, in ganz Norwegen
gebe es kein so schönes, kein so volles Haar wie das ihre. Der
Siebzigjährige, der ihr Vater, ja ihr Großvater sein könnte,
darf sich solch eine vertrauliche Geste wohl erlauben. Doch
Ibsen geht noch weiter: Als man, nun schon einige Schritte
von den übrigen Mitgliedern der Tanzgruppe entfernt, miteinander ins Gespräch kommt, langt der Dichter nach der
Hand der Schönen und beugt sich herab zu einem langen,
festen Kuß. Natürlich wird der Vorgang von den anderen registriert – teils neidvoll, teils bewundernd, und nicht wenige
der Umstehenden äußern den Wunsch, es Ibsen gleichzu-
tun: Sie möchten unbedingt dieselbe Stelle küssen, auf die
sich der Mund des berühmten Mannes gesenkt hat. Rosa
ziert sich, reagiert mit einem Scherz: Ja gern, aber das hat
seinen Preis! Zehn Kronen!
Als es schließlich zum Abschiednehmen kommt, flüstert ihr
Ibsen ins Ohr, er wäre überglücklich, wenn sie am nächsten
Morgen zum Bahnhof kommen könnte, um ihm vor Antritt
seiner Heimreise Adieu zu sagen.
Sollte das wirklich ernst gemeint sein? Rosa ist pünktlich zur
Stelle – natürlich, wie es die Schicklichkeit verlangt, in Be-

gleitung ihrer Mutter. In ihr Tagebuch wird sie über jenen 17. April 1898 eintragen:

»Ibsen stand auf dem Perron, umgeben von Staatsräten und anderen Würdenträgern. Ich hatte nicht geglaubt, daß er mich wiedererkennen würde, aber er trat augenblicklich auf Mama und mich zu. Einen kurzen Augenblick konnten wir allein sein, und da bat er mich eindringlich, ihm zu schreiben. Ich dachte, ich müßte vor Stolz zerspringen ...«

Rosa tut, wie ihr geheißen, und schickt drei Tage später eine Briefkarte an jene Adresse in Christiania, die ihr der Dichter heimlich zugesteckt hat. Die Antwort folgt auf dem Fuße:

»Es war, als kämen Sie selbst mit einer herzerwärmenden Botschaft zu mir, und es war Musik und Tanz in Ihrem Gruß. In Musik und Tanz eingehüllt – so begegneten wir einander ja auch. Nur, es macht mich melancholisch, daß wir einander nicht schon vor meinem letzten Abend in Stockholm trafen.«

Ibsens Depesche schließt mit der Bitte:

»Schreiben Sie mir wieder – wenn Sie wollen und können.«

Einem der nächsten Briefe, die Rosa erreichen, ist ein Bild ihres Verehrers beigelegt; wieder ist die Empfängerin überglücklich über ein so hohes Maß an Zuwendung:

»Dank, millionenfachen Dank für die liebenswerten Zeilen, die Sie auf die Rückseite der Photographie geschrieben haben. Nun steht Ihr Bild auf meinem Schreibtisch, und jeden Tag blicke ich es an und begrüße Sie. Ja, mir ist, als würde es lebendig und spräche mit mir.«

Auch Ibsen geht es nicht anders – mit dem einzigen Unterschied, daß er das Bild und die Briefe, die er von seiner fernen Freundin empfängt, nicht in seinem Arbeitszimmer offen herumliegen läßt, sondern in einer der Geheimladen seines Schreibtisches versteckt. Von dort holt er Rosas Por-

»Ich dachte, ich müßte vor Stolz zerspringen«:
Rosa Fitinghoff

trät jeden Tag hervor, um ihm in stiller Betrachtung seine in-
nersten Gedanken anzuvertrauen. Bei der Abfassung seiner
eigenen Briefbotschaften läßt Ibsen Vorsicht walten, ka-
schiert seine Liebesbezeugungen mit allerlei Geschäfts-
mäßigem: Sollten sie eines Tages durch eine unglückliche
Fügung in falsche Hände geraten, könnte man sie noch
immer als die »normale« Korrespondenz zwischen einem
Schriftsteller und einer ihn adorierenden Leserin ausgeben.
Auch zu einer zweiten persönlichen Begegnung der beiden
kommt es: Der Dichter hat Rosa Fitinghoff und deren Mutter zu einem Besuch bei ihm daheim eingeladen; am 23. Juli
1898 treffen die beiden Damen in Christiania ein. Am folgenden Tag um elf Uhr macht ihnen Ibsen im Grand Hotel,

wo sie abgestiegen sind, seine Aufwartung, bewirtet sie mit Eis und anderen Leckereien; den zwei Flaschen feinsten Champagners würde er, der seit Jahr und Tag gerne geistigen Getränken zuspricht, am liebsten eine dritte folgen lassen, doch Mutter Fitinghoff wehrt ab.

Am Tag darauf bittet Ibsen den Besuch in sein Heim, und diesmal kommt Rosa allein. Der Dichter selber öffnet ihr und führt sie in sein Arbeitszimmer. Die Konversation kreist zunächst um Fragen des Schriftstelleralltags, geht sodann zu Ibsens Geständnis über, seit der Begegnung mit ihr gehe ihm das Schreiben so leicht von der Hand wie seit Jahren nicht mehr, und gipfelt in dem freilich unerfüllbaren Wunsch, sie ständig um sich zu haben. Über den weiteren Verlauf ihres Beisammenseins wird später Rosas Tagebuch Auskunft geben:

»Ibsen küßte mir die ganze Zeit die Hände und danach viele Male meinen Mund, lange und gut. Auch sagte er mir eine Menge gefühlvoller Dinge, doch wage ich nicht, sie niederzuschreiben. Als ich Abschied nahm, küßte er mich wieder, und er war dabei so aufgewühlt, daß er zu zittern begann. Dann folgte er mir auf den Flur, ohne sich im geringsten um jenen Herrn zu kümmern, der dort schon eine ganze Weile auf ihn wartete und der sehr verwirrt wirkte, als er uns erblickte. ›Wann sehen wir einander wieder?‹ waren Ibsens letzte Worte.«

Henrik Ibsen und Rosa Fitinghoff sehen einander *nicht* wieder, nur der Briefwechsel wird fortgesetzt. Im Jahr darauf erkrankt der inzwischen Zweiundsiebzigjährige, zu Neujahr 1901 schreibt er der Angebeteten: »Sie sind wie eine junge Prinzessin aus der Welt der Abenteuer.« Zugleich bedankt er sich überschwenglich für ihr Weihnachtsgeschenk – es ist ein

kleines Kissen, das die Gratulantin eigenhändig mit kunst-
vollen Stickereien versehen hat. »Jeden Tag«, gesteht er ihr,
»lege ich meinen Kopf darauf und träume davon, daß meine
kleine Elfe zu mir kommt.«

Ibsens Beziehung zu Rosa Fitinghoff kommt erst zum Still-
stand, als der Dichter, nacheinander von zwei Schlaganfällen
heimgesucht, jegliche Korrespondenz einzustellen gezwungen ist. Als er am 23. Mai 1906 stirbt, trägt Rosa in ihr Tagebuch ein: »Ibsen tot. Sandte Geld für einen Kranz.«

Bis Rosa Fitinghoff aus ihrer Anonymität heraustritt und die
Geschichte von Henrik Ibsens letzter Liebe publik wird, verstreichen nicht weniger als drei Jahrzehnte, und auch da ist
es keineswegs sie, die den Schleier lüftet, sondern der nor-
wegische Literaturwissenschaftler Didrik Arup Seip, der im
Zuge der Briefedition, die er vorbereitet, auf Rosas Namen
stößt. Die von ihm brieflich Kontaktierte wehrt alle Versuche, ihr die Dokumente dieser von Melancholie und Entsagung geprägten Leidenschaft herauszulocken, entrüstet ab:
Weder mag sie sich als späte Dichtermuse feiern lassen, noch
gibt sie der Versuchung nach, mit der Veräußerung der
Ibsen-Briefe zu Geld zu gelangen. Und auch, als man nach
ihrem Tod im Jahr 1949 ihre Hinterlassenschaft sichtet, stößt
man nur auf einen Stapel leerer Kuverts: Die Briefe selbst
hat sie vorsorglich vernichtet. Einzig ihr Tagebuch bleibt erhalten, und auch da hat sie eine diskrete Feder geführt. Das
entspricht nicht nur Ibsens Willen, der zeit seines Lebens
auf strenge Einhaltung der bürgerlichen Konventionen sieht
und nichts so sehr fürchtet wie den öffentlichen Skandal,
sondern auch ihrem eigenen vornehmen Charakter: »Ich
finde es sehr unpassend, wenn Damen ausplaudern, welche

Verehrer sie gehabt haben!« blockt sie Professor Seips Recherchen kategorisch ab.

Immerhin weiß man nun, wer sie ist: 1872 in Torsaker in der schwedischen Nordprovinz Norrland geboren, hat sie einen Balten zum Vater und eine Schwedin zur Mutter. Conrad Graf Fitinghoff ist Bankier; als Rosa acht Jahre alt wird, muß er für sein Unternehmen den Konkurs anmelden. Bald darauf stirbt er. Mutter Laura, vierundvierzig Jahre jünger als ihr Mann, übersiedelt mit den drei Kindern nach Schloß Ekenholm in der Provinz Sörmland. Als der Besitz wegen Geldmangels nicht länger zu halten ist, läßt man sich in Stockholm nieder, und hier beginnt Laura Fitinghoff zu schreiben. 1907 erscheint das Buch, das sie berühmt machen wird: Es ist der Roman »Die Kinder vom Frostmofjäll«. Ein so realistisches, ja sozialkritisches Jugendbuch hat es im verzopften Schweden, das bis dahin nur die heile Welt im Elternhaus der gebildeten Stände als Romansujet kennt, nicht gegeben. Die Handlung spielt während der Hungerjahre um 1860, die Kinder von Frostmofjäll sind eine siebenköpfige Geschwisterschar, Vollwaisen aus dem dünnbesiedelten und notleidenden Norrland, die ihr Schicksal in die eigenen Hände nehmen, um nicht, wie es zu dieser Zeit üblich ist, auseinandergerissen und auf verschiedene Höfe aufgeteilt zu werden.

Ein Jahr nach Erscheinen des wegen seiner aufklärerisch-anklagenden Tendenz stark angefeindeten Romans, der erst in späterer Zeit in mehrere Sprachen übersetzt und auch verfilmt werden wird, stirbt die Autorin: Tochter Rosa, inzwischen eine Frau von sechsunddreißig, tritt in Mutters Fußstapfen. Im Hauptberuf Lehrerin, wendet auch sie sich der Sparte Kinderliteratur zu: Vor allem »Silja im Zelt«, »In

fremden Händen« (Untertitel: »Die Geschichte einer erleb-
nisreichen Irrfahrt durch Schweden und Lappland«) sowie
ihre Bücher vom Pudel Murre und seiner Familie erleben
zahlreiche Auflagen, tauchen auch heute noch vereinzelt im
Antiquariatshandel auf. Nur das Buch, das viele Literatur-
freunde – vor allem aus dem skandinavischen Raum – von ihr
erwarten, bleibt ungeschrieben: »Meine Tage mit Ibsen«.
Rosa Fitinghoffs Erinnerungen an den Mann, dessen Lebensabend sie mit ihrem Liebreiz, ihrer Herzenswärme und
ihrem Verständnis so nachhaltig aufgehellt hat und den sie
beinahe dreiundvierzig Jahre überlebt, nimmt sie, als sie siebenundsiebzigjährig in Djursholm stirbt, mit ins Grab.

»Ich weiß und fühle ...«

Arthur Schnitzler und Suzanne Clauser

Suzanne Clauser ist von Geburt Wienerin. Zweisprachig aufgewachsen, lebt sie zeitweise in Paris. Jetzt, im Herbst 1928, ist sie wieder in der Heimat. Die Tochter des Bankiers Wilhelm Ritter von Adler ist gerade dreißig geworden, lebt in gutbürgerlicher Ehe; Sohn Hubert, das ältere ihrer beiden Kinder, kommt in die Schule, da hat sie endlich auch wieder ein bißchen mehr Zeit für sich selbst.

Seit dem französischen Staatsexamen, bei dem unter anderem Arthur Schnitzlers »Liebelei« zum Prüfungsstoff zählte, hat sie nicht aufgehört, sich für diesen Autor zu interessieren. So leidenschaftlich schwärmt sie ihrem Mann von ihm vor, daß dieser ihr zur Geburt des ersten Kindes die gerade erschienene neunbändige Schnitzler-Gesamtausgabe schenkt. Sie liest sie von der ersten bis zur letzten Zeile, hat schließlich die Namen aller handelnden Personen im Kopf, kann ganze Dialoge aus dem Gedächtnis aufsagen. Jetzt fehlt ihr nur noch eines: Mit der französischen Sprache gleichermaßen vertraut wie mit der deutschen, würde sie »ihren« Dichter gern auch auf französisch lesen. Ist nicht Arthur Schnitzlers Werk mit all seiner subtilen Seelenmalerei »d'un esprit bien français«?

Einiges ist übersetzt, vieles nicht. »Fräulein Else« zum Beispiel. Der Gedanke, sich in diesem Genre zu versuchen, elektrisiert Suzanne Clauser. Eine Freundin, der sie ihren

*»Dem ehelichen
Leben nicht länger
gewachsen«:
Suzanne Clauser*

Wunsch anvertraut, rät ihr, dem Dichter zu schreiben; daß
ihr Brief im Papierkorb landet, wäre noch das Schlimmste,
das passieren kann. Doch es passiert nicht: Zwei Tage später
hat sie Arthur Schnitzlers Antwort in der Hand. Der Dichter
teilt ihr seine Telefonnummer mit, sie möge ihn anrufen, um
ein Treffen mit ihm zu vereinbaren. Ist es also vielleicht doch
noch nicht (wie sie in ihrer Anfrage ängstlich anklingen läßt)
»zu spät«, sich ihren Jugendtraum zu erfüllen?
Bevor sie zum Telefonhörer greift, fährt ihr der Schreck in
die Glieder: Da erhalte ich die Chance, einem großen Dichter gegenüberzutreten, und wie stehe ich vor ihm da? Mit
leeren Händen. Nein, das geht nicht. Suzanne Clauser
schiebt also den Termin, den sie an und für sich kaum erwarten kann, um einige Tage hinaus, macht etwas für übernäch-
ste Woche aus und benützt die Zwischenzeit dazu, eine

Probeübersetzung anzufertigen. Sie nimmt Schnitzlers Novellenband zur Hand und wählt für ihren »Test« das kürzeste der Stücke: »Blumen«. Mit Bleistift kritzelt sie »ihre« französische Version auf Briefpapier: acht Blätter, beidseitig beschrieben.

Solcherart ausgerüstet, macht sie sich zum vereinbarten Termin auf den Weg ins Cottage: Seit achtzehn Jahren bewohnt Dr. Arthur Schnitzler die Villa in der Sternwartestraße 71. Freundin Elsa von Gutmann, eine der wenigen in Wien, die bereits ein eigenes Auto besitzen, begleitet sie. Und wartet vorm Haus: Sie will unbedingt wissen, wie die Sache ausgeht. Suzanne Clauser hat Lampenfieber wie seit Jahren nicht mehr: Die paar Schritte durch den Vorgarten und über die Treppe in den zweiten Stock, wo Schnitzler sie in seinem Arbeitszimmer erwartet, werden ihr zur Qual. Dann aber steht sie dem verehrten Meister gegenüber: Sechsundsechzig ist er, von mittelgroßem Wuchs, hohe Stirn, blaue Augen, graues Haar, weißer Bart. Zwei Finger im Gilet, empfängt er die sechsunddreißig Jahre Jüngere aufrecht stehend, mustert sie mit durchdringendem Blick.

»Sie wollen mich also übersetzen – das ist sehr freundlich von Ihnen. Und was haben Sie bisher getan?«

Nichts Besonderes, halt das in ihren Kreisen Übliche: Die Tochter aus gutem Hause, die eine standesgemäße Schulbildung erworben hat, die verheiratet und Mutter zweier Kinder ist, die ihrem Haushalt vorsteht, die gern Bridge spielt und viel liest. Vor allem Schnitzler. Die Übersetzungsprobe, die sie mitgebracht hat, kann sie ihm unmöglich aushändigen: Das Geschreibsel auf den acht Briefpapierbögen ist nur für sie selbst entzifferbar.

Ob sie es ihm vielleicht vorlesen darf?

Aber gern. Er bietet seiner Besucherin einen Sessel an, nimmt vis-à-vis von ihr Platz und hört ihr aufmerksam zu. Es scheint ihm zu gefallen: Der »geschäftliche« Teil der Unterredung endet damit, daß er ihr die Erlaubnis erteilt, alle Werke, die noch »frei« sind, ins Französische zu übertragen und ihm zur Approbierung vorzulegen. Dann wechselt man das Thema, kommt auf Privates zu sprechen: Suzanne hat vor kurzem ihren Vater verloren, ist in Trauer. Denn sie hat diesen Vater sehr geliebt. Schnitzler zeigt sich tief ergriffen: Er ist in der gleichen Situation – nur umgekehrt. Vor dreieinhalb Monaten ist die Sache mit Lili passiert, hat er seine vergötterte Tochter verloren: Die Neunzehnjährige hat sich in Venedig umgebracht. Wegen nichts und wieder nichts: Nach einem belanglosen Streit mit ihrem Mann, einem italienischen Hauptmann, nimmt sie eine alte österreichische Armeepistole, die dieser Arnoldo Capellini aus dem Ersten Weltkrieg mit heimgebracht hat, von der Wand, läuft damit ins Badezimmer und drückt ab. Sie will ihren Mann nur erschrecken, denkt keinen Augenblick daran, daß die Waffe geladen und entsichert sein könnte: Die Kugel dringt in ihren Körper ein, und da sie verrostet ist, löst sie eine Sepsis aus, die zum Tod führt. Arthur Schnitzler, der zu Lilis Begräbnis nach Venedig fliegt, wird sich von diesem Schock nie wieder erholen, ist seitdem ein alter Mann.

Es tut beiden gut, sich den Schmerz von der Seele zu reden: *ihm* den Schmerz um die einzige Tochter, die, ohne es zu wollen, in den Tod geht, *ihr* den Schmerz um den geliebten Vater. Ob sich hier bereits das erste Band zwischen Arthur Schnitzler und Suzanne Clauser knüpft? Ist er nicht – im Allerinnersten – seit langem ein einsamer Mann? Vor sieben Jahren ist die Ehe mit Olga Schnitzler geschieden worden, hartnäckig widersetzt er sich der von ihr mit allen Mitteln betrieben Wiedervereinigung. Dann Sohn Heinrich, das einzige, ihm verbliebene Kind: Er ist beim Theater gelandet, ist weit weg in Berlin. Und die Frau, die seit fünf Jahren als seine offizielle Gefährtin gilt, die früh verwitwete Schriftstellerin Clara Pollaczek, ist zwar ständig um ihn, doch bleiben ihre Gefühle unerwidert. Die Vorwürfe der sich schnöde zurückgesetzt Fühlenden nerven den alternden Dichter – sollte ihm noch einmal das Glück einer neuen, tiefen Beziehung beschieden sein, wäre er dafür zu keiner Zeit empfänglicher als jetzt.

Suzanne Clauser, schon wenige Tage nach der ersten Begegnung mit einem *plein pouvoir*, einer auch schriftlichen Vollmacht zur Übersetzung seiner Werke ins Französische ausgestattet, macht sich an die Arbeit. Ihre Verbindungen in Paris ermöglichen es ihr überdies, mit Redaktions- und Verlagskontakten zu intensiverer Verbreitung von Schnitzlers Werk in Frankreich beizutragen. Bald kann sie ihn, der in dieser letzten Lebensphase alle großen Erfolge bereits hinter sich hat und nur noch mit Elisabeth Bergners »Fräulein Else«-Film, mit den Uraufführungen der Alterswerke »Im Spiel der Sommerlüfte« und »Der Gang zum Weiher« sowie der Novelle »Flucht in die Finsternis« Aufmerksamkeit erregt, mit dem ersten Zeitschriftenabdruck einer von ihr ins Französische übersetzten Novelle überraschen. Die tausend Francs Honorar, die sie dafür kassiert und ihm auf Heller und Pfennig abliefern will, ist sie erst mit ihm zu teilen bereit, nachdem er sie davon überzeugt hat, daß nur Dilettanten für Gotteslohn arbeiten.

Die Kontakte zwischen dem Dichter und seiner Übersetzerin nehmen an Häufigkeit zu: Schon bald kommt sie nicht

*»Diese wunderbare
Illusion der Nähe«:
Arthur Schnitzler*

mehr nur zu Besuch, wenn sie wieder einen Text abgeschlossen hat und ihm zur Prüfung vorlegt. Aber es geht
dabei höchst diskret zu: Arthur Schnitzler muß auf »seine«
Clara Rücksicht nehmen, und Suzanne Clauser ist eine jung-
verheiratete Frau. In all den Briefen, die man in Phasen ört-
licher Getrenntheit miteinander wechselt, bleibt man beim
förmlichen »Sie«. Aus der »verehrten gnädigen Frau« der ersten Monate ihrer Beziehung wird auch später höchstens ein
vorsichtiges »liebe Frau Suzanne« oder »liebe gnädige Suzanne«. Doch wer diese Briefe zu lesen versteht, weiß, was
gemeint ist, wenn Schnitzler sie wie folgt ausklingen läßt:
»Ich bin dankbar für jedes Wort und weiß und fühle. Aber
ich bin allein. Nein, ich bin es nicht. Ich küsse Ihnen die

Hand, Frau Suzanne.« Da berichtet er ihr von einem »sehr lebhaften« Traum, der ihn in ihr Pariser Haus führt (das seinem eigenen Elternhaus gleicht); da schildert er die Wonnen eines interurbanen Telefongesprächs, das er kurz zuvor mit ihr geführt hat (»diese wunderbare Illusion der Nähe«); da wehrt er sich, als sie ihm in einem Zeitungsartikel huldigen will, gegen jegliche Veröffentlichung ihrer Verehrung (»Ich will es lieber privat hören!«); da legt er in der Korrespondenz mit ihr, die längst aufgehört hat, bloße Geschäftskorrespondenz zu sein, jedes Wort auf die Goldwaage (»Drei Briefe habe ich als lächerlich, dürftig, unvollkommen nicht an Sie abgesandt!«); da kann er ein Wiedersehen mit ihr kaum erwarten (»Drei Wochen erst fort, und es ist wie eine Ewigkeit!«); und da erhebt er sie in einem der Briefanfänge unmißverständlich in den Rang der »einzig Maßgeblichen«, der er wieder und wieder versichert: »Alle meine Gedanken sind um Sie.«

Eine noch deutlichere Sprache sprechen Schnitzlers Tagebuchaufzeichnungen aus seinen letzten drei Lebensjahren. Schreibt er in seiner ersten Eintragung – der vom 14. November 1928 – noch den Namen der neuen Bekanntschaft falsch (»Clausner« statt »Clauser«) und stuft sie als nur »recht charmant« ein, so liest man schon wenige Monate später von »sehr viel Persönlichem«, das bei den meist vormittags stattfindenden Besuchen in der Schnitzler-Villa zur Sprache komme, von »Glaubensdingen«, von »schönen Stunden« und von »unerschöpflichen Gesprächen«, und am 30. November 1929 ist es so weit, daß Schnitzler, Suzanne Clauser betreffend, seinem Diarium anvertraut: »Seltsam, wie der Schwerpunkt eines Lebens sich innerhalb weniger Wochen verschieben kann.«

Als sie, wegen Erkrankung ihrer Schwägerin, überstürzt nach Paris reisen muß, bringt man ihr, als wär's bereits ihre reguläre Wohnadresse, Paß und Geld in die Sternwartestraße, und als sie sich selber einer kleinen Operation zu unterziehen hat, eilt er – umgekehrt – an ihr Krankenbett im Sanatorium Luithlen. Auch Gegenbesuche in ihrer Wohnung in der Theresianumgasse bleiben nicht aus, fünf Telefonate am Tag sind schon bald keine Seltenheit mehr. Sie erzählt ihm von ihrer Jungmädchenzeit, läßt ihn in ihrem Tagebuch jener Jahre blättern, einmal bringt sie sogar ihre beiden Kinder mit (denen Schnitzlers Köchin heiße Schokolade reicht), und wenn man in trauter Zweisamkeit in der Dichtervilla das Nachtmahl einnimmt, bricht sie kaum vor Mitternacht zur Heimfahrt auf.

Als sie, wieder in Wien, die neuesten Nachrichten aus Paris rapportiert, vermerkt er: »All dies recht belanglos gegenüber ihrer Gegenwart und ihrem Wesen.« Man unternimmt gemeinsame Spaziergänge nach Schönbrunn und in den Prater, macht miteinander Besorgungen in der Stadt, geht zusammen ins Theater und ins Kino, soupiert nach der Oper im Sacher. Anfang 1931, als Suzanne Clauser über gesundheitliche Probleme klagt, erwägen sie eine gemeinsame Kur im fränkischen Badeort Kissingen, vielleicht sogar eine »Cur-Erholung-Sommerreise«, doch daraus wird nichts, kann nichts werden: Das Gemunkel über die immer schwerer zu verheimlichende Beziehung wird lauter und lauter.

Schon liest man erste Tagebucheintragungen über kritische Äußerungen der Schwiegermutter, die »wegen des Personals« an Schnitzlers häufigen Besuchen an Suzannes Krankenbett Anstoß nimmt, über »eine Auseinandersetzung mit ihrem Mann«, der auf einen »Betrug«, wie er sagt, mit Duell-

forderung reagieren würde, und über die Kinder, die sich
von ihr vernachlässigt fühlen.

In Wien kann Schnitzler mit kaum jemandem über Glück
und Leid dieser neuen Verbindung reden; umso froher ist
er, während eines Aufenthaltes in Berlin sich mit seiner dortigen Vertrauten Dora Michaelis aussprechen zu können.
Wieder daheim, gilt es, gemeinsame Strategien zu ent-
wickeln, um dem »unangenehmen Dienstbotenklatsch« den
Boden zu entziehen. Die Situation spitzt sich zu, als Suzannes Mann, eines hohen Bankpostens wegen, für ein oder
zwei Jahre nach Paris übersiedeln soll, während sie mit den
Kindern in Wien bleibt: Sie spürt genau, daß dies das Ende
ihrer Ehe bedeuten könnte.

Unterdessen kommt es an der »Nebenfront« zum Eklat:
Clara Pollaczek, mit der Arthur Schnitzler – wenn auch nur
noch gewohnheitsmäßig – nach wie vor im Bunde ist, kommt
während einer gemeinsamen Landpartie auf den Semmering
der Nebenbuhlerin auf die Schliche: Aus dem Papierkorb
fischt sie ihre Briefumschläge. Hat sie zuerst ihre Eifersucht
– irrtümlich – auf Exgattin Olga Schnitzler projiziert, die
»auszuschalten« ihr nicht und nicht gelingen will, und nach
und nach – ebenso irrtümlich – eine Reihe anderer Konkurrentinnen verdächtigt, so gibt es nun keinerlei Zweifel mehr,
wer ihr »das Wenige gestohlen hat oder stehlen will, das ich
noch habe«. Während Clara Pollaczek auf der Stelle abreist,
notiert Schnitzler im Tagebuch: »Maßlose Beschimpfung auf
Suzanne ... Auch wenn nichts Erotisches im engsten Sinn,
sie habe sich genommen, was bisher ihr gehört.« Und, seine
eigene Sicht der Situation betreffend: »Daß es so nicht wei-
terging, ist gewiß; daß sie Anlaß zur Eifersucht hat, auch.« Als
es vier Wochen später zu einem Wiedersehen und abermals

zu einer dramatischen Aussprache zwischen den beiden kommt, verliert Clara Pollaczek endgültig die Nerven und unternimmt einen Selbstmordversuch.

Daß Schnitzler selber, zu keinerlei gesünderem Leben, zu keinerlei Einschränkung seiner Genußmittel Tee, Kaffee und Tabak bereit, zu dieser Zeit nur noch wenige Wochen zu leben hat, ahnt er nicht: »Mir ist nicht übermäßig wohl«, schreibt er am 5. September 1931, »aber wir wollen hoffen, daß es wieder einmal Übergänge sind – wenn man nur wüßte, wohin.«

Die allerletzten Tagebuchnotizen, die Schnitzler seiner späten großen Liebe widmet, schwanken zwischen Resignation und Routine: Schwärmt er in seinen früheren Aufzeichnungen von »Unvergeßlichem«, das sie ihm anvertraut, von Telefonaten mit ihr, die ihn »auffrischen«, von »wundersamem« Beisammensein im Garten, bei dem man »einander sehr nah« ist, von Träumen, in denen er mit ihr auf Reisen geht, von den Rosen aus dem eigenen Garten, die er ihr zum Abschied schenkt, und vom gemeinsamen Nachtmahl auf der Terrasse, mit der er ihren vierunddreißigsten Geburtstag feiert, so hören wir jetzt nur noch von dem »sehr enervierten Zustand«, in dem sie sich befindet, »dem häuslichen ehelichen Leben nicht mehr gewachsen«. Am 11. Oktober registriert er gerade noch, daß er mit ihr telefoniert hat (»wie täglich drei bis fünf Mal«), und am 19.: »Um 11 kam Suz.; war bis 1 da.«

Damit brechen Arthur Schnitzlers Aufzeichnungen über Suzanne Clauser ab. Seine letzte Begegnung mit ihr schriftlich festzuhalten, kommt ihm der Tod zuvor. Es ist der 20. Oktober 1931, ein wunderschöner Herbsttag. Schnitzler zieht's zu einem Spaziergang in den Prater. Genau drei Jahre ist es her, daß diese blühende junge Frau in sein Leben getreten ist – auch an diesem Tag will er sie um sich haben, ruft sie an, verabredet sich mit ihr. Man nimmt ein Taxi, der Fußmarsch wird kürzer als sonst, Schnitzler ermüdet, auf einer Bank im Prater ruht man sich aus. Die Bäume, schon herbstlich kahl, lassen die Sonne durch:

Suzanne Clauser bemerkt zum erstenmal, daß sein Gesicht voller Falten, daß Arthur Schnitzler ein alter Mann ist.

Am nächsten Tag gegen zehn ruft sein Stubenmädchen bei ihr an und meldet: »Der Herr Doktor wollte Ihnen gerade telephonieren, und dann ist er zusammengefallen und ohnmächtig geworden.« Der Arzt sei schon zur Stelle; der Herr Doktor werde sie anrufen, sobald der Patient wieder zu sich gekommen ist.

Aber Arthur Schnitzler kommt nicht mehr zu sich: Gegen achtzehn Uhr dreißig tritt der Tod ein. Clara Pollaczek, von der Sekretärin des Dichters verständigt, harrt an seiner Seite aus, hält seinen Kopf in ihren Händen bis zu seinem letzten Atemzug. Auch die Nacht über bleibt sie bei dem Toten. Suzanne Clauser erhält erst am nächsten Morgen Gelegenheit, sich über die erkaltete Stirn zu beugen.

Bis zu ihrem eigenen Tod – und das ist genau fünfzig Jahre später – wird sie nicht müde werden, Ruhm und Nachruhm dieses Mannes, dessen Lebensabend sie so nachhaltig erhellen konnte, nach Kräften zu mehren. Übrigens auch zu ihrem eigenen Vorteil. Schnitzler selbst hat dafür die Weichen gestellt, indem er wenige Monate vor seinem Tod testamentarisch verfügt, daß Suzanne Clauser – als »geringes Zeichen« seiner Dankbarkeit – alle Tantiemen zufließen mögen, welche die französischen Urheberrechte seines Werkes abwerfen.

Bald nach Schnitzlers Tod von ihrem Mann geschieden, geht
sie fortan ihren eigenen Weg und macht sich unter dem
(leicht als Anagramm zu entschlüsselnden) Pseudonym Dominique Auclères einen Namen als Publizistin, Sachbuchau-
torin, Romanschriftstellerin und Übersetzerin (etwa der
Wien-Emigrantin Hertha Pauli). Als Korrespondentin des
Pariser »Figaro« kehrt sie 1955 in die alte Heimat zurück und
berichtet über den Abschluß des Österreichischen Staats-
vertrages; zum Tee bei der umstrittenen Zarentochter Anna
Anderson, rollt sie in ihrem Buch »Anastasia qui êtes-vous?«
das bewegende Schicksal jener »Mademoiselle Inconnue«
auf; mit ihrem Roman »Ein Mädchen namens Sooner« erobert sie sogar den amerikanischen Markt.

Parallel zur eigenen schriftstellerischen Bewährung laufen
ihre Bemühungen um Vervollständigung der französischen
Schnitzler-Übersetzung: Nacheinander bringt sie »Fräulein
Else«, »Frau Berta Garlan« und »Therese / Chronik eines
Frauenlebens« heraus. Daß Schnitzler zu seinem fünfzigsten
Todestag auch in Frankreich eine Renaissance erlebt, ist in
erster Linie ihr zu verdanken, und daran können auch jene
kritischen Stimmen nichts ändern, die ihren Übersetzungen
»Selbstherrlichkeit« vorwerfen.

Nur in den Anmerkungen zum privaten Aspekt ihrer Beziehung zu Arthur Schnitzler ist Dominique Auclères alias Suzanne Clauser sparsam und spröde. Noch in ihrem vorletz-
ten Lebensjahr erklärt sie in einem Brief, den sie dem Autor
dieses Buches schreibt, das »große Erlebnis meiner Jugend«,
das »innige Verstehen«, das sie mit Arthur Schnitzler ver-
band, und die »nicht verblaßte, sondern eher verklärte Erinnerung« daran zu ihrem ureigensten, ihrem alleinigen Besitz: »Es gehört nur mir.«

Bloß ein einziges Mal macht sie eine Ausnahme: als das Österreichische Kulturinstitut in Paris sie zum hundertsten Geburtstag Arthur Schnitzlers ans Vortragspult bittet und Madame Auclères im Schlußwort, ein Zitat aus ihrer Probeübersetzung jener Schnitzler-Novelle »Blumen« variierend, mit der für sie einst, an einem Herbsttag des Jahres 1928, alles begonnen hat, von *Liebe* spricht.

»Ein wunderbares Wesen …«

Franz Kafka und Dora Diamant

Es ist nicht nur die ständige Suche nach neuen Hoffnungsorten der Erholung und Genesung, daß Kafkas Leben nun schon seit Jahren dem eines Nomaden gleicht: Auch die Flucht vorm Elternhaus, insbesondere vorm gehaßten Vater (und vor Prag insgesamt) treibt ihn umher. Jetzt, im Sommer 1923, zieht es ihn an die Ostsee.

Das Kurbad Müritz, fünfundzwanzig Kilometer nordöstlich von Rostock, hat ihm seinerzeit schon Felice Bauer, seine zweimalige Verlobte, empfohlen, als sie vorübergehend für das dortige Sommercamp des Berliner Jüdischen Volksheims tätig gewesen ist. Sowohl Martin Buber wie Max Brod zählen zu den Förderern der vielfrequentierten Ferieneinrichtung, auch Kafka selber hat sich vor einigen Jahren mit Buchspenden erkenntlich gezeigt. Es sind vor allem Kinder aus der Berliner Jüdischen Gemeinde, die hier Erholung suchen.

Die benachbarte Pension »Glückauf«, wo der Dichter, soeben vierzig geworden, Zimmer an Zimmer mit seiner Schwester Elli und deren Kindern Felix und Gerti logiert, ist keine fünfzig Schritte von dem Ferienheim »Kinderglück« entfernt: Von seinem Balkon aus kann er die Kleinen beim Spielen beobachten, hört ihre fröhlichen Gesänge, sieht sie zum Strand ziehen.

Normalerweise jeglichen Außenlärm verabscheuend, fühlt er sich diesmal in keiner Weise gestört, spricht sogar von

107

glücksähnlichen Empfindungen. Auch die Nähe des Meeres tut dem Tbc-Patienten gut: In den zehn Jahren, seitdem er es nicht mehr gesehen habe, sei es »schöner, mannigfaltiger, lebendiger und jünger geworden«, schreibt er gleich nach seiner Ankunft an eine Vertraute. Schon die Anreise von Prag via Berlin, die der Schwerkranke unter anderem dazu benützt hat, seine »Transportabilität« zu testen, läßt ihn hoffen, in Müritz sowohl die quälenden Kopfschmerzen wie die anhaltende Bettlägerigkeit loszuwerden.

Statt sich von dem bunten Treiben im nahen Kinderheim abzukapseln, läßt er es sich gern gefallen, in dessen Alltag einbezogen zu werden: Kafka nimmt an einer der Theateraufführungen teil, und wohl zum erstenmal in seinem Leben feiert er, der allen Ritualen der jüdischen Glaubensgemeinschaft Fernstehende, zusammen mit anderen den Vorabend des Sabbat. Ob es wohl jene gutaussehende, dunkelhaarige Mittzwanzigerin ist, die sein besonderes Interesse auf sich zieht? Sie heißt Dora Diamant, zählt zu den freiwilligen Helferinnen in der Kinderkolonie, ist für die Verpflegung der Gäste verantwortlich. Als Kafka eines Abends, zum Essen ins Haus »Kinderglück« eingeladen, einen Blick in die Küche wirft und die junge Frau beim Abschuppen der Fische beobachtet, richtet er das erste Mal das Wort an sie: »So zarte Hände!« ruft er aus, »und solch eine blutige Arbeit!« Da spricht der überzeugte Vegetarier, der seinen Ekel vor jeglichem brutalen Umgang mit der Kreatur mit einem persönlichen Kompliment für die »Missetäterin« zu kompensieren versucht.

Auch Dora ist längst auf den ungewöhnlichen Fremden aufmerksam geworden, ist ihm sogar, als sie ihn mit den Kindern seiner Schwester am Strand spielen sieht (und prompt für

*»Ich sehne mich so
unsagbar nach ihm«:
Dora Diamant*

deren Vater hält), auf dem Weg in den Ort gefolgt, hat ihn
aus angemessener Entfernung still beobachtet.

Auch bei dem bewußten Nachtmahl im Kinderheim läßt sie
ihn nicht aus den Augen. Da erhebt sich plötzlich einer der
Buben, die mit dem Dichter die Tischbank teilen, von seinem Sitz und fällt beim Hinausgehen der Länge nach hin.
Zärtlich richtet Kafka das Wort an ihn, lobt den Kleinen:
»Wie geschickt du dich wieder hochgerappelt hast!« Dora,
die den Vorfall beobachtet hat, kann ihr Staunen nur schwer
verbergen: Welch ein rücksichtsvoller, feinfühliger Mann!

Kafka bleibt etwa einen Monat in Müritz, und er läßt in dieser Zeit fast keinen Abend verstreichen, da er nicht im Kinderheim vorbeischauen und mit Dora zusammentreffen

würde. Endlich erfährt er nun auch, wer die rassige Unbekannte ist, wo sie herkommt, wie sie, die fünfzehn Jahre Jüngere, über die Dinge des Lebens, über die Menschen in ihrer Umgebung und auch über ihre künftige Existenz denkt. »Ein wunderbares Wesen« nennt er sie gleich in einem der ersten Freundesbriefe, die er in Müritz zur Post bringt.

Dora Diamant stammt aus dem polnischen Brzezin, ihr Vater ist Rabbiner. Die strenge Erziehung im orthodox-chassidischen Elternhaus droht das aufgeweckte junge Geschöpf zu erdrücken: Von den kursierenden Berichten über das freiere Leben im hochgelobten Westen magisch angezogen, verläßt sie ihre Heimat, schlägt sich zunächst als Küchenhilfe in Breslau, schließlich als Näherin in einem jüdischen Waisenhaus in Berlin durch. Sie spricht fließend Jiddisch und Hebräisch, mit Kafka unterhält sie sich auf deutsch. Wenn sie ihm aus dem Alten Testament vorliest, gelingt es ihr sogar, so etwas wie religiöse Gefühle in dem erklärten Freigeist zu wecken. Vor allem aber: Noch während der wenigen gemeinsamen Tage an der Ostsee reift in den beiden so ungleichen Menschen, was Kafkas Vertrauter Max Brod später eine »unvorhergesehene, glückliche und positive Wendung« nennen wird: Franz Kafka und Dora Diamant schmieden Pläne für ein künftiges Zusammenleben – und zwar weder in Prag (mit dem der Dichter längst innerlich gebrochen hat) noch in Wien (das in seinen Augen ein »absterbendes Riesendorf« ist), sondern in Berlin.

Zunächst allerdings schiebt er – nach einem Zwischenstop in Prag – noch ein paar Besuchstage im böhmischen Schelesen ein, wo sich Schwester Ottla mit ihren Kindern aufhält. Fünfunddreißig Briefe schreibt er in diesen sieben Wochen des Getrenntseins an Dora. Erst am 24. September sind die beiden Liebenden endlich vereint. Sie treffen, wie vorgesehen, in Berlin zusammen, gehen miteinander auf Wohnungssuche, wollen einen gemeinsamen Hausstand gründen.

Die achtundzwanzig Kronen Monatsmiete können sie, die von der Hand in den Mund zu leben gewohnt und nach wie vor auf finanzielle Unterstützung aus Kafkas Elternhaus angewiesen sind, gerade noch aufbringen: Es ist ein einfaches Zimmer im Berliner Stadtbezirk Steglitz, Miquelstraße 8. Die Lage ihres Domizils gefällt ihnen; Kafka berichtet einem seiner Freunde:

»Meine Straße ist die letzte annähernd städtische, hinter ihr löst sich alles in den Frieden von Gärten und Villen auf. An lauen Abenden ist ein so starker Duft, wie ich ihn von anderswoher kaum kenne.«

Auch die Einrichtung kommt den Bedürfnissen des ständig Frierenden, unter Schlaflosigkeit Leidenden und auf vierundfünfzig Kilo Körpergewicht Abgemagerten entgegen:

»Der Tisch steht beim Ofen, die Petroleumlampe brennt wunderbar.«

Petroleumlampe? Ja, gibt's denn in Berlin von 1923 keinen elektrischen Strom?

Doch, natürlich. Aber Kafka sitzt meist des Nachts am Schreibtisch, die Zimmerwirtin hält ihm die hohe Stromrechnung vor. Dora besorgt daraufhin eine Petroleumlampe. Dennoch erfolgt nach nur sechs Wochen die Kündigung; in seiner Erzählung »Eine kleine Frau« wird Kafka mit der feindselig-bösartigen Vermieterin abrechnen.

Auch das nächste Quartier, nur zwei Blocks weiter, ist nicht von Dauer. Zwar verträgt man sich mit der Besitzerin der Villa Grunewaldstraße 13 um vieles besser, aber die zwei

Zimmer mit Zentralheizung erweisen sich à la longue als doch zu kostspielig, und so wird im Januar 1924 neuerlich umgezogen. Hier, in der Jugendstilvilla der Witwe des vor fünf Jahren verstorbenen Lyrikers Carl Busse, fühlen sich Kafka und Dora endlich gut aufgehoben: Das Hauptzimmer im ersten Stock des Hauses Heidestraße 25 im Bezirk Zehlendorf mündet in eine Veranda, in der sich der Tuberkulosepatient bei Schönwetter sonnen kann, und auch der gepflegte Garten, der das Haus umschließt, steht den Mietern zur Verfügung. Nur vom Telefon im Parterre macht Kafka keinen Gebrauch, schon das bloße Klingeln stört ihn: Dora ist es, die die Gespräche entgegennimmt.

Die Mahlzeiten werden auf einem einfachen Spirituskocher zubereitet, Restaurantbesuche sind angesichts der grassierenden Geldentwertung so gut wie ausgeschlossen. Den Arzt, der Kafka nach einem neuerlichen Schwächeanfall das Fieber messen kommt und dem Patienten Bettruhe verordnet, muß Dora dazu überreden, sich mit der Hälfte des verlangten Honorars zu begnügen. Auch die Wäschereirechnungen sind kaum noch zu bezahlen, und als das Briefporto erhöht wird, beschränkt Kafka seine Korrespondenz auf Postkarten, die er bis zum äußersten Rand vollschreibt. An Theaterbesuche ist schon lange nicht mehr zu denken: Man begnügt sich damit, in den Annoncen der Berliner Zeitungen die Spielpläne zu verfolgen.

Was die täglichen Lebensmittel anlangt, kauft man nur das Allernotwendigste ein; die mittlerweile unerschwinglich gewordene Butter kommt in Eßpaketen aus Prag. Mit Korb und Milchkanne auf den Markt zu gehen, kostet den Dichter übrigens keinerlei Überwindung: Er liebt es, mit einfachen Leuten zusammenzutreffen, läßt sich gern auf Gespräche mit ihnen ein. Da er großen Wert darauf legt, auch bei noch so kargen Verhältnissen stets tadellos gekleidet zu sein, ist es ein Glück, daß er ausschließlich von erstklassigen Schneidern angefertigte Maßanzüge trägt: Sie behalten auch über die Jahre hin ihre Fasson.

Vormittags geht Kafka spazieren, stets allein und nur mit einem Notizbuch ausgerüstet, in dem er die Einfälle festhält, die er unterwegs hat. Zum Schreiben verwendet er die Abende und Nächte; er spricht dann fast kein Wort, ist wie abwesend, nimmt bei Tisch kaum einen Bissen zu sich. Nur Dora ist bezüglich der entstehenden Texte eingeweiht: Kafka liest ihr vor, was er zu Papier gebracht hat – ohne jede tiefgründige Analyse, ohne jede weitere Erklärung. Daß sie manches davon verbrennt, wird man ihr später zum Vorwurf machen. Dora Diamant redet sich darauf aus, das Schreiben sei für Kafka im Grunde nur »ein Mittel der Selbstbefreiung« gewesen: »Ich war damals so jung, und junge Menschen leben in der Gegenwart, allenfalls noch in der Zukunft.«

Ja, die Zukunft. Sie ist das beherrschende Thema in den Gesprächen, die Kafka und Dora miteinander führen. Ob sie vielleicht, um ihr Leben auf eine solidere Basis zu stellen, ein kleines Lokal aufmachen sollten – mit ihr als Köchin und ihm als Kellner? Allerdings nicht im inflationsgebeutelten Berlin, sondern in Tel Aviv. Doch ihre Pläne, miteinander nach Palästina auszuwandern, kommen über bloße Gedankenspiele nicht hinaus.

Jetzt geht's erst einmal darum, aus der momentanen Situation das Beste zu machen. Mit der Frau, die er liebt, auf engstem Raum zusammenzuleben, bedeutet für Kafka auf alle Fälle ein kostbares, ein kaum je erfahrenes Glück. Er bringt der fünfzehn Jahre Jüngeren, die einem ganz anderen Kul-

*»Unvorhergesehene
glückliche Wendung«:
Franz Kafka*

turkreis entstammt, die mit Autoren wie Dostojewskij und
Tolstoj aufgewachsen ist, die deutsche Literatur nahe, liest
ihr Hebels »Schatzkästlein« und E.T.A. Hoffmanns »Kater
Murr« vor, Goethes »Hermann und Dorothea« und Kleists
»Marquise von O.«, die Märchen von Andersen und Grimm.
Freund Max Brod und Kollege Werfel kommen zu Besuch,
auch Willy Haas, der die »Literarische Welt« und Rudolf
Kayser, der die »Neue Rundschau« herausgibt. An der Lehr-
anstalt für die Wissenschaft des Judentums hört Kafka zwei-
mal die Woche Vorlesungen über den Talmud; der Rezitati-
on seines eigenen Werkes »Bericht für eine Akademie« kann
er, da er wieder hohes Fieber hat, nicht beiwohnen: Er
schickt an seiner Stelle Dora zu dem von dem Schauspieler
Ludwig Hardt gestalteten Abend im Berliner »Meistersaal.«

Wieder ein wenig mehr bei Kräften, trifft Kafka eines Tages
bei einem Spaziergang in einem Berliner Park, diesmal von
Dora begleitet, auf ein kleines Mädchen, dessen verzweifel-
tes Schluchzen ihn rührt. Er fragt sie nach dem Grund ihres
Kummers: Sie hat ihre Puppe verloren. Kafka will der Kleinen helfen, läßt sich dazu eine Geschichte einfallen: »Kränk
dich nicht, deine Puppe macht nur gerade eine Reise, ich
weiß es, sie hat mir einen Brief geschrieben.«

Das Kind ist mißtrauisch, fragt ängstlich zurück: »Hast du
ihn denn bei dir?«

»Nein, ich hab ihn daheim liegen lassen, morgen werde ich
ihn dir mitbringen.«

Man geht auseinander, doch kaum sind Kafka und Dora in
ihrer Wohnung, macht sich der Dichter ohne Verzug an die
Arbeit und setzt den bewußten Brief auf.

Am folgenden Tag trifft er wieder mit der Kleinen zusammen, sie wartet schon auf ihn im Park. Da sie noch nicht
lesen kann, liest er ihr den Brief laut vor: Die Puppe habe
sich davongestohlen, weil sie eine Luftveränderung brauche
und für eine Weile anderswo leben wolle, doch habe sie das
kleine Mädchen nach wie vor lieb und werde auch ganz bestimmt zu ihr zurückkehren. Bis es so weit sei, werde sie ihr
jeden Tag einen Brief schreiben.

Tatsächlich zieht Kafka – angesichts der Wirkung seiner
Worte – die Sache mit aller Konsequenz durch, trifft drei
Wochen hindurch Tag für Tag seine kleine Freundin und er-
stattet ihr getreulich Bericht von all den Abenteuern, die ihm
die Puppe brieflich mitgeteilt habe. Und als das Mädchen
schließlich fast so weit ist, ihren Verlust zu verschmerzen,
glaubt er es riskieren zu können, ihr die endgültige Trennung
zuzumuten: Die Puppe habe sich in einen jungen Mann ver-

liebt, sie werde heiraten. Man möge ihr verzeihen, aber ihr Platz sei fortan an der Seite ihres Angetrauten …

21. Februar 1924. Der Gesundheitszustand des Dichters hat sich dramatisch verschlechtert; von Max Brod alarmiert, trifft Kafkas Onkel Dr. Siegfried Löwy in Berlin ein. Er ist praktischer Arzt in der Gegend um Iglau, Kafka hat ihm zu wiederholten Malen Ferienbesuche abgestattet (und in seiner 1917 erschienenen Erzählung »Ein Landarzt« ein literarisches Denkmal gesetzt). Dr. Löwy rät dem unter hohem Fieber und schwerem Husten leidenden Neffen dringend zu einem Sanatoriumsaufenthalt, doch der sträubt sich gegen jede neuerliche stationäre Behandlung, erklärt sich erst zwei Wochen darauf bereit, sein Beisammensein mit der Geliebten aufzugeben, und tritt am 17. März, von ihr und Max Brod begleitet, die Heimreise nach Prag an. Hier wird das weitere Vorgehen festgelegt: Statt auf den Schweizer Kurort Davos, der kurzzeitig im Gespräch ist, fällt die Wahl auf das Sanatorium »Wienerwald« im niederösterreichischen Ortmann, fünfundvierzig Kilometer südwestlich von Wien.
Selbst in Winterkleidung wiegt Kafka bloß noch neunundvierzig Kilo; sein Kehlkopf ist so stark angeschwollen, daß er kaum noch essen und nur mehr im Flüsterton sprechen kann. Am 8. April trifft Dora in Ortmann ein, sucht eine Unterkunft in unmittelbarer Nähe des Sanatoriums. Zur entscheidenden fachärztlichen Untersuchung wird der Patient in die Laryngologische Klinik in der Wiener Lazarettgasse verlegt. Da für den Transport nach Wien nur ein offener Wagen aufzutreiben ist, legt Dora die gesamte Strecke aufrecht stehend zurück: Sie will mit ihrem Körper den Schwerkranken vor dem kalten Fahrtwind schützen.

Prof. Markus Hajek, Chef der Wiener Laryngologie, diagnostiziert, was Kafka schon die längste Zeit vermutet hat: Kehlkopftuberkulose. Doch auch gegen Hajeks ausdrücklichen Willen besteht der Patient darauf, in häusliche Pflege entlassen zu werden. Nur – wo sollte das sein? In Prag? Überall, nur nicht dort! Kafka entscheidet sich für ein preiswertes, jedoch erbärmlich ausgestattetes Privatsanatorium jenseits der Wiener Stadtgrenze, wo ihm immerhin ein sonniges Balkonzimmer am Waldrand zur Verfügung steht und wo vor allem Dora rund um die Uhr in seiner Nähe ist: Es ist das Kurhaus Dr. Hoffmann in Klosterneuburg-Kierling.

Von den Mahlzeiten, die die Geliebte ihm zubereitet und aufs Zimmer bringt, kann Kafka fast nichts mehr zu sich nehmen; in ihrer Panik unterrichtet sie den mit dem Dichter eng befreundeten Berliner Medizinstudenten Robert Klopstock vom Ernst der Lage und bittet ihn, ihr zu Hilfe zu eilen. Der unterbricht daraufhin sein Studium, trifft am 6. Mai in Kierling ein. Die Geliebte und der Freund teilen sich die Betreuung des Todeskandidaten, der sich mit den beiden schon bald nur noch über Notizzettel verständigen kann.

Als kurzzeitig eine Besserung seines Gesundheitszustandes eintritt, fällt Kafka, vor Glück weinend, der Geliebten um den Hals und gibt ihr zu verstehen, daß er sie heiraten wolle. Tatsächlich schreibt er an ihren Vater einen Brief, in dem er zwar zugibt, kein gläubiger Jude in dessen strengem Sinne, wohl aber ein »bereuender«, ein »umkehrender« zu sein. Die Antwort aus Polen fällt niederschmetternd aus: Der Vater hat den Rat seines Oberrabbiners eingeholt, und dessen Rat sei ein dezidiertes Nein. Am 13. Mai, zwei Tage nach Eintreffen des verhängnisvollen Schreibens, stattet Max Brod dem Freund einen letzten Besuch ab; Dora nimmt ihn zur

Seite und flüstert ihm zu, bei der Nachtwache an Kafkas Bett
habe sie wiederholt eine Eule durchs Fenster äugen sehen.
Den Totenvogel ...

Dora Diamant und Robert Klopstock sind an seiner Seite, als
Franz Kafka gegen Mittag des 3. Juni 1924, einen Monat vor
seinem einundvierzigsten Geburtstag, stirbt.

An die hundert Menschen folgen dem Sarg, als der Dichter
am 11. Juni 1924 auf dem jüdischen Friedhof in Prag-Stra-
schnitz beigesetzt wird. Laut schluchzend wirft sich Dora
über den frischen Grabhügel. Hans Demetz, einer der Trauergäste, wird sich später an die bedrückenden Details des
Vorfalls erinnern:

»Sie wurde ohnmächtig, doch niemand rührte sich, im Gegenteil: Kafkas Vater wandte sich ab, wodurch er die Be-
gräbnisteilnehmer zum Abmarsch veranlaßte. Ich weiß
heute nicht mehr, wer sich des zusammengebrochenen
Fräuleins annahm. Ich wenigstens schäme mich noch heute,
daß ich dem armen Mädchen damals keinen Beistand geleistet habe.«

Nur wer Dora Diamant gekannt habe, wisse, was Liebe sei,
schreibt Kafkas jugendlicher Freund Robert Klopstock an
den Vater des Dichters. Ob seine Worte ausreichen, Hermann Kafkas Bild von der Fünfundzwanzigjährigen zurechtzurücken – wir wissen es nicht. Eines jedenfalls kann der
starrsinnige Mann nicht verhindern: daß sich Dora Diamant
ungeachtet der nicht zustande gekommenen Vermählung als
Franz Kafkas legitime Ehefrau ansieht. Als zwei Jahre nach
dem Tod des Autors der Roman »Das Schloß« erscheint, sig-
niert sie eine Reihe von Freundesexemplaren mit dem Namenszug *Dora Diamant-Kafka*, und ein Brief an den Verleger des Buches trägt sogar den Namen *Dora Kafka* als

Unterschrift. Auch als sie in späteren Jahren (mit dem Redakteur Lutz Lask) in den Stand der Ehe tritt, wird sie nicht aufhören, stets ein Erinnerungsphoto des Dichters bei sich zu tragen, und als sie 1934 Mutter wird, gibt sie dem Neugeborenen den Namen *Franziska*.

1949 trägt sich die inzwischen Fünfzigjährige mit dem Gedanken, nach Israel auszuwandern; in einem Brief an Max Brod, auf dessen Wiedersehen sie sich unbändig freut, schreibt sie:

»*Ich sehne mich so unsagbar nach Franz. Die Sehnsucht all dieser Jahre drängt sich so zusammen, daß ich ganz hilflos werde, wenn ich bei ihr verweile. Franz' Traum war es, ein Kind zu haben und nach Palästina zu gehen. Nun habe ich ein Kind – ohne Franz – und gehe nach Palästina – ohne Franz. Aber mit seinem Geld kaufe ich die Fahrkarte dorthin. Wenigstens so viel.*«

Zur Ausführung dieses Planes kommt es allerdings nicht. Dora Diamant, die nach ihrer Eheschließung mit Lutz Lask, einem Redakteur der kommunistischen Zeitung »Die Rote Fahne«, nicht nur als Jüdin, sondern auch aus politischen Gründen ins Visier der Gestapo geraten und in die Sowjetunion geflüchtet war, ihren Mann in einem der dortigen Arbeitslager zurückgelassen hat und mit Tochter Franziska nach England emigriert war, sich dort zunächst als Näherin durchgeschlagen, eine Zeitlang auch fürs jiddische Theater gearbeitet sowie Zeitungsartikel in ihrer Muttersprache verfaßt und schließlich im Londoner East End ein kleines Restaurant eröffnet hat, wird nur zwölf Jahre älter als ihr »Lebensmensch« Franz Kafka: Sie stirbt 1952 und wird auf dem jüdischen Friedhof im Londoner Stadtteil East Ham bestattet. Tochter Franziska, die den frühen Abgang der Mutter nicht verwindet und sich aus Schmerz über den Verlust buchstäblich zu Tode hungert, kann nicht einmal das Geld für die Errichtung eines Grabsteins aufbringen: Erst 1999, von den über Internet zusammengetrommelten Verwandten organisiert, wird die Ruhestätte von Kafkas letzter Liebe mit deren Namen versehen werden: Dora Diamant.

»Du liebes, liebes Mädel!«

Josef Weinheber und Gerda Janota

S eine Sonne und mein Jupiter stehen nebeneinander!«
lauten ihre ersten Worte. Würde ich mich in Sachen
Astrologie besser auskennen, wüßte ich auf Anhieb, was
Gerda Stadler damit sagen will: Zwei Menschen, die von Ge-
burt füreinander bestimmt sind. Die totale, die ultimative
Harmonie. Natürlich können unglückliche Umstände dem
Ausleben dieser Idealkonstellation entgegenstehen, deren
Verwirklichung behindern, ja vereiteln. Aber das Faktum
bleibt: Es ist die optimale Vorbedingung für die partner-
schaftliche Beziehung zweier Individuen.

Meine Gesprächspartnerin sähe es gern, wenn auch ich an
die Sterne glaubte: Dann bedürfte es nicht vieler Worte, mir
zu erklären, wieso Josef Weinheber und sie zueinander-
gehörten – auch wenn es letztendlich eine so komplizierte,
eine so sehr von Versteckspiel und Verzicht getrübte Beziehung wurde. Für sie jedenfalls, die passionierte Astrologin,
gibt es nicht den geringsten Zweifel: Wäre Josef Weinheber,
die große Liebe ihres Lebens, nicht in eine unglückliche Ehe
verstrickt und an eine ihn auf Schritt und Tritt verfolgende
Gefährtin gekettet gewesen: An *ihrer*, Gerda Stadlers Seite
wäre er, der in seinen letzten Lebensjahren so tief Verzwei-
felte (und spätere Selbstmörder), glücklich geworden. Und
sie mit ihm.

Im Kaffeestüberl des Kurhauses von Großpertholz sitze ich der Siebenundachtzigjährigen gegenüber, für drei Wochen weilt sie zur Kur in dem nahe der tschechischen Grenze gelegenen Moorbad im Oberen Waldviertel. Vor Antritt meines Besuchs habe ich Bilder von ihr in der Hand gehabt: Auf Anhieb erkenne ich sie an ihrem scharf geschnittenen Gesicht, ihrer straffen Erscheinung, ihrem frischen Teint. Eigentlich liegt gar nichts Gravierendes vor, das sie dazu zwänge, all die Moorpackungen, Sprudelbäder und Massagen über sich ergehen zu lassen, aber die Linzer Hausärztin hat ihr angesichts ihres hohen Alters zu dieser Auftankkur geraten, und so tut sie, wie ihr geheißen.

Ich bin gekommen, um aus ihrem Mund die Geschichte ihres Lebens zu erfahren, und das heißt: die Geschichte ihrer großen Liebe zu dem Dichter Josef Weinheber. Meine Sorge, ich könnte sie mit der Insistenz meiner Fragen belästigen, ja quälen, ist ganz und gar unbegründet: Eher gewinne ich in diesen paar Stunden des Zusammenseins den Eindruck, ich gebe ihr mit meinem Interesse ein Zipfelchen jenes Lebensglücks wieder, das ihr in Wahrheit über weite Strecken versagt geblieben ist. Denn diese acht Jahre, die ihr und Josef Weinheber beschieden gewesen sind, schrumpfen, wenn man sie auf die Summe konkreter physischer Gemeinsamkeit reduziert, zu wenigen Monaten zusammen, vielleicht gar nur zu ein paar Wochen. Aber lassen sich Gefühle mit der Stopuhr messen? Sie selbst würde niemals auf die Idee kommen, solche Rechenexempel anzustellen, also ziehe auch ich die Frage zurück, die im Raum steht: Wieviele Wochen, wie viele Tage, wie viele Stunden haben diese beiden Menschen tatsächlich miteinander zugebracht?

Herbst 1937. Josef Weinheber ist fünfundvierzig. Vor sieben
Monaten sind er und Hedwig, seine zweite Frau, von Wien
in das Landhaus am Waldrand von Kirchstetten übersiedelt.
Das ehemalige Ausflugslokal zwischen Neulengbach und
St. Pölten, aus den Mitteln des dem Dichter im Vorjahr zu-
erkannten Mozartpreises bei einer Auktion ersteigert und
unter beträchtlichem Aufwand umgestaltet, ist das neue Do-
mizil des bisherigen »Stadtmenschen«, der es kaum glauben
kann, welches Glück es ihm bedeutet, fortan unter Acker-
bürgern zu leben und auch bei der Bewirtschaftung seines
eigenen Besitzes Hand anzulegen: Bäume und Sträucher zu
pflanzen, Blumen und Gemüse zu ziehen, Ziegen, Hühner
und Schweine zu halten. Einmal ist es eine Brunnenboh-
rung, die ansteht, dann die Errichtung eines neuen Zaunes
oder die Verlegung von Steinplatten zwischen Gartenpforte
und Haus, und wenn es ihm, der über alledem sein eigentliches Metier, die Schriftstellerei, nicht vernachlässigen darf,
zu viel wird der Mühe, geht er ins Dorfwirtshaus und trinkt
mit den Bauern seinen Schnaps oder seinen Wein, greift zur
Laute, singt mit ihnen ihre Lieder.

Die Beziehung zu Hedwig, die er vor zehn Jahren geheiratet
hat, hat sich noch mehr abgekühlt, seitdem feststeht, daß an
ein gemeinsames Familienglück nicht zu denken ist: Der ersehnte Nachwuchs bleibt den beiden versagt. Statt dessen
hat man sich arrangiert: Hedwig ist eine verläßliche Partnerin, auch kann sie besser mit Geld umgehen als er. Und das
Geld *fließt*: Vor drei Jahren ist Weinhebers Verssammlung
»Adel und Untergang« erschienen, vor zwei der Bestseller
»Wien wörtlich«. Auch die Honorare für die Autorenlesun-
gen, zu denen er da und dort eingeladen wird, schlagen zu
Buche.

123

Jetzt, im November 1937, tritt er in Linz auf. Der Saal im Vereinshaus ist dicht gefüllt; unter den Zuhörern die zweiundzwanzigjährige Germanistikstudentin Gerda Janota, die alles bisher von Weinheber Veröffentlichte aus eigener Lektüre kennt. Ein Freund macht sie auf die Veranstaltung aufmerksam und nimmt sie mit. Daß sie sich nach der Lesung jener kleinen Runde anschließen darf, die mit dem Dichter zu einem Umtrunk im »Rosenstüberl« einkehrt, macht sie glücklich und stolz. Sie kennt das Lokal noch von ihrer Tanzstundenzeit her: Hier hat man nach dem Unterricht das soeben Erlernte in die »Praxis« umgesetzt, hat mit den jungen Kavalieren – unter elterlicher »Aufsicht« – oft das Tanzbein geschwungen. Das tut man auch an diesem Abend – mit *einer* Ausnahme: Weinheber. Der Dichter ist kein Tänzer, dafür ein umso brillanterer Unterhalter und ein passionierter Zecher. Gerda wird aufgefordert, an seiner Seite Platz zu nehmen; man ist einander sofort sympathisch, trinkt Bruderschaft, gibt dem hohen Gast, als sich die Gesellschaft zu später Stunde auflöst, das Geleit zu seinem Hotel am Linzer Hauptplatz.

Gerda steht im ersten Semester, hat an der Universität Innsbruck Germanistik und Kunstgeschichte inskribiert. Daß sie erst drei Jahre nach der Matura ihr Studium aufgenommen hat, hängt mit dem elterlichen Betrieb zusammen, in dem ihre Arbeitskraft dringend gebraucht wird: Vater Janota ist Besitzer einer kleinen alteingesessenen Spirituosenfabrik in Linz-Urfahr, Gerda kümmert sich um die Buchhaltung. Jetzt endlich läßt man sie ziehen, für zwei Gastsemester übersiedelt die Dreiundzwanzigjährige nach Tübingen. Als Berufsziel hat sie eine Tätigkeit im Wissenschaftsbereich vor Augen, die Eltern sähen sie lieber im Lehrfach.

*Endlich Vater: Josef Weinheber und Gerda Janota
(hier vor der Wiener Universität)*

Auch im Jahr darauf ist es die Ankündigung einer Weinheber-Lesung, die aufs neue ihr Herz höher schlagen läßt: Der Dichter, diesmal auf Deutschland-Tournee, tritt in Stuttgart auf. Gerda Janota besteigt zusammen mit einer Freundin den Zug, wohnt der Veranstaltung bei, gibt sich dem leidenschaftlich Verehrten, dessen Bekanntschaft sie vor einigen Monaten in Linz gemacht hat, beim anschließenden Büchersignieren zu erkennen und ist selbstverständlich auch bei der folgenden Nachfeier an seiner Seite. Weinhebers Einladung, sie zu seinem Nachtquartier zu begleiten, scheitert an der Strenge des Hotelpersonals: Angesichts der dreiundzwanzig Jahre Altersunterschied zwischen Logiergast und Begleitung endet das Zusammensein der beiden vor der Zimmertür. Man muß sich also mit einer Verabredung zu gemeinsamem Frühstück am folgenden Morgen begnügen. Aber auch da ist man nicht allein: Sei es aus Gründen der Schicklichkeit, sei es in der Absicht, ihrem Universitätslehrer zu imponieren, erscheint Gerda in Begleitung des Tübinger Germanistikprofessors Kluckhohn (dem Weinheber seine Adorantin als junge Verwandte ausgibt). Erst im Zug nach Ulm, dem nächsten Auftrittsort des Dichters, kommen er und Gerda Janota, die gern bereit ist, das kurze Stück gemeinsame Bahnfahrt auf sich zu nehmen, einander näher, und hier, in einem der Tunnels der 2-Stunden-Strecke, kommt es zum ersten Kuß.

Wie aber soll es weitergehen? Gerda, die sich genau darüber im klaren ist, welche schier unüberwindlichen Hindernisse dem erträumten Glück an der Seite ihres Idols entgegenstehen, stellt sich auf entbehrungsreiche Zeiten ein. Rückhaltlos in seine häuslichen Verhältnisse eingeweiht, darf sie nicht einmal hoffen, offen mit Weinheber korrespondieren zu können: Man tauscht zwar Adressen aus, doch unter dem Vorbehalt, daß Gerda dem von seiner Ehegattin streng Überwachten nur postlagernd, über seine in die sich anbahnende Beziehung eingeweihte Wiener Ziehmutter Marianne Grill oder über von wohlmeinenden Freunden offerierte Deckadressen schreiben darf. In der einen wie in der anderen Richtung sind es Liebesbriefe, deren Grundton Sehnsucht und Verzicht ist, Hoffnung und das flehentliche Bitten um Geduld.

Abermals vergeht fast ein Jahr, bis ein nächstes Zusammentreffen der beiden zustande kommt: Gerda ist inzwischen an die Universität Bonn gewechselt, ihre Heimreise nach Linz unterbricht sie in Salzburg. Und wieder ist es eine Lesung, bei der Gerda sich unters Publikum mischt. Das Hotel, in dem Weinheber ihr für die folgende Nacht ein Zimmer besorgt hat, ist – es ist leicht zu erraten – identisch mit dem seinen …

Beiden Liebenden ist klar: Bleibt ihnen schon verwehrt, zusammenzuziehen oder gar eine Familie zu gründen, wollen sie fortan wenigstens – und sei es in aller Heimlichkeit – einander regelmäßig treffen. Der einzige Ort, der dafür in Betracht kommt, ist Wien: Hier soll Gerda ihr Studium fortsetzen, und hier, wo auch er sich berufsbedingt häufig aufhält, könnte es Weinheber am ehesten gelingen, sich von Fall zu Fall der ehelichen »Aufsicht« zu entziehen. Der ersten, noch »strengen« Zimmerwirtin in der Teybergasse folgt eine »tolerantere« in der Liechtensteinstraße, die es mit Stolz erfüllt, einem so berühmten Besucher Zutritt zu gewähren, und als Gerda im Frühjahr 1941 schwanger wird und am 5. Dezember einen Sohn zur Welt bringt, leistet die gute Seele jeden erdenklichen Beistand.

Weniger erfreut sind die Eltern der jungen Mutter: Welche Schande – ein uneheliches Kind! Trotz alledem reisen sie aus Linz an, um der Taufe im Stephansdom beizuwohnen; das Neugeborene erhält den Vornamen von Weinhebers Großvater Christian. Der Dichter selber, selig über den lang ersehnten Nachwuchs, bekennt sich zu seiner Vaterschaft und erfüllt getreulich seine Alimentationspflichten. Nur Gattin Hedwig, die der Nebenbuhlerin unterstellt, Weinheber ein »fremdes« Kind untergeschoben zu haben, besteht auf einer amtsärztlichen Blutprobe. Jeden Gedanken an eine Scheidung empört zurückweisend, nimmt sie ihrem Mann außerdem das Versprechen ab, jeglichen Kontakt mit der »anderen« einzustellen. Daß da schon die längste Zeit etwas »im Gange« ist, ist ihr klar, seitdem sie einen von Gerda Janotas Briefen an Weinheber abgefangen und diesen daraufhin zur Rede gestellt hat.

Das Kind wird bei den Großeltern in Linz aufgezogen, Gerda selber setzt ihr Studium an der Universität Wien fort – freilich immer wieder mit Unterbrechungen: Seitdem ihr Bruder, schwerverwundet aus dem Krieg heimkehrend, im elterlichen Betrieb ausfällt, muß sie oft und oft einspringen; erst 1944 kommt es (Thema der von Weinheber-Intimus Prof. Josef Nadler angenommenen Dissertation: »Die Dramen von Emil Strauß«) zur Promotion.

Den Gedanken an ein erfülltes Familienleben mit dem Geliebten und dem gemeinsamen Kind muß sich Gerda Janota aus dem Kopf schlagen: Das Haus in Kirchstetten, das Weinheber ihr zu Beginn ihrer Beziehung einmal mit Bleistift auf eine Serviette gekritzelt hat, bekommt sie bloß ein einziges Mal zu sehen – und auch das nur heimlich: als Gattin Hedwig krankheitshalber im Spital festgehalten ist.

Noch schmerzlicher die raren Kontakte zwischen Vater und
Sohn: Nur ganze dreimal kann Weinheber es einrichten,
Kleinkind Christian in den Arm zu nehmen. Nicht nur, daß
Hedwig Weinheber ihren Mann keine Minute aus den
Augen läßt, wird mit der zunehmenden Dramatik des
Kriegsgeschehens auch das Reisen innerhalb Österreichs
schwieriger und schwieriger: Alles, was über hundert Kilometer hinausgeht, bedarf einer wohlbegründeten Fahrter-
laubnis. Bleibt weiterhin nur die Möglichkeit, miteinander
brieflich zu verkehren. Aber auch das ist, da es in aller Heimlichkeit geschehen muß, mehr als schwierig: Die Post zwischen »Pepi« und »Gerderl« darf nicht in die Hände der
rechtmäßigen Gattin fallen (die ihrerseits, weniger zärtlich,
ihren Mann mit »Weinheber« anredet).

An die hundertzwanzig Briefe, Korrespondenzkarten und
Telegramme werden es am Ende sein, die Gerda Janota von
ihrem Geliebten erhält; zusammen mit den oftmals beige-
schlossenen Versen und dem vielen, das sie selber im Lauf
der Jahre aus den Zeitungen ausgeschnitten hat, hütet sie
den für sie so kostbaren Schatz und rettet ihn über alle
Kriegs- und Nachkriegsereignisse hinweg, während ihre eigenen – Gerdas – Gegenbriefe lückenloser Vernichtung an-
heimfallen.

In Weinhebers geheimen Botschaften an die Geliebte spiegelt sich die Kompliziertheit ihrer Beziehung. Da ist von
dem Schmerz zu lesen, sie »nicht sehen zu können«, von
Gerdas »trauriger Stimme«, die »mir bis in den Schlaf nach-
gegangen ist«, von den Qualen, einen für ihn eingelangten
Brief nicht auf dem Postamt beheben zu können, weil die
mißtrauische Gattin keinen Schritt von ihm weicht, von
»schweren Auseinandersetzungen« mit dieser und von dem

über Monate ungestillten Verlangen, »zu Dir zu kommen, Deinen Blick zu spüren, Deine Hand zu halten«.

Unter dem Datum 7. März 1940, also zwei Tage vor Weinhebers achtundvierzigstem Geburtstag, lesen wir:

»Jetzt, wo Du fort bist, erfasse ich erst, was für ein großes Opfer Du gebracht hast, daß Du, nur um mich einen Augenblick zu sehen, die beschwerliche und umständliche Fahrt zu mir nicht gescheut hast. Ich danke Dir innig, danke Dir auch nochmals für die schönen, schönen Märzenbecher. Du hast Dich in so große Unkosten gestürzt, Du liebes, liebes Mädel. Du bist fort, aber das Zimmer ist voll von Dir. Dein liebes, inniges Gesicht ist überall, wohin ich schaue. Ich bin so glücklich in Deiner Liebe! Alle guten Engel sollen Dich schützen, Liebste!«

Fünf Monate später, diesmal aus Hofgastein, schreibt Weinheber:

»Wann wird dieses verfluchte Versteckspielen zuende sein? Ich leide entsetzlich darunter. Ich möchte mich vor aller Welt zu Dir, der Tapferen, bekennen dürfen.«

Und schließlich – noch im selben Brief – das Eingeständnis:

» …wie glücklich ich wäre, von Dir, der Gesunden, Geraden, Wohlgebauten ein Kind zu haben!«

Auch Kritisches, ja vorsichtig Zurechtweisendes klingt dann und wann an – etwa, wenn Weinheber die Geliebte drängt, doch endlich ihr Studium abzuschließen, oder wenn er in einer Phase finanzieller Engpässe seine Alimentationszahlungen vorübergehend reduzieren muß und die noch immer nicht Berufstätige dazu anhält, zum Lebensunterhalt des gemeinsamen Kindes mit beizutragen.

Immer wieder auch sein Bedauern, eine schon getroffene Verabredung nicht einhalten zu können – sei es, daß Hedwig

Immersdorf, 7. III. 40

Liebe Gerda!

Jetzt, wo Du fort bist, erfahre ich erst, was
Du für ein großes Opfer gebracht hast, daß
Du, nur um mich einen Augenblick zu
sehen, die beschwerliche und unständliche
Fahrt zu mir nicht gescheut hast. Ich danke
Dir innig, danke Dir auch nochmals für die
schönen, schönen Tässchenbecher. Dir hat Ich
da die große Unkosten gestürzt, Du liebes,
liebes Mädel. Du bist fort, aber das Zimmer
ist voll von Dir, Dein liebes, inniges Gesicht ist
überall, wohin ich schaue. Überall ist noch hier

Besuch

Der Blick durchs Fenster: Die Rotziegelbau.
Im oden Hof einen schmutziger Schnee.
Die Tag wie jeder: Der Himmel bleibt grau.
Die Tag wie jeder: Das Herz tut weh.

Immer allein, und wie zuhaus.
Und niemand kommt heut, wie gut du seist.
Da trittst du mit dem leuchtenden Strauß
– o jetzt nicht weinen! – zur Tür herein.

Verzeih mir die kleine Impression. Ich bin glücklich
lich in Deiner Liebe. Innig danke ich Dir! Alle
guten Engel sollen Dich schützen, drücke! Die
schön und Deine Blumen! Das ganze Zimmer
leuchtet davon. Innig küßt Dich

Dein
Weinheber

Acht Jahre Sehnsucht und Verzicht:
120 Briefe an die heimliche Geliebte

Weinheber sich in letzter Minute entschließt, ihn nicht allein nach Wien fahren zu lassen, sei es, daß er sich – Datum 15. September 1944 – vor den sich häufenden Fliegerangriffen fürchtet. Schmerz bereitet es ihm auch, ihr und Söhnchen »Gigi« zu Weihnachten keine Äpfel aus dem Kirchstettener Obstgarten schicken zu können, weil seit Mitte Dezember die Post keine Geschenksendungen mehr annimmt. Und zu Beginn des neuen Jahres ist es dafür zu spät: Sämtliche Vorräte sind in der Zwischenzeit erfroren.

Den letzten Brief, der die inzwischen Neunundzwanzigjährige aus Kirchstetten erreicht, gibt Weinheber am 9. März 1945, seinem dreiundfünfzigsten Geburtstag, auf. Er ist ungewohnte acht Seiten lang und endet ebenso zärtlich wie düster:

»Ich denke immer an Dich und Gigi. Hoffnungen spreche ich nicht aus. Dafür ist die Zeit zu eindeutig. Aber Gott möge Dich schützen und den Buben!«

Von Josef Weinhebers Ende erfährt Gerda Janota nur aus der Zeitung: Mit einer Überdosis Morphium hat sich der Dichter – sei es seiner unheilvollen Verstrickung ins NS-System wegen oder aus allgemeiner Verzweiflung über den Lauf der Welt – am 8. April 1945 auf seinem Besitz in Kirchstetten umgebracht. Zu seinem im Garten hinterm Haus angelegten Grab wird sie erst Zutritt erhalten, als sie der behördlichen Ladung zu einer ersten Verlassenschaftsverhandlung Folge leistet. Noch verkehren auf der Strecke nicht wieder regelmäßig Züge; um nach Kirchstetten zu gelangen, muß Gerda einen zweistündigen Fußmarsch von Neulengbach auf sich nehmen, wo sie in einem der dortigen Gasthöfe übernachtet. Der Wirt rät ihr dringend, ihr Zimmer sorgfältig abzusperren und den Schlüssel von innen stecken zu lassen: Man hört allenthalben von schlimmen Gewaltakten der Russen.

Auch Gerda Janotas erstes Zusammentreffen mit Hedwig Weinheber ist kein Vergnügen; das Testament, das der Dichter vor seiner Verzweiflungstat aufgesetzt hat, sieht dessen Sohn Christian als Universalerben vor, räumt jedoch der Witwe ein lebenslanges Wohnrecht sowie die Nutzung der Werkrechte ein. Noch nach Hedwig Weinhebers Tod 1958 wird – nun auf Betreiben einer Verwandten der Witwe – um das Erbe gestritten werden (und das beinah zwanzig Jahre lang). Erst 1978 kann der inzwischen sechsunddreißigjährige Christian Janota, dem weitere sieben Jahre später auf Initiative des niederösterreichischen Landeshauptmanns Siegfried Ludwig das Recht zuerkannt werden wird, den Namen seines Vaters anzunehmen, in Kirchstetten Einzug halten.

Um den heruntergekommenen Besitz zu retten und Teile davon zur Weinheber-Gedenkstätte umzugestalten, veräußert er den literarischen Nachlaß an die Österreichische Nationalbibliothek. Von Beruf Versicherungsvertreter, versucht sich Christian Janota-Weinheber, der seinen Vater nur als Kleinkind erlebt und somit keinerlei bewußte Erinnerung an ihn hat, nun also auch als Kustos des mit viel Liebe angelegten Weinheber-Museums, das schon bald Besucher aus nah und fern ins stille Kirchstetten anlocken wird. Auch für Gerda Janota, seine Mutter, ist auf dem weitläufigen Besitz stets ein Gästezimmer frei, wenn sie aus Linz herüberkommt, um ihrer großen Liebe, die für sie mit so viel Opfer, Demütigung und Verzicht verbunden gewesen ist, für ein paar Tage in Gedanken nahe zu sein.

Auch ihre vier Jahre nach Kriegsende eingegangene Ehe mit dem Linzer Gymnasiallehrer Anton Stadler ändert daran nichts: Obwohl Gerda 1951 Zwillinge zur Welt bringt, die sie mit der gleichen Hingabe aufzieht wie ihr zehn Jahre älteres Kind der Liebe, steht die neue Verbindung, die wohl mehr ein Werk der um bürgerliches Scheinglück besorgten Mütter der beiden Partner ist, unter keinem günstigen Stern. Die Eheleute passen nicht zusammen: Auch wenn Gerda Stadler-Janota der gemeinsamen Wohnung alles, was an Josef Weinheber erinnern könnte, taktvoll fernhält und statt einer Photographie des Geliebten lediglich ein von ihm gemaltes und ihr gewidmetes Venedig-Aquarell an der Wand hängen hat, spürt Anton Stadler nur zu gut, wie es um die wahren Gefühle seiner Frau bestellt ist und für wen nach wie vor – auch viele Jahre nach Weinhebers Tod – ihr Herz schlägt.

Mit dem Tod von Gerdas Vater stellt die Spirituosenfabrik Janota, in der, wenn Not am Mann ist, auch die junge Frau Doktor wieder und wieder aushelfen muß, ihren Betrieb ein, und als schließlich auch das Haus in Urfahr abgerissen wird, zieht die Familie Stadler ins Mühlviertel. Erst nach dem Ableben ihres Mannes kehrt Gerda Stadler-Janota ins heimatliche Linz zurück und siedelt sich auf dem Freinberg an, wo sie sich ungestört der Erinnerung an den Mann, der für sie alles bedeutet hat, hingeben kann. Ob sie sich dabei in ihre Lieblingsgedichte aus dem überreichen Weinheber-Fundus vertieft oder im »Waisenhaus«, dem Roman seiner Jugend, blättert – auf Schritt und Tritt stößt sie auf Zeichen innigster Übereinstimmung zwischen ihr und dem Dichter. Und kämen ihr dabei auch nur die geringsten Zweifel, brauchte sie bloß nach dem Horoskop zu greifen, das man ihr erstellt hat: Sonne und Jupiter in gradgenauer Konjunktion.

»Ich bin der Schuldige!«

Hans Fallada und Ursula Losch

Endstation Sehnsucht«, »Im Westen nichts Neues« oder »Vom Winde verweht« – drei Beispiele für den Traum, den wohl jeder Schriftsteller einmal träumt: den Traum vom Buchtitel, der dermaßen einschlägt, daß er sich nach und nach verselbständigt, in den allgemeinen Sprachgebrauch eingeht, zum geflügelten Wort wird. Auch der deutsche Romancier Hans Fallada spielt in dieser Liga: »Kleiner Mann – was nun?« wird weit über den Welterfolg des 1932 erschienenen Buches hinaus eine (wie die Franzosen sagen) »façon de parler«, deren sich auch Tausende und Abertausende Zeitgenossen bedienen, die niemals ein Buch zur Hand nehmen. Sie hätten vermutlich, würden sie sich einem Quizspiel stellen, alle Mühe, die Frage zu beantworten, wo denn dieses »Kleiner Mann – was nun?« seinen Ursprung hat. Und schon gar nicht wäre von ihnen zu erwarten, daß sie die weiteren Fallada-Romantitel aufzuzählen vermöchten: »Bauern, Bonzen und Bomben«, »Wolf unter Wölfen«, »Der eiserne Gustav«, »Ein Mann will hinauf«, »Jeder stirbt für sich allein«, »Der Trinker« und »Wer einmal aus dem Blechnapf frißt«.

Es sind, wie auch der starrsinnigste Büchermuffel erkennt, Titel, die auf ein bewegtes Leben des Autors schließen lassen, und tatsächlich wird man lange in der Literaturgeschichte wühlen müssen, bis man auf eine Biographie trifft,

135

die chaotischere Züge trägt als die des am 21. Juli 1893 in
Greifswald geborenen Rudolf Ditzen, der als Fünfundzwan-
zigjähriger unter dem Pseudonym Hans Fallada mit dem
Roman »Der junge Goedeschal« die Literaturszene betritt.
Da ist das Duell des Gymnasiasten, der einen seiner Freunde erschießt und wegen Totschlags vor Gericht gestellt wird,
der Selbstmordversuch des schon in jungen Jahren Suchtge-
fährdeten, eine Unterschlagungsaffäre, die den Dreißigjäh-
rigen das erste Mal hinter Gefängnisgitter bringt. Später
werden weitere Eigentumsdelikte folgen, ein Fall von Denunziation, Entziehungskuren in Heilstätten, sogar ein
Mordanschlag auf die eigene Frau.

Dabei ist *sie* es, diese (in dem Roman »Kleiner Mann – was
nun?« unter dem Kosenamen »Lämmchen« verewigte)
Hamburger Arbeitertochter Anna Issel, der es noch am ehesten gelingt, mit der am 5. Juni 1929 vollzogenen Eheschließung so etwas wie Ordnung in das chaotische Leben
des neun Jahre Älteren zu bringen, ja sogar Phasen unge-
trübten Familienglücks mit den zwischen 1930 und 1940 zur
Welt kommenden Kindern Ulrich, Lore und Achim.

Schließlich muß aber auch sie, diese starke, tapfere und fast
zu jedem Opfer bereite Frau, die von allen »Suse« gerufen
wird, kapitulieren: Am 5. Juli 1944 wird nach fünfzehn Jahren Ehedauer die Scheidung ausgesprochen. Der Grund:
Hans Fallada ist eine neue Beziehung eingegangen, ist einer
um vieles jüngeren Frau verfallen, die ihn, den selber Halt-
losen, den Alkoholiker und Medikamentenabhängigen, mit
sich in den Abgrund reißt. Der normalerweise positiv be-
setzte Begriff »Letzte Liebe« verkehrt sich also in diesem
Fall zu einem horriblen Pandämonium aus gegenseitiger
Zerstörung, aus Sucht und Verfall.

136

Ursula Losch heißt die 1921 in Berlin Geborene, die dem seiner eigenen Labilität wegen permanent existenzgefährdeten Dichter zum Verhängnis wird. »Sie ist auffallend hübsch, sehr mondän, malt sich, lackt sich, scheint als Hausfrau keineswegs erschütternd – also in allem das völlige Gegenteil zu Suse. Aber vielleicht liegt auch darin ein Reiz.« So charakterisiert Fallada seine neue Bekanntschaft in einem Brief, mit dem er seine Schwester ins Vertrauen zieht. Und was seine eigene Einstellung zu der Geliebten betrifft, fügt er hinzu: »Ich bin zur Zeit natürlich sehr aufgekratzt und so fidel und lustig wie kaum je in den letzten Jahren.« Allerdings läßt er es auch nicht an nachdenklichen Tönen fehlen: »Wenn ich auch beinahe sicher bin, daß die Sache eines schönen Tages schiefgehen wird – vorläufig finde ich sie herrlich.«

»Meine Frau ist nämlich Morphinistin«: Ursula Losch

Die »Herrliche« ist achtundzwanzig Jahre jünger als er, heißt mit Mädchennamen Bolzenthal, hat sich zunächst als Verkäuferin in einem Berliner Herrenkonfektionsgeschäft ihr Brot verdient und läßt sich mit achtzehn, als sie an einer Straßenbahnhaltestelle auf ihren Zug wartet, von einem älteren Herrn, der in seinem offenen Zweisitzer Marke Horch des Weges kommt, ansprechen und mit nach Hause nehmen. Der Galan heißt Kurt Losch, ist zweiunddreißig Jahre älter als sie, frisch geschieden, von Beruf Kunstmaler und dem Typ nach das, was man zu dieser Zeit einen Bonvivant nennt. Das Vermögen, über das der offensichtlich auf großem Fuß Lebende verfügt, verdankt er seiner Familie: Die Loschs betreiben in Berlin eine Seifenfabrik, Kurt ist einer der drei Teilhaber des florierenden Unternehmens.

Da sich seine beiden Brüder vehement gegen eine Verbindung Kurt Loschs mit der in ihren Augen nicht standesgemäßen und nur auf eine »reiche Heirat« erpichten Person stellen, führt das ungleiche Paar eine wilde Ehe, und erst, als »Ulla« (so wird die langbeinige Schönheit von ihrem Geliebten gerufen) ein Kind zur Welt bringt, tritt man den Weg zum Standesamt an. Die junge Familie bezieht eine Sechseinhalbzimmerwohnung im Berliner Stadtteil Schöneberg, einer der Räume wird als Malatelier eingerichtet.

Ulla, nun also eine Frau von Stand, die sich alles, wovon sie seinerzeit als Ladenmädel nur träumen konnte, leisten kann, wird durch ihren Mann nicht nur in die Künstlerwelt der Metropole eingeführt, sondern lernt auch die Freuden des Landlebens kennen: Die Brüder Losch haben in Feldberg, einem der idyllischen Sommerfrischeorte der mecklenburgischen Seenplatte, ein Grundstück erworben und sich für Wochenende und Urlaub einen mehrteiligen Besitz zugelegt, dessen »Entenstall« genannte Dependance Kurt Losch zu einem Künstlerdomizil ausbaut. Und hier, in dem auf der Halbinsel Klinkecken gelegenen Landsitz, findet auch Ulla, der das inzwischen vom Bombenkrieg heimgesuchte Berlin mehr und mehr verleidet wird, ab 1942 Zuflucht.

Bei einem dieser Besuche lernt Ulla Losch – vermutlich am Stammtisch des Hotels »Mecklenburger Hof« – einen ebenfalls sehr viel älteren Mann kennen, der mit seiner Familie im Nachbarort Carwitz ansässig ist. Es ist der berühmte Schriftsteller Hans Fallada, dessen Name natürlich auch der attraktiven Fremden ein Begriff ist. Doch es bleibt bei einem kurzen, unverbindlichen Wortwechsel, allenfalls leert man miteinander das eine und andere Glas. Zu der entscheidenden Wiederbegegnung kommt es erst zwei Jahre später, und da ist die Situation plötzlich eine völlig andere: Hans Fallada und Ulla Losch entdecken eine Reihe von Gemeinsamkeiten, die ihnen das sichere Gefühl geben, füreinander bestimmt zu sein. Es sind allerdings Gemeinsamkeiten höchst zweifelhafter, ja fataler Natur: Fallada, selber seit Jahr und Tag alkohol- und suchtgiftabhängig, erkennt in der noch immer attraktiven jungen Frau eine Schicksalsgefährtin, die seine Laster teilt, ja sogar zu Morphin greift.

Kurt Losch, dessen eigener ausschweifender Lebensstil seine junge Frau nicht nur »angesteckt«, sondern ihr dank des vorhandenen Familienvermögens auch die problemlose Beschaffung der kostspieligsten Drogen ermöglicht hat, unternimmt alles, um sie nicht an seinen Nebenbuhler zu verlieren, unterzieht sich sogar einer Schönheitsoperation. Als er sich auch noch, um die drohende Einberufung zum Militärdienst abzuwenden, irgendwelche dubiosen Medikamente spritzen läßt, erreicht er zwar tatsächlich die erhoffte

Freistellung, richtet sich jedoch gesundheitlich zugrunde, wird mit der Diagnose Sklerodermie in die Berliner Charité eingeliefert und stirbt am 7. Mai 1944 in der II. Medizinischen Klinik.

Damit ist endgültig der Weg frei für ein gemeinsames Leben des unmittelbar vor seiner Scheidung stehenden Hans Fallada und der frisch verwitweten Ulla Losch: Man trifft einander wieder, sucht aneinander Halt, findet sich in gemeinsamer Betäubung, in der gemeinsamen Lust am Rausch. Im Januar 1945 übersiedelt Fallada in Ulla Loschs Haus in Feldberg, am 1. Februar wird in Berlin geheiratet. Die angesichts des nahenden Zusammenbruchs des Deutschen Reiches bescheidene Hochzeitsfeier, der unter anderem Falladas Verleger Ernst Rowohlt beiwohnt, wird vom Fliegeralarm unterbrochen, und die regelmäßigen Luftangriffe auf Berlin sowie die Schreckensnachrichten von den unaufhaltsam vorrückenden Truppen der Roten Armee sind auch der Grund dafür, daß man sogleich wieder nach Feldberg zurückkehrt. Allerdings behalten sie die Berliner Wohnung – schon der häufigen Stippvisiten wegen, die der Beschaffung von Genußmitteln dienen, welche draußen auf dem Land schon lange nicht mehr aufzutreiben sind.

Seitdem Fallada, dem Beispiel seiner Geliebten folgend, immer häufiger zur Morphiumspritze greift, wird nun auch das Geld knapp: Zwar zahlt ihm der Verlag weiterhin Vorschüsse von beträchtlicher Höhe, doch um die vier Kinder – seine eigenen drei sowie dasjenige von Ulla – zu ernähren, muß man darangehen, den Schmuck zu verkaufen, der noch aus Ullas Ehe mit dem vermögenden Kurt Losch stammt.

Daß Fallada über alledem die Kraft aufbringt, unverdrossen die Arbeit an seinen Buchmanuskripten fortzusetzen, weist

140

den inzwischen Einundfünfzigjährigen als jene Ausnahme-
erscheinung aus, für die das Prädikat »Genie« nicht zu hoch
gegriffen ist. Zwar wird seine Handschrift von Mal zu Mal
unleserlicher und auch die Qualität seiner Texte wechsel-
haft, doch seine Schreibbesessenheit ist und bleibt die alte,
und sie wird es auch dann bleiben, wenn er in Phasen physischer Zerrüttung sein Arbeitszimmer vorübergehend gegen
den Krankensaal einer Klinik tauschen muß, in die er zwecks
Rauschgiftentwöhnung eingewiesen worden ist. Seite um
Seite ringt er sich sein neues Werk ab: Es ist der autobiogra-
phisch gefärbte Roman »Jeder stirbt für sich allein«.

Die Hoffnung, im entlegenen Feldberg das nahende Kriegsende besser überstehen zu können als im von Bomben ver-
wüsteten Berlin, erweist sich als trügerisch: Am 28. April
1945 fällt auch das einstige Sommerfrischeidyll zwanzig
Kilometer östlich von Neustrelitz in die Hände der Roten
Armee. Sämtliche Einheimischen werden von den »Befrei-
ern« aus ihren Häusern geholt, die Häuser selber nach Wert-
sachen durchsucht, Selbstmorde und Vergewaltigungen er-
schüttern den Ort in dichter Folge, die Eheleute Ditzen
(Falladas bürgerlicher Name) werden von den Besatzern
zum Säckeschleppen und Kühehüten eingeteilt.

Hans Fallada hat Glück im Unglück: In einer Unterredung
mit dem russischen Ortskommandanten, die dem promi-
nentesten Bürger von Feldberg gnädig gewährt wird, gelingt
es dem Dichter, die neuen Herren von seiner politischen Zu-
verlässigkeit zu überzeugen. Eilends hat er dem Manuskript,
das er zur Überprüfung vorzulegen aufgefordert wird, einen
Passus eingefügt, der zwar keineswegs der Wahrheit entspricht, der ihm aber von den Sowjets abgenommen wird:
»Zwölf Jahre lang, zwölf endlose trostlose Jahre hindurch

habe ich unter der Nazi-Herrschaft nicht ein Wort von dem schreiben dürfen, das mir am Herzen lag.«

Die Folge: Die Sowjets ernennen Hans Fallada zum Bürgermeister von Feldberg und den umliegenden Landgemeinden, aus dem Häuschen auf der Halbinsel Klinkecken wird in ein Amtsgebäude in der Stadtmitte umgezogen. Achtzehn Monate darf sich der Dichter nun mit kommunalem Kleinkram herumschlagen, muß Streitereien schlichten, Eigentumsdelikte ahnden, Waffenfunde »bearbeiten«, Arbeitsunwillige zur Rechenschaft ziehen. Seines Lebenswandels wegen schon vor Kriegsende alles andere als ein Liebling der Feldberger, ist er nun mit Abstand deren meistgehaßter Mitbürger.

Umso wichtiger ist es für ihn in dieser Situation, sich der ungebrochenen Liebe seiner jungen Frau zu vergewissern, auch wenn deren Verschwendungssucht, deren Leichtsinn und vor allem deren Hemmungslosigkeit im Umgang mit Betäubungsmitteln mancherlei Mißstimmung heraufbeschwört. Um wenigstens sein häusliches Glück abzusichern, träumt der Dichter davon, noch einmal Vater zu werden. Doch der gynäkologische Eingriff, der an seiner Frau vorgenommen wird, bleibt ohne Erfolg: Ulla kann nicht empfangen. Beide verfallen daraufhin in schwere Depressionen, greifen immer häufiger zur Morphiumspritze, und als Ulla auch noch einen Selbstmordversuch unternimmt, werden die zwei gemeinsam ins Krankenhaus von Neustrelitz eingeliefert.

Nach ihrer Entlassung steht für beide fest: Sie müssen weg aus Feldberg, halten es in dem »ekelhaften Nest« nicht länger aus, schlagen sich – auch ohne die erforderliche behördliche Zuzugsgenehmigung – nach Berlin durch.

142

»Jeder stirbt für sich allein«:
Hans Fallada

Hier ist freilich alles noch weit schlimmer: Die alte Sechseinhalbzimmerwohnung in der Meraner Straße 12 ist nicht
nur schwer beschädigt, sondern auch von fremden Mietern
in Beschlag genommen. Zwar gelingt es, die Hälfte der
Räume zurückzubekommen, doch nur einer davon erweist
sich als bewohnbar – und das ohne Beheizungsmöglichkeit
und nur mit notdürftiger Sperrholzabdichtung anstelle von
Fenstern. Da man sich illegal in Berlin aufhält, besteht auch
keinerlei Aussicht auf die Zuteilung von Lebensmittelkarten;
um vom Schwarzmarkt leben zu können, müssen Ullas letzte Juwelenreserven zu Geld gemacht werden.
Was seine literarische Produktion betrifft, hat sich Fallada
rasch und instinktsicher auf die neue politische Situation eingestellt: Johannes R. Becher, Anführer der antifaschistischen

Schriftsteller der späteren DDR, wird auf den zwei Jahre jüngeren Kollegen aufmerksam, nimmt sich seiner an, verschafft ihm guthonorierte Aufträge. Doch am 31. Dezember 1945 kommt der Rückschlag, der Fallada aufs neue aus der Bahn schlägt, ja so sehr hernimmt, daß er nur noch mit Hilfe schwerster Drogen Schlaf findet: Seine ehemalige Schreibkraft Else Marie Bakonjé, entrüstet über den opportunistischen Gesinnungswandel des Dichters, greift Fallada in einem Offenen Brief, den der »Neue Hannoverische Kurier« abdruckt, frontal an. »Wir sind die Herren der Welt!« zitiert die Denunziantin aus einem Brief, den 1943 ihr seinerzeitiger Arbeitgeber an sie gerichtet hat, um ihre Zweifel am Sieg der Deutschen Wehrmacht zu zerstreuen.

Johannes R. Becher läßt daraufhin seinen Schützling fallen und fordert überdies jene dreitausend Reichsmark zurück, die er Falladas Frau zur Finanzierung ihrer Drogensucht vorgestreckt hat. Dem Dichter bleibt nichts anderes übrig, als seine ebenso umfangreiche wie kostbare Bibliothek zu veräußern. Als dann auch noch ein Anwaltsbrief eintrifft, der einen weiteren Fall von Schuldenmacherei aufdeckt, läßt Fallada zum erstenmal auch nach außen hin erkennen, daß er bei aller Liebe zu seiner jungen Frau in seiner Verbindung mit ihr wenig Zukunft sieht; er antwortet:

»Meine Frau ist nämlich Morphinistin, zur Zeit in einem Krankenhaus in Behandlung, und ich erwäge die Trennung von ihr wegen ihrer Sucht und wegen ihres ständigen Schuldenmachens.«

Und sein eigenes Verhalten? In einem letzten Brief an seine Mutter Elisabeth Ditzen, sechs Monate später, spart er auch nicht mit Selbstvorwürfen:

»Ich bin der Schuldige. Ich bin der Mann, ich hätte sie

führen und ihr helfen müssen, statt töricht ihren Wünschen nachzugeben.«

Sie, Elisabeth Ditzen, ist übrigens eine der wenigen, die die nunmehrige Schwiegertochter immer wieder in Schutz nehmen. Während andere die Katastrophe heraufdämmern und in der zweiten Frau Fallada so etwas wie einen »Todesengel« sehen, notiert die alte Dame in ihrem Tagebuch: »Ulla ist mir sympathisch. Eine hübsche Erscheinung, liebenswürdig und immer zuvorkommend gegen mich.«

Seit Mitte November 1945 hat man ein neues Heim: Das geräumige Haus mit Garage und Garten, das man am Eisenmengerweg 19 im Berliner Stadtteil Pankow-Niederschönhausen bezogen hat, bietet auch Platz für Ullas Tochter aus deren erster Ehe, sogar Sohn Ulrich aus Falladas Ehe mit Anna Issel wird in die Familiengemeinschaft aufgenommen, und zu Weihnachten steht nicht nur ein eilends improvisierter Christbaum, sondern auch ein von einer Weihnachtsgans gekröntes Festmahl auf dem Tisch.

Die Neuausgabe seines Romans »Wer einmal aus dem Blechnapf frißt« ist binnen kurzem ausverkauft. Unter dem Eindruck der ungebrochenen Zugkraft seines Namens kann Fallada also darangehen, neue Pläne zu schmieden. »Ich sehne mich danach,« schreibt er an seinen Verleger, »endlich wieder einen vernünftigen Roman zu schreiben.« Am 11. August 1946 schließt er das Manuskript der autobiographischen Erzählung »Der Alpdruck«, am 26. Oktober den Roman »Jeder stirbt für sich allein« ab.

Auch Falladas Ehe scheint sich zu stabilisieren: Ulla, die sich zwei gynäkologischen Eingriffen und einer Hormonkur unterzogen hat, erwartet von ihm ein Kind. Doch die Schwangerschaft der von ihrem früheren Suchtgiftmißbrauch Geschwächten verläuft alles andere als regulär: Ullas Behandlung in der Universitätsfrauenklinik endet mit einer Fehlgeburt.

Falladas Reaktion könnte verhängnisvoller nicht sein: Er gibt seiner jungen Frau, der er vorwirft, ihn seiner »Arbeitskraft und Arbeitslust« zu berauben, zu verstehen, nur eine Scheidung könne ihn retten. Ulla, in einer erstaunlichen Anwandlung menschlicher Größe, stimmt zu – allerdings nur unter der Bedingung, daß er um der Kinder willen eine Aussöhnung mit seiner ersten Frau betreibe und mit Anna Issel eine neue Ehe eingehe. Dazu ist diese freilich nicht bereit: Ihre seinerzeitige Verstoßung habe zu tiefe Wunden hinterlassen, als daß sie an den Bestand einer Neuauflage ihrer Beziehung glauben könnte. Die inzwischen Sechsundvierzigjährige bietet ihrem Exgatten allerdings ihre Freundschaft an und sagt ihm jede mögliche Unterstützung zu. Seitdem sie sich am früheren Fallada-Wohnsitz Carwitz eine neue Existenz aufgebaut hat, eine kleine Landwirtschaft betreibt und Zimmer an Kostgäste vermietet, kann sie den »Berlinern« mit Lebensmittelpaketen und vor allem mit reichlichen Deputaten aus ihrem Obstgarten aushelfen.

Nach und nach gelingt es dem Dichter, seine Ehe mit Ulla wieder zu kitten; mit dem Verkauf der Filmrechte an dem Roman »Jeder stirbt für sich allein« kommt auch frisches Geld ins Haus, und ein schwedischer Verlag, der sich an Falladas Werk interessiert zeigt, schickt Care-Pakete mit Raritäten wie Schokolade und Bohnenkaffee. Doch das Glück ist abermals nicht von Dauer: Fallada und seine junge Frau werden rückfällig, greifen erneut im Übermaß zu Drogen, landen in der Charité. Ulla, die von beiden die Abhängigere ist, wird auf Weisung der Ärzte streng von ihrem Mann ge-

trennt, und das ist für ihn, dem die immer stärker werdenden Schuldgefühle das letzte Restchen Lebensmut rauben,
das Ende: Hans Fallada stirbt dreiundfünfzigjährig am 5. Februar 1947 an Herzversagen. Am 28. Februar wird sein
Leichnam im Krematorium Berlin-Wedding eingeäschert,
die Urne auf dem Städtischen Friedhof Pankow III beigesetzt (und vierundzwanzig Jahre später auf den alten Dorf-
friedhof von Carwitz überführt).

Derjenige, dem gegenüber sich Fallada kurz vor seinem Tod
noch zu rechtfertigen versucht hat, ist weder seine zweite
noch seine erste Frau noch gar die drei Kinder, die er hinterläßt, sondern – seine alte Mutter. »Irgendetwas in mir,« so
schreibt er in einer Art Abschiedsbrief an Elisabeth Ditzen,
»ist nie ganz fertig geworden, irgendetwas fehlt mir, so daß
ich kein richtiger Mann bin, nur ein altgewordener Gymnasiast, wie Erich Kästner mal von mir gesagt hat. Ich bin
wohl schwach, aber nicht schlecht.«

Noch elender ist Ullas Ende: Sie geht zwar 1950 noch eine
weitere Ehe ein, wird auch nochmals Mutter, setzt aber ansonsten ihre schon gewohnte Odyssee von Klinik zu Klinik
fort, wird 1954 vom Amtsgericht Berlin-Kreuzberg entmün-
digt und stirbt, gesundheitlich total zerrüttet, am 24. November 1958 im Alter von nur siebenunddreißig Jahren. Die
Kosten der Beisetzung auf dem St.Thomas-Friedhof in Ber-
lin-Neukölln trägt das Sozialamt.

Mit Haut und Haar

Joseph Roth und Irmgard Keun

Die Mehrzahl seiner großen Romane, allen voran »Hiob« und »Radetzkymarsch«, hat längst ihr Publikum erobert; jetzt, seit dem Machtantritt der Nationalsozialisten, können seine Bücher nur noch in belgischen bzw. holländischen Exilverlagen erscheinen; der Hauptwohnsitz des schreibenden Nomaden ist Paris. Die finanziellen Engpässe, die ihn trotz anhaltender Erfolge immer wieder heimsuchen, haben ihren Grund allerdings in ihm selbst: Joseph Roth kann nicht mit Geld umgehen.

Auch andere Probleme machen ihm zu schaffen: Übermäßiger Alkoholgenuß beginnt die Physis des Vierzigjährigen zu zerstören, und auch *in eroticis* läuft nichts nach Wunsch. Von Friedl, seiner Frau, hat er sich abgewendet, seitdem der Ausbruch ihrer Geisteskrankheit – Diagnose: Schizophrenie – ihre Abschiebung in Pflegeheime erforderlich gemacht hat. Die Schuldgefühle des Noch-Ehemannes werden zusätzlich gesteigert durch die Verbindung, die Roth vor einiger Zeit mit einer höchst aparten Frau eingegangen ist, die sechs Jahre jünger ist als er: Die Mulattin Andrea Manga Bell, Tochter eines farbigen Kubaners und einer hugenottischen Hamburgerin, bringt sich und die beiden Kinder aus ihrer gescheiterten Ehe mit dem Sohn eines schwarzafrikanischen Stammesfürsten als Redakteurin einer Berliner Kunstzeitschrift durch. Nun, wo sie ihrem Liebhaber nach Paris gefolgt ist und mit Joseph Roth die Wohnung teilt, fällt ihm die Aufgabe zu, auch für den Unterhalt dieser drei zu sorgen. Obwohl Andrea beteuert, in ihren neuen Lebensgefährten »vernarrt« zu sein, ja dessen »Zartheit« und »sexuelle Anziehungskraft« in den höchsten Tönen rühmt, scheint sie ihm wiederholt Anlaß zur Eifersucht zu geben: Roth verbietet ihr das Tanzen (das in seinen Augen »ein Ausbund der Geilheit« ist), das Tragen von Badeanzügen (»Es zieht das Unglück an, ist Exhibitionismus«), ja sogar den Gang zum Friseur (»Der Friseurladen ist ein Bordell!«). Doch am meisten stört den um seine Freiheit besorgten Bohemien, daß ihn seine Gefährtin mit den Zwängen des Familienlebens zu erdrücken, ihn »zum Haustier zu machen« droht. Eine Trennung scheint unabwendbar. Es bedarf also nur noch der Frau, die Andrea Manga Bells Platz einzunehmen bereit ist. Juli 1936 kreuzt sie Joseph Roths Weg. Es wird seine letzte Liebe sein; ihr Name: Irmgard Keun.

In Amsterdam hat der Exilverlag Allert de Lange einen Vortragsabend für Roth organisiert – Thema: »Aberglaube an den Fortschritt«. Am 9. Juli setzt der Einundvierzigjährige seine Reise fort und trifft auf Vorschlag der Emigrantenkollegen Hermann Kesten und Stefan Zweig in dem belgischen Seebad Ostende ein. Auch Ernst Toller stößt zu der Gruppe hinzu, desgleichen Egon Erwin Kisch, der sich momentan mit Gattin Gisela im nahen Bredene-sur-mer aufhält.
Tagsüber ziehen sich alle fünf zur Arbeit an ihre Schreibtische zurück, am Spätnachmittag trifft man einander im Café Flore oder einem der anderen Lokale der Stadt. Stefan Zweig, der Bestsituierte der Runde, führt Joseph Roth zum Nachtmahl in vornehme Restaurants aus und erfüllt ihm mit

149

*»Dem Dämon
Roth erlegen«:
Irmgard Keun*

Freuden auch jeden anderen seiner Wünsche, begleitet ihn
also zum Beispiel zu einem der teuersten Schneider von
Ostende, um ihm eine neue Hose anmessen zu lassen. Was
sein Schützling nicht weiß: Stefan Zweig muß einen exorbi-
tanten Zuschlag in Kauf nehmen, damit der stolze Meister
sich dazu herabläßt, dem Kleidungsstück die von Roth gewünschte Fasson der altösterreichischen Leutnantsuniform
(also mit den nach unten enger werdenden Hosenbeinen) zu
verpassen. Weniger Glück hat Zweig mit seinen Bemühungen, Roth vom Trinken abzuhalten und zu Strandspazier-
gängen zu überreden. Um seinen Gönner zu beruhigen, bestellt Roth einige Male ein Glas Milch, doch kaum haben sich
die beiden voneinander verabschiedet, kehrt er wieder zu
seinen geliebten Schnäpsen zurück. Lakonischer Kommen-
tar: »Ein Jud' gehört ins Kaffeehaus.«

Der erste aus der Roth-Runde in Ostende, der auf den weiblichen »Neuzugang« aus Deutschland – auf Irmgard Keun – aufmerksam wird, ist der umtriebige Hermann Kesten. »In der Halle des Hotels«, so wird er sich später erinnern, »fand ich ein hübsches junges Mädchen, blond und blauäugig, in einer weißen Bluse, das lieb lächelte und wie ein Fräulein aussah, mit dem man gleich tanzen gehen möchte.« Auch sie ist von ihrem Gegenüber angetan, findet Kesten »furchtbar nett, witzig, klug, natürlich«.

Man verabredet ein Wiedersehen im Café Flore; auch Kisch, dem Kesten von der »Neuen« berichtet hat, kommt mit der Einunddreißigjährigen (die sich nach Schauspielerart fünf Jahre jünger macht) ins Gespräch, und er, Kisch, ist es auch, der ihr Joseph Roth vorstellt, als dieser, begleitet von Stefan Zweig, zur Tür hereinkommt und auf seinen Stammplatz zusteuert. Daß er dabei, wie so oft angeheitert, leicht schwankt und sein Sakko voller Zigarettenasche ist, stört sie nicht. Ihre erste Reaktion ist Mitleid: »Ich hatte das Gefühl, einen Menschen vor mir zu haben, der vor Traurigkeit in den nächsten Stunden sterben wird.« Und weiter: »Seine runden blauen Augen starrten beinahe blicklos vor Verzweiflung, und seine Stimme klang wie verschüttet unter Lasten von Gram.«

Nur wenige Tage später – und die Situation ist eine völlig andere: »Ich bin dem Dämon Roth erlegen!« schreibt Irmgard Keun an ihren Verlobten Arnold Strauss nach Amerika. »Er ist das Anständigste und Bezauberndste, das man sich denken kann.« Um den Adressaten nicht zu verschrecken, verschweigt sie allerdings, daß es zwischen ihr und Joseph Roth auch in erotischer Hinsicht funkt und sie schon nach wenigen Tagen zu ihm zieht – ins Hôtel de la Couronne.

Sie ist ein kesses Persönchen, diese Berliner Kaufmanns-
tochter Irmgard Charlotte Keun, die nach einem kurzen
Zwischenspiel als Stenotypistin die Kölner Schauspielschule
besucht, in Hamburg, Greifswald und Köln eine Reihe klei-
nerer Bühnenrollen erhalten und 1929, also mit vierundzwanzig Jahren, zu schreiben begonnen hat. Ihr Debüt mit
dem Roman »Gilgi – eine von uns« wird ein Sensationserfolg:
Binnen weniger Monate sind sechs Auflagen abgesetzt,
Tucholsky spendet überschwengliches Lob, mit Brigitte
Helm in der Titelrolle wird der zeitkritische Stoff verfilmt.
Naive Frechheit und salopper Witz sind die Stärken der Autorin, Einsprengsel unsentimentaler Poesie sorgen für die
rechte Mixtur.

Auch Irmgard Keuns zweites Buch, der Roman »Das kunst-
seidene Mädchen«, wird ein Volltreffer: Es folgen Übersetz-
zungen in mehrere Sprachen; Zeitungen und Zeitschriften
drucken ihre Texte. Mit alledem ist es schlagartig vorbei, als
die Nationalsozialisten darangehen, in den Kulturbetrieb
einzugreifen. Da ihnen der aufsässige Ton der neuen Autorin mißfällt, lehnen sie deren Aufnahme in die Reichs-
schrifttumskammer ab, und das bedeutet: Irmgard Keun
muß, um weiter publizieren zu können, ihre Heimat
Deutschland verlassen. Der Exilverlag Allert de Lange mit
Sitz in Amsterdam macht ihr ein günstiges Angebot, und so
besteigt Irmgard Keun am 4. Mai 1936 den Zug Richtung
Westen.

Daß sie ausgerechnet in Ostende landet, hat keinen bestimmten Grund: Vielleicht ist es die Nähe des Meeres, die
sie anzieht – schon als Kind, damals noch an der Seite ihrer
Eltern, hat sie sich in dem flandrischen Seebad ausnehmend
wohl gefühlt. Auch ist in Belgien das Leben billiger als in

Holland. Der Anschluß, den sie dort an gleichgesinnte Kollegen findet, tut ein übriges, ihr Ostende schmackhaft zu machen: Von Kesten bis Kisch reden ihr alle zu, ihr nächstes Romanprojekt zügig voranzutreiben.

Es ist also zuallererst der gemeinsame Beruf, der Joseph Roth und Irmgard Keun zusammenführt: An verschiedenen Tischen kann man die beiden nun in ihrem Ostender Stammlokal sitzen und an ihren Manuskripten feilen sehen. *Er* ist dabei, den Roman »Beichte eines Mörders« für den Druck fertigzumachen, und schreibt an den ersten Kapiteln der »Kapuzinergruft«, *sie* arbeitet an einer bitterbösen Abrechnung mit Nazi-Deutschland, der sie den beziehungsvollen Titel »Nach Mitternacht« geben will. Den Verlagsvertrag hat sie schon in der Tasche, und das »Pariser Tageblatt«, die wichtigste deutschsprachige Emigrantenzeitung, hat sich den Vorabdruck gesichert.

Roth, der der Produktivere von beiden ist, treibt seine Gefährtin zu intensiverem Arbeiten an: Die reinste »Schreibolympiade« – so wird sie sich später in einem ihrer Lebensrückblicke über die neue Situation äußern. Auch in punkto Stimulantien herrscht zwischen dem Einundvierzigjährigen und der elf Jahre Jüngeren Übereinstimmung: Beide neigen dem Alkohol zu, und beide sind Kettenraucher.

Der einzige »Störfaktor« in diesen Ostender Tagen ist in ihren Augen Stefan Zweig: Mit fast missionarischem Eifer darum bemüht, den fortschreitenden körperlichen Verfall des verehrten Kollegen aufzuhalten, sähe er statt der leichtlebigen Irmgard Keun lieber einen »Dragoner von Frau« an Joseph Roths Seite, und auch sie geht auf Distanz zu dem vermeintlichen Wohltäter: »Ein feiner Mann, ganz und gar samtig, triefend vor Güte und Menschenliebe. Ich kann

weder mit ihm noch mit seinen Büchern etwas anfangen.«
Auch *Roths* Bücher liest sie übrigens nicht: Irmgard Keun
zieht es vor, sich von dessen *gesprochenem* Wort fesseln zu
lassen. Begierig nimmt sie seine Ansichten, die er über Gott
und die Welt äußert, auf, läßt sie »in ihrer Seele Wurzeln
schlagen«, lauscht ihnen »wie einem Evangelium«.
Da beide nicht mit Geld umgehen können, fehlt es häufig am
Nötigsten, dann muß man seine paar Habseligkeiten verpfänden. Im Oktober sind die Visa für Belgien abgelaufen:
Joseph Roth und Irmgard Keun übersiedeln nach Paris. Die
Fahrt im Schlafwagen ist zwar kostspieliger als das normale
Billet, doch dafür entgeht man des Nachts der lästigen Paß-
kontrolle. Man reist mit kleinem Gepäck, einzig Roths »Waf-
fensammlung« fällt ins Gewicht: Wie kein zweiter von dem
Emigrantentick besessen, jederzeit imstande zu sein, sich zu
verteidigen, hat er sich eine Kollektion spitzer Schustermes-
ser zugelegt sowie eine gußeiserne Kugel, die bei Gefahr als
Totschläger dienen kann.
Auch in Paris wohnt man im Hotel. Der Tag beginnt mit dem
gemeinsamen Studium des Horoskops im »Paris Soir«: Sowohl Joseph Roth wie Irmgard Keun sind abergläubisch. Un-
eins ist man nur in Sachen Politik: Während *er*, ein glühender Legitimist, die Rettung vor dem Nationalsozialismus
einzig in der Wiederherstellung der Monarchie altöster-
reichischer Prägung erblickt, sympathisiert *sie* mit dem Wi-
derstandsgeist der Linken. Was Roths nostalgisch verbrämte
Liebe zu seinen jüdischen Wurzeln betrifft, so beschränkt
sich Irmgard Keun auf die Rolle des interessierten Beob-
achters: Selber keine Jüdin, läßt sie sich bereitwillig in das or-
thodoxe Brauchtum einweihen sowie in die Geheimnisse der
koscheren Küche, und daß Joseph Roth, der – im Gegensatz

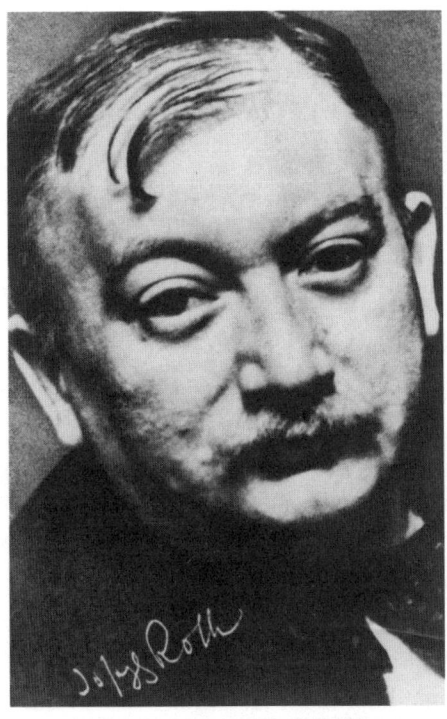

*»Wo bist du, Freund?
Ich muß dich wieder-
finden«: Joseph Roth*

zur katholisch erzogenen Irmgard Keun – niemals getauft
worden ist, bei jedem Gespräch über die letzten Dinge den
Wunsch nach einem christlichen Begräbnis äußert, will ihr
nur schwer in den Kopf.

Auch die privaten Verhältnisse der zwei könnten wirrer nicht
sein. Beide sind verheiratet, und beide leben von ihren Ehe-
partnern getrennt: Joseph Roth, dessen Gattin Friedl in
einer österreichischen Nervenheilanstalt behandelt (und
1940 von den Nazis umgebracht werden) wird, Irmgard
Keun, deren 1932 geschlossene Ehe mit dem Theaterdirek-
tor und Schriftsteller Johannes Tralow Ende Mai 1937
geschieden wird, nachdem sich der dreiundzwanzig Jahre

155

Ältere den neuen Herren angebiedert und seiner antifaschistischen Gattin »die Führung seines Namens untersagt« hat. Hier einen Schlußstrich zu ziehen, fällt Irmgard Keun leicht: Schon seit Jahren hat man sich voneinander entfremdet. Schwerer tut sie sich mit dem aus Berlin stammenden Arzt Dr. Arnold Strauss, der 1935 – als Jude – nach Amerika ausgewandert ist und dort ungeduldig darauf wartet, daß seine »große Liebe« nachkommt und ihn heiratet. Auch, als Irmgard Keun längst seiner überdrüssig ist und sich für ein Zusammenleben mit Joseph Roth entschieden hat, gehen leidenschaftliche Briefe zwischen Europa und den USA hin und her, und Arnold Strauss unterstützt seine ewige Braut mit laufenden Geldsendungen, die sie nicht nur dankbar annimmt, sondern wieder und wieder unverblümt einfordert.

In den anderthalb Jahren, die Joseph Roth und Irmgard Keun – mit Paris als erstem Wohnsitz – zusammenleben, werden eine Reihe gemeinsamer Reisen absolviert: nach Polen, wo Roth auf Einladung des PEN-Clubs in verschiedenen Städten Vorträge hält, nach Lemberg, wo er seinen Verwandten Besuche abstattet, nach Salzburg, wo man sich mit Stefan Zweig trifft, nach Wien. Egon Erwin Kisch warnt seinen in der österreichischen Hauptstadt lebenden Bruder Paul, als er diesem den Besuch des exzentrischen Paares ankündigt: »Wenn Du sie kennenlernst, werde ich mich sehr freuen, aber besauf Dich nicht dabei, die beiden saufen wie die Löcher.«

Im Hotel Bristol, wo man absteigt, kommt es übrigens noch zu einem weiteren Eklat, den allerdings nicht Joseph Roth verschuldet, sondern dessen Kollege Anton Kuh. Da alle Doppelzimmer vergeben sind, müssen Joseph Roth und Irmgard Keun Einzelzimmer beziehen. Der geniale Schnorrer Anton Kuh, dem Roth in einer Art Haßliebe verbunden ist, nützt die Gelegenheit, gratis im selben Hotel zu logieren, indem Roth ihn heimlich in sein eigenes Zimmer einschleust und seinerseits zu Irmgard Keun zieht. Der Schwindel bliebe unaufgedeckt, liefe Anton Kuh nicht, wie es seine Gewohnheit ist, splitternackt durch die Korridore: Ein Zimmermädchen wird des unverfrorenen Gastes ansichtig, meldet den Vorfall bei der Hoteldirektion, und die Sache endet, wie sie enden muß: mit unverzüglichem Hinauswurf. Irmgard Keun, alles andere als zimperlich, ist an und für sich für jeden Spaß zu haben. Was sie jedoch während des gemeinsamen Wien-Aufenthalts verdrießt, ist, daß ihr Gefährte neuerdings in penetranter Weise den Österreicher hervorkehrt, offen seine Abneigung gegen Sprache und Sprechweise der gebürtigen Berlinerin erkennen läßt, sie als »Preußin« diffamiert. Weitere Reibereien ergeben sich daraus, daß Roth darauf besteht, seine Geliebte ständig um sich zu haben, sie keinen Augenblick aus den Augen läßt.

Als man Anfang 1938 wieder nach Frankreich zurückgekehrt ist und im Hôtel Paris-Dinard Quartier bezogen hat, nehmen die Spannungen zwischen dem krankhaft eifersüchtigen Roth und seiner auf Unabhängigkeit pochenden Gefährtin weiter zu. Irmgard Keun kann es schon nicht mehr hören – sein ständiges »Eine Dame tut so etwas nicht!«. Sie darf kein Paket zur Post tragen, darf mit dem Taxifahrer kein Wort wechseln, darf nicht einmal austreten, ohne daß Roth unruhig wird. Gehen sie zu Bett, hält er ihren Kopf fest, und genau so, die Hände in ihr Haar gekrallt, wachen sie anderntags auf. Später wird sie über ihr »Gefangenendasein« an der Seite Joseph Roths zu Protokoll geben: »Er hatte das Bestreben, einen Menschen in seine Bestandteile zu zerlegen und wieder zusammenzusetzen, um ihn mit Haut und Haar zu besitzen. Er wollte über Menschen gebieten, seine hypnotischen Kräfte an ihnen erproben. Hatte er jedoch sein Ziel erreicht, verlor er das Interesse an ihnen.«

Dieser Gefahr will und kann sich Irmgard Keun nicht aussetzen: Über Nacht nimmt die inzwischen Dreiunddreißigjährige Reißaus und »flüchtet« an der Seite eines französischen Marineoffiziers nach Nizza. Der Roman »D-Zug dritter Klasse«, an dem sie seit einiger Zeit arbeitet, ist nicht zuletzt ein Versuch, diese ihre partnerschaftlichen Erfahrungen literarisch aufzuarbeiten. Als sie, sechzehn Monate nach der endgültigen Trennung, von Joseph Roths Ableben erfährt, nimmt sie auf ihre Weise vom Exgeliebten Abschied: Statt dem Begräbnis auf dem Pariser Vorortfriedhof Thiais beizuwohnen, schreibt sie, die sich nie zuvor im lyrischen Genre versucht hat, ein Gedicht:

> *Die Tränen sterben mir, denn du bist tot.*
> *Zerbrochne Gräber scheinen mir die Sterne.*
> *Es fließt, es fließt der Strom der großen Not*
> *aus jedem Grab der unerreichten Ferne.*

Auf Irmgard Keun kommen schlimme Zeiten zu. Sie erkrankt, leidet unter ständiger Geldnot, und vor allem: Sie weiß nicht, wohin. Als die Deutsche Wehrmacht in Frankreich einfällt, taucht sie unter; die Nachricht von ihrem Selbstmord ist eine Falschmeldung des »Daily Telegraph«. Schließlich gelingt ihr die Rückkehr ins Kölner Elternhaus. Nach dem Krieg setzt sie zwar ihre schriftstellerische Produktion fort, doch mit nur mäßigem Erfolg, und was sie am stärksten zurückwirft, ist ihre durch Trunksucht zerstörte Gesundheit. Als sie 1977 überraschend wiederentdeckt und als Idol der aufkommenden Feminismus-Bewegung gefeiert wird, ist Irmgard Keun eine todgeweihte Frau. Siebenundsiebzigjährig stirbt sie am 5. Mai 1982 an einem Lungenkarzinom, dreiundvierzig Jahre nach Joseph Roth, dem sie seinerzeit in ihrem Abschiedsgedicht nachgerufen hat:

Die Trauer, Freund, macht meine Hände dumm –
Wie soll ich aus dem schwarzen Blut der Grachten
Kränze winden?
Das Leid, mein Freund, macht meine Kehle stumm.
Wo bist du, Freund? Ich muß dich wiederfinden.

»Ich werde ewig unglücklich sein …«

Leonardo da Vinci und Francesco Melzi

Die Zeit der Unrast ist vorüber: Dankbar nimmt der vierundsechzigjährige Leonardo da Vinci den Ruf König Franz I. an, ihm nach Frankreich zu folgen, wo der blutjunge Monarch aus dem Hause Valois vor einem Jahr den Thron bestiegen hat. Nach Jahrzehnten der Wanderschaft darf das Jahrhundertgenie, das sich im steten Hin und Her zwischen Florenz und Mailand, zwischen Venedig, Parma, Pavia, Mantua und Rom mehr als jeder andere verausgabt hat, nun auf eine Phase der Muße hoffen, die durch eine Apanage von jährlich siebenhundert Ecu auch pekuniär abgesichert ist, ohne daß ihm dafür irgendwelche Gegenleistungen abverlangt werden. Neunzehn Jahre ist es her, daß er das *Letzte Abendmahl*, vierzehn, daß er die *Heilige Anna Selbdritt*, elf, daß er die *Mona Lisa* vollendet hat. Jetzt will er sich nur noch seinen philosophischen Studien widmen, in seine vieltausendseitigen Aufzeichnungen Ordnung bringen und seinen königlichen Gönner – das ist dessen einziges Begehr – an seinem universellen Wissen teilhaben lassen. Italien den Rücken zu kehren, mag ihm außerdem auch deshalb leichtfallen, weil er sich dadurch endlich von seinem verhaßten Rivalen Michelangelo befreit weiß.

Der Wohnsitz, den ihm sein generöser Gastgeber zur Verfügung stellt, ist das Schlößchen Cloux in der kleinen, am linken Ufer der Loire gelegenen Ortschaft Amboise, in der sich auch Seine Majestät selbst von Zeit zu Zeit gerne aufhält. Das zweistöckige Anwesen ist durch eine Mauer von den indiskreten Blicken der bäuerlichen Nachbarn abgeschirmt; es ist ein Ziegelsteinbau mit weißleuchtenden Sandsteineinfassungen; am Fuß der baumreichen Anhöhe fließt die Amasse vorbei, ein Seitenarm der Loire. Die Räume des behaglich möblierten Herrensitzes sind groß, die Butzenscheiben der hohen Fenster geben dem einfallenden Licht eine milde Tönung, während der kalten Jahreszeit sorgt ein Kamin für die nötige Wärme in Leonardos Arbeitszimmer.

Der Meister kommt nicht allein, als er gegen Ende des Jahres 1516 via Mailand, Tours, St. Gervais, Grenoble, Lyon und Bourges anreist: Mit ihm halten sein Lieblingsschüler Francesco Melzi, ein Diener namens Battista und die gute alte Mathurine, die ihm den Haushalt führt, in Cloux Einzug. Leonardos wichtigste Bezugsperson ist der inzwischen dreiundzwanzigjährige Francesco, den er schon als Knaben bei einem seiner Besuche auf dem elterlichen Besitz in Vaprio d'Adda nahe Mailand kennengelernt hat: Die Melzi zählen zu den angesehensten Patriziergeschlechtern der Lombardei.

Es ist nichts Ungewöhnliches, daß sich der ebenso schöne wie begabte Jüngling dem vierzig Jahre Älteren anschließt: Zu allen Zeiten pflegt Leonardo Schüler um sich zu scharen, die er gegen elterliches Entgelt in den Techniken des Zeichnens, Malens und Modellierens unterweist, einem Herbergsvater gleich umsorgt, ernährt und einkleidet, ja im Krankheitsfall sogar pflegt. Bei Francesco Melzi, der einem reichen Haus entstammt und nicht auf eine gewinnträchtige Künstlerkarriere angewiesen ist, ist es *mehr*: Er *liebt* seinen Meister, und sein Meister liebt *ihn*. Vor allem jetzt, wo sich bei Leonardo die ersten Altersbeschwerden bemerkbar machen, ist Francescos fürsorgliches Wesen eine unschätzbare Stütze für den großen Einsamen, der sein ganzes Leben lang nie die Liebe einer Frau gesucht oder gefunden hat. Und auch Francesco wird nach dem Tod seines Mentors offen zugeben, den erlittenen Verlust niemals verschmerzen zu können: »Solange mein Leib zusammenhält, werde ich auf ewig unglücklich sein.«

In der Frage, inwieweit bei Leonardos Beziehungen zu seinen Lieblingsschülern, die er nicht nur nach deren Begabung, sondern immer auch nach deren äußerer Erscheinung auswählt, Erotisches mit im Spiel ist, bleiben wir – der spärlichen Quellen wegen – auf Vermutungen angewiesen. Auch Sigmund Freud, der dem Thema eine eigene Studie widmet, läßt bei seinen Schlußfolgerungen äußerste Vorsicht walten. Zwar besteht für ihn kein Zweifel, daß Leonardos Sexualtrieb auf das eigene Geschlecht ausgerichtet ist, doch sieht er, was den praktischen Vollzug anlangt, »den größeren Anteil seiner Libido« durch einen »übermächtigen Forscherdrang« überlagert und spricht daher von »ideeller« bzw. »sublimierter Homosexualität«.

»In einer Zeit, die schrankenlose Sinnlichkeit mit düsterer Askese ringen sah«, so führt Freud aus, habe sich Leonardo mit großer Wahrscheinlichkeit für Letzteres entschieden, und er beruft sich dabei auf einen ihm zugeschriebenen Ausspruch von unüberbietbarer Drastik: »Der Zeugungsakt und alles, was damit in Verbindung steht, ist so abscheulich, daß die Menschen bald aussterben würden, wäre es nicht eine althergebrachte Sitte und gäbe es nicht noch hübsche Gesichter und sinnliche Veranlagungen.« In dem, was Leonar-

*»Die Leidenschaft
des Geistes treibt die
Sinnenlust aus«:
Leonardo da Vinci*

do seinen Schülern an Lebensweisheit einschärft, geht er
sogar noch einen Schritt weiter und rät ihnen zu totaler Bin-
dungslosigkeit: »Der Maler soll einsam sein.« Und er fährt
fort: »Bist du allein, so bist du ganz dein. Bist du in Gesellschaft auch nur eines einzigen Gefährten, so bist du nur zur
Hälfte dein eigen und wirst es in dem Grade immer weniger,
in dem dich dein Verkehr rücksichtslos in Anspruch nimmt.«
Vollends radikal (aber wohl auch wenig realistisch) hört sich
an, was er zum Thema Sexualität äußert: »Die Leidenschaft
des Geistes treibt die Sinnenlust aus.«
An dieser Stelle wird es notwendig, einen Vorfall zur Sprache zu bringen, der Leonardo im Alter von vierundzwanzig
Jahren jäh aus der Bahn zu werfen droht, ja durch den damit
verbundenen Schock vielleicht seinem gesamten künftigen

Triebleben die entscheidende Wendung geben wird – in Richtung Verzicht. Es ist zu einer Zeit, da er selber noch unfertig ist, noch bei dem Florentiner Meister Andrea dell Verrocchio in die Lehre geht: Frühjahr 1476.

Im Florenz des kunstsinnigen Renaissancefürsten Lorenzo Medici, der in der von ihm ins Leben gerufenen *Platonischen Akademie* humanistisch gesinnte Dichter und Gelehrte um sich schart, findet – wohl auch im Zuge der Wiederentdeckung des klassischen Altertums – eine Variante erotischer Betätigung zunehmende Verbreitung, die aus bürgerlicher und mehr noch aus kirchlicher Sicht allgemeiner Ächtung, ja gesetzlicher Verfolgung ausgesetzt ist: die *sodomia* genannte Knabenliebe. Die *Ufficiali della notte*, eine eigens dafür eingesetzte Sittenpolizei, kommt mit aller Schärfe der Aufgabe nach, anonymen Anzeigen, die in einem am Palazzo Vecchio angebrachten Briefkasten eingeworfen werden und »sittliche Verfehlungen« der genannten Art zum Gegenstand haben, gnadenlos nachzugehen und die »Missetäter« vor Gericht zu bringen. In einer solchen, am 8. April 1476 eingegangenen Denunziation wird ein übel beleumdeter Siebzehnjähriger namens Jacopo Saltarelli, der den Malern von Florenz Modell zu stehen pflegt, beschuldigt, mit einigen von diesen »Unzucht« getrieben zu haben, darunter Leonardo. Es kommt zur Verhaftung der Verdächtigen, zu peinlichen Verhören und – nach einer qualvollen »Wartezeit« von zwei Monaten – zum Prozeß. In seiner Verzweiflung versucht Leonardo, seine Unschuldsbeteuerungen durch Bittschriften an einflußreiche Florentiner zu untermauern, und tatsächlich gelingt es ihm, freigesprochen zu werden. Doch der Schock bleibt – mit der Folge, daß seine Sinne wie gelähmt sind, jegliche zwischenmenschliche Be-

164

ziehung, die er fortan eingeht, unter dem Schatten des Vorgefallenen stehen wird.

Erst vierzehn Jahre später wird Leonardos Privatleben ein
zweites Mal ins Gerede kommen, und diesmal heißt der
Grund Giacomo Salai. Der junge Bursche, den er als Gehil-
fen, Schüler und Modell aufnimmt, ist ein verwahrloster
Bengel aus ärmlichem Elternhaus, den sein vollendeter
Wuchs, seine ebenmäßigen Gesichtszüge und sein dichter
blonder Lockenschopf zum idealen Modell qualifizieren.
Leonardo nimmt in Kauf, daß ihn sein zu geckenhafter Kleidung neigender Zögling eine Menge Geld kostet, daß dessen
Ansprüche steigen und steigen, ja daß er ihn sogar bestiehlt
und sein Diebesgut veräußert, um zu kostspieligen Leckereien zu gelangen. Er ißt für vier, vergreift sich an des Meisters Weinvorräten und lügt wie gedruckt – da bedarf es, um
seinen Dienstherrn neuerlich in Verruf zu bringen, nur noch
jenes plötzlich auftauchenden, von Leonardo handbeschrie-
benen Blattes, dessen Rückseite mit einer obszönen Zeichnung versehen ist. Jeder Zweifel ist ausgeschlossen: Das Bild
zeigt Giacomo Salai; einer der anderen Schüler hat es angefertigt.

Dies alles liegt nun, da der vierundsechzigjährige Leonardo
da Vinci Italien den Rücken gekehrt und sich in Frankreich
niedergelassen hat, Jahrzehnte zurück: Von Giacomo Salai
hat er sich schon lange getrennt – nicht allerdings, ohne ihm
das Recht einzuräumen, sich auf seinem Mailänder Besitz
ein Haus zu errichten, und ihn als Erben seines dortigen
Weingutes einzusetzen.

Leonardos jetziger Favorit ist der schon erwähnte Mailänder
Patriziersproß Francesco Melzi, und der ist freilich von ganz

anderer Art. Alle verfügbaren Quellen weisen den zur Zeit
der Übersiedlung nach Amboise Dreiundzwanzigjährigen
als edlen Charakter aus, der es schon seiner reichen Abkunft
wegen auf keinerlei materielle Vorteile abgesehen hat, sondern es mit der selbstlosen Fürsorge für seinen alternden
und nun auch unter mancherlei Gebrechen leidenden Meister ernst meint. Auch in punkto Malerei enttäuscht er seinen Mentor nicht: Während Giacomo Salai lediglich ein paar
unbedeutende Kopien hinterläßt, entwickelt Francesco
Melzi durchaus eigenes Talent und liefert – wiewohl streng
in Leonardos Stil – eine Reihe von Arbeiten ab, die bis heute
zum Bestand so berühmter Kunstsammlungen wie der
Mailänder *Ambrosiana* oder der St. Petersburger *Eremitage*
zählen.

Drei Jahre des Zusammenlebens mit seinem Lieblingsschüler Francesco Melzi sind Leonardo an dessen letztem
Wohnsitz Cloux noch beschieden. Das Malen hat er – einer
beginnenden Handlähmung wegen – schon vorher eingestellt, jetzt geht er noch einmal seine umfangreichen schriftlichen Aufzeichnungen durch, und seinem Gastgeber, König
Franz I., macht er sich nützlich, indem der begnadete Na-
turwissenschaftler, Mathematiker, Architekt, Anatom und
Astronom den vielen Erfindungen seiner früheren Jahre nun
auch noch Pläne für ein weitverzweigtes Kanalsystem, für
Brandschutzvorrichtungen und Dunstabzüge, ja sogar für
Fertigteilhäuser hinzufügt. Für die Hoffeste Seiner Majestät
entwirft er das Szenario und die Maskenkostüme, und damit
er zu alledem trotz seiner dramatisch nachlassenden Seh-
kraft imstande ist, trägt er neuerdings nicht nur eine Brille,
sondern entwickelt auch eine originelle Öllampe, die den
natürlichen Lichteinfall in seinem Arbeitszimmer verstärkt.

Der Jünger malt im Stil des Meisters:
Francesco Melzi (hier eines seiner Madonnenbildnisse)

Am 23. April 1519, wenige Tage nach seinem siebenund-
sechzigsten Geburtstag, läßt Leonardo den königlichen
Notar Guillaume Boureau kommen und diktiert ihm im Bei-
sein mehrerer Geistlicher sein Testament. Drei »große« und
dreißig kleinere Messen sollen nach seinem Ableben in verschiedenen Kirchen gelesen werden; dem Leichenzug sollen
sechzig mit Fackeln ausgerüstete Bettler folgen, die großzü-
gig zu entlohnen sind. Den Bedürftigen des örtlichen Spitals
läßt er einen ansehnlichen Batzen Geld zukommen, allen

Kirchen der Umgebung wird Kerzenwachs gespendet. Zum Testamentsvollstrecker und zugleich Haupterben ernennt er den Gefährten seiner letzten Jahre: Francesco Melzi. Ihm, dem Treuesten der Treuen, vermacht er seinen gesamten künstlerischen und wissenschaftlichen Nachlaß, und in der Tat, er könnte keinen Würdigeren damit betrauen.

Der inzwischen sechsundzwanzigjährige Francesco ist es auch, auf dessen Arm gestützt Leonardo das Sterbesakrament empfängt; am 2. Mai 1519 tritt der Tod ein. Die Beisetzung erfolgt an Ort und Stelle: Die später im Zuge der Religionskriege entweihte und zerstörte Kirche von St. Florentin im Schloß Amboise nimmt den Leichnam des Jahrhundertgenies auf.

Zunächst noch einige Monate an Leonardos Sterbeort verbleibend und weiterhin im Sold des Königs von Frankreich stehend, tritt Universalerbe Francesco Melzi im Herbst 1519 die Heimreise nach Italien an und macht sich auf dem elterlichen Besitz nahe Mailand ans Werk, den kostbaren Schatz aus Bildern, Zeichnungen und Büchern zu ordnen und zu katalogisieren. Die meiste Arbeit fällt bei der Sichtung und Konservierung der Manuskripte an: Nicht weniger als dreizehntausend eng beschriebene Seiten hat Leonardo hinterlassen. Mit Hingabe unterzieht sich der treue Gefährte der ihm übertragenen Aufgabe.

Er selbst, der lange Zeit brauchen wird, um ohne die lenkende Hand seines Lehrers zu eigener Meisterschaft zu gelangen, überlebt sein Idol um ein halbes Jahrhundert und stirbt 1570 im schönen Alter von siebenundsiebzig Jahren. Das einzige Gemälde von seiner Hand, das sich aus der Zeit nach Leonardos Tod erhalten hat, ist das Porträt eines Mädchens mit Papagei. Es ist mit 1525 datiert und verbleibt in Familienbesitz. Daß eines Tages irgendwo auf der Welt noch ein Bild auftauchen könnte, das Francesco von Leonardo oder gar Leonardo von Francesco gemalt hat, das wird wohl für alle Zeiten eine unerfüllbare Hoffnung bleiben.

Die ehrbare Dirne

Rembrandt und Hendrickje Stoffels

Es ist dasselbe Jahr, in dem er sein berühmtestes Werk, die »Nachtwache«, vollendet: Rembrandt wird Witwer. Erst sechsunddreißig Jahre ist er alt, Vater von vier Kindern, von denen allerdings nur das letztgeborene überlebt: Sohn Titus.

Acht Jahre sind sie miteinander verheiratet: der Sohn des Leidener Müllers Harmen Gerritszoon van Rijn und der Bäckerstochter Neeltje van Suytbroeck mit Saskia van Uylenburgh, die ihrerseits einem reichen Amsterdamer Bürgerhaus entstammt. Ihr Vater ist Abgeordneter, später auch Gesandter, ein Onkel ist Kunsthändler. Daß sich die Rembrandts einen so aufwendigen Lebensstil leisten können und in einem vornehmen Patrizierhaus in der an das Amsterdamer Judenviertel angrenzenden Breestraat residieren, ist nicht nur den kontinuierlich steigenden Einkünften aus Rembrandts Malaufträgen zu verdanken, sondern vor allem Saskias üppiger Mitgift. Außerdem verfügt die junge Ehefrau über ein Talent, das ihm, dem Vollblutkünstler, total abgeht: Sie weiß mit Geld umzugehen.

Saskia ist eine Frau von großem Liebreiz: Zum erstenmal in seinem Leben malt Rembrandt auch *weibliche* Porträts, und *sie* ist es, die ihm dabei Modell sitzt. Ihr früher Tod, kaum ein Jahr nach ihrer letzten Niederkunft, kommt in jeder Hinsicht einer Katastrophe gleich.

Sohn Titus ist in diesem Sommer 1642 ein Kleinkind von neun Monaten: Vor allem seinetwegen muß sich Rembrandt nach einer Frau umsehen, die ihm den Haushalt führt und den Sprößling aufzieht. Leider trifft er auf die falsche: Die junge Witwe Geertghe Dircx, die für die nächsten sechs Jahre in seinen Diensten steht, entpuppt sich schon bald als rechtes Scheusal. Aber auch Rembrandt seinerseits, der übrigens mit Geertghe anfänglich das Bett teilt, geht mit seiner neuen Buhlin alles andere als liebevoll um: Sollte er noch ein weiteres Mal eine enge Beziehung mit einer Frau eingehen, so wird er eine strengere, eine überlegtere Wahl treffen müssen.

1649 – da ist er ein Mann von dreiundvierzig – wird ihm dieses Glück tatsächlich zuteil: Hendrickje Stoffels heißt die Sechsundzwanzigjährige, die ihm für vierzehn Jahre alles bedeuten wird, was eine Frau einem genialen Künstler, einem schwierigen Charakter und einem in Gelddingen hilflosen Chaoten nur bedeuten kann.

Doch zunächst noch zurück zur »schlimmen« Geertghe, die nach Gattin Saskias frühem Tod das Ruder im Hause Rembrandt übernimmt ...

Wie Rembrandt ist auch sie jung verwitwet, und da sie keine eigenen Kinder hat, ist sie dem kleinen Titus eine so vorbildliche Mutter, daß sie ihn sogar, als sie eines Tages schwer erkrankt, in ihrem Testament als Haupterben einsetzt.

Weniger konfliktfrei gestaltet sich die Beziehung zu ihrem Dienstherrn: Da Rembrandt die zwar keineswegs reizlose, doch derbe und resolute Person auch zu seinem Bettschatz macht, spekuliert sie begreiflicherweise mit Heirat, und sollte ihr die Erfüllung dieses Wunsches versagt bleiben, muß zumindest die Kasse stimmen. Rembrandt bietet ihr bei

Dienstantritt ein Handgeld von einhundertfünfzig Gulden, dem eine jährliche Rente von einhundertsechzig Gulden folgen soll. Hoffnung schöpft sie außerdem aus dem Umstand, daß Saskias gesamter Schmuck in ihren Besitz übergeht.

Als sie jedoch nach wenigen Jahren erkennen muß, daß Rembrandt der Gedanke an eine Eheschließung fern liegt, kommt es zum großen Krach, und Geertghe zieht aus dem Haus in der Breestraat aus, versetzt, um ihren Lebensunterhalt bestreiten zu können, die von ihrem Liebhaber empfangenen Geschenke und zeigt ihn außerdem bei Gericht an. Entweder Rembrandt heiratet sie, oder er zahlt ihr eine Rente – so lautet ihre Forderung. Statt zu der Verhandlung zu erscheinen, schaltet der wegen Bruchs des Eheversprechens Angeklagte einen Notar ein, der sich in seiner Argumentation auf das soziale Gefälle zwischen seinem Klienten und der Klägerin beruft: Rembrandt sei ein Künstler von hohem Ansehen, Geertghe Dircx hingegen eine mittellose Amme, die nur auf seinen Besitz aus sei.

Es kommt zu einer weiteren Verhandlung, und Rembrandt wird vom Gericht zu einer jährlichen Abfindung von zweihundert Gulden verurteilt – mit der Auflage, daß die Klägerin nichts von ihrem Besitz verpfänden darf. Da sich Geertghe nicht an die Vereinbarung hält, sondern eines Tages durchsickert, sie habe einen von Rembrandt empfangenen kostbaren Ring zum Pfandleiher gebracht, schlägt die Zahlungsunwilligkeit des Angeklagten in blanken Haß um, und Rembrandt sammelt belastendes Material, das die »unverschämte Person« ein für allemal außer Gefecht setzen soll. Nachbarn bezeugen, sie habe sich schlecht aufgeführt; auch die neue Haushälterin, die um viele Jahre jüngere Hendrickje Stoffels, die inzwischen ihren Dienst angetreten hat,

Retterin in der Not: Hendrickje Stoffels

173

sagt gegen ihre Vorgängerin aus. Die Folge: Geertghe Dircx wird verhaftet. Für die Kosten ihrer Einlieferung ins Zuchthaus von Gouda kommt Rembrandt auf. Elf Jahre, so lautet das harte Urteil, soll sie im Kerker schmachten.

Daß sie – auf Betreiben ihrer Freunde – schon nach vier Jahren frei kommt, kann Rembrandt ebenso wenig verhindern wie sein eigenes Abgleiten in pekuniäre Bedrängnis, und da er für diese plötzlich eingetretene Notlage die arme Geertghe verantwortlich macht, versucht er sich bei deren Bruder schadlos zu halten. Doch der, seines Zeichens Schiffszimmermann, steht selber bei den Geldleihern in der Kreide und landet auf Betreiben seiner Gläubiger im Schuldturm. Auch hier hat Rembrandt seine Hände im Spiel – man wird den Meister also nicht von dem Vorwurf freisprechen können, in der leidigen Angelegenheit alles andere als elegant, ja im höchsten Maße eigennützig und schäbig gehandelt zu haben. Über Geertghes weiteres Schicksal nach ihrer Entlassung aus der Haft ist nichts bekannt: Sie dürfte wohl nicht mehr allzu lange gelebt haben.

Einen ganz anderen Rembrandt lernen wir kennen, wenn wir uns den Jahren ab 1649 zuwenden, da Hendrickje Stoffels in sein Leben tritt. Sie ist vierundzwanzig, die Tochter eines Sergeanten und, wie die Bilder bezeugen, die ihr Dienstherr von ihr zeichnet oder malt, eine attraktive, selbstbewußte Frau, die sich nicht nur als treue Gefährtin, sondern auch als kluge Verwalterin des gemeinsamen Vermögens, ja als der eigentliche ruhende Pol im Hause Rembrandt erweisen wird. Existiert von ihrer unglücklichen Vorgängerin nur eine einzige Federzeichnung, deren Zügen obendrein jegliche Zärtlichkeit abgeht, so sitzt Hendrickje dem Meister für

eine Vielzahl brillanter Porträts Modell, die denen der frühverstorbenen Ehegattin Saskia aufs Haar gleichen, und auch
wenn es zwischen Rembrandt und Hendrickje ebensowenig
zur Eheschließung kommt wie vormals zwischen ihm und
Geertghe Dircx, so ist in diesem Fall klar: Dieser Frau ist er
mit ganzem Herzen zugetan.

Ohne Komplikationen geht es allerdings auch jetzt nicht ab:
Die siebzehn Jahre Jüngere, die für Rembrandt alles in
einem ist – Kind, Mutter und Geliebte –, wird in den vierzehn Jahren, da sie mit dem Meister Tisch und Bett teilt, alle
erdenkliche Kraft aufbringen müssen, um ihrem Leben an
der Seite eines unbändig-ungebärdigen Genies jene Qualität
abzugewinnen, die man gemeinhin Glück nennt.

Daß die zwei nicht vor den Traualtar treten, wird niemanden
aus ihrer beider Umkreis davon abhalten, sie für ein legiti-
mes Ehepaar anzusehen: Rembrandt, durch Saskias Testament dazu verpflichtet, im Fall einer Wiederverheiratung
sein Vermögen deren Verwandten zu übereignen, will lediglich seinen Besitz zusammenhalten, und das ist klarerweise
auch in Hendrickjes Interesse. Auch wäre er gar nicht in der
Lage, diese 20 350 Gulden, auf die sein Besitzstand von
Amts wegen geschätzt worden ist, aufzubringen. Das Paar
nimmt also die Schwierigkeiten, die im bigotten Holland mit
seiner strengen Kirchenzucht zwangsläufig aus einer
»wilden« Ehe erwachsen, offenen Auges auf sich und steht
auch die schmachvolle Verurteilung durch den Kirchenrat
durch, dem zu Ohren gekommen ist, daß Hendrickje von
ihrem Lebensgefährten ein Kind erwartet.

Den ersten drei Vorladungen weiß sie sich zu entziehen, erst
bei der vierten gesteht sie ihre Verfehlung ein und gibt zu,
mit Rembrandt »Hurerei« getrieben zu haben. Von den Kir-

175

Zweifacher Witwer:
Rembrandt

chenoberen zu tätiger Buße ermahnt und »vom Tisch des Herrn« ausgeschlossen, schenkt Hendrickje Stoffels im Oktober 1654 einer Tochter das Leben, und zum Zeichen seiner vollen Solidarität mit der jungen Mutter erkennt Rembrandt das Neugeborene nicht nur als sein eigen an, sondern läßt es auf den Namen seiner eigenen Mutter, also auf Cornelia taufen und wählt für die Zeremonie demonstrativ denselben Ort, an dem seinerzeit auch sein Sohn und seine beiden frühverstorbenen Töchter das Sakrament empfangen haben: die Oude Kerk im alten Zentrum von Amsterdam.

Hendrickje ist also nun zweifache Mutter, betreut neben ihrem leiblichen Kind Cornelia auch Titus, den inzwischen dreizehnjährigen Sohn aus Rembrandts Ehe mit Saskia. Daß

es neuerdings im Haus an der Breestraat zu dramatischen finanziellen Engpässen kommt, die 1658 gar zur Zwangsver-
steigerung der gesamten Liegenschaft und zur Übersiedlung
in das von kleinen Händlern und Handwerkern bewohnte
Stadtviertel Jordan führen, hat allerdings nichts mit dem
neuen Familienzuwachs und der dadurch bedingten Aus-
weitung des Haushalts zu tun, sondern ausschließlich mit
den immensen Schulden, die sich angehäuft haben, seitdem
Rembrandt sich mit dem Erwerb einer einzigartigen Kunst-
sammlung übernommen hat. Mit seinen eigenen Arbeiten
durchaus gut im Geschäft, muß er, um all die alten Meister
zu finanzieren, die er – teils als Inspirationsquell, teils um sie
noch zu übertreffen – um sich haben will, Darlehen von beträchtlicher Höhe aufnehmen. Auch der Erwerb einer naturkundlichen Sammlung aus kostbaren exotischen Fund-
stücken übersteigt seine Verhältnisse.

Da tritt seine Hendrickje als Retter in der Not auf den Plan:
Sie gründet 1660 zusammen mit dem inzwischen volljährig
gewordenen Stiefsohn Titus eine Kunsthandlung, in der
Rembrandt nur den Status eines Angestellten innehat. Nun,
wo alles Geschäftliche in den Händen seiner Geliebten liegt,
kann sich der Meister des Historienbildes und des großen
Porträts wieder ganz und gar seinem eigentlichen Metier
zuwenden, ohne allerdings zu den geringsten Konzessionen
an den Zeitgeschmack bereit zu sein oder gar durch hastige
Überproduktion seinen Schuldenberg abzubauen.

Unter Hendrickjes kluger Regie verläuft das familiäre Zusammenleben im neuen Heim an der Rosengracht harmo-
nisch, mag der inzwischen zum Mittfünfziger gereifte Haus-
herr auch von Zeit zu Zeit die Seinen durch cholerische
Wutausbrüche erschrecken, in seinen Ansprüchen an Gar-

derobe und Küche weiterhin zu Maßlosigkeit neigen und auch bei seinen Streifzügen durch den Amsterdamer Altwarenhandel immer wieder schwach werden.

Wenn er, wie es seine Gewohnheit ist, vor Tisch den Pinsel aus der Hand legt und nach dem Mittagsschlaf zum täglichen Spaziergang aufbricht, um den Markttrubel zu genießen, den Geruch der Grachten einzufangen und von originellen Gestalten, die seinen Weg kreuzen, die eine und andere rasche Skizze anzufertigen, muß Hendrickje, die in der Küche werkt, um fürs Nachtmahl den Heilbutt zu putzen und den Kupferkessel mit dem Apfelmus auf den Herd zu stellen, immer gewärtig sein, daß der kaufwütige Geliebte mit irgendwelchen Beutestücken heimkehrt, deren Sinnhaftigkeit ihr verschlossen bleibt. Einmal ist es ein Korallenstock, den er sich aufschwatzen läßt, ein andermal ein in Schweinsleder gebundener Foliant, dann wieder das verschlissene Bühnenkostüm eines vormals berühmten Schauspielers.

Doch Hendrickjes Unmut ist vergessen, sobald man abends in der Küche beisammensitzt und Rembrandt beim gemütlichen Schein der Kerzen und beim lustigen Flackern der Holzscheite von den Erlebnissen des zur Neige gehenden Tages berichtet oder beim Betreten der Schlafkammer seine noch immer hübsche, höchstens ein bißchen in die Breite gegangene Gefährtin mit unverminderter Manneskraft in seine Arme schließt. Nein, mit keiner Königin möchte sie tauschen, die vormalige Magd Hendrickje Stoffels. Sie weiß, daß dieser oft so ungebärdige Kerl, dessen Stimmungsschwankungen unberechenbar sind, es letztlich gut mit ihr meint und daß auf jeden seiner Tobsuchtsanfälle ein Lachausbruch von solcher Stärke folgt, daß es – wie Hendrickje zu sagen pflegt – »bis nach Ostindien schallt«.

178

Vierzehn gemeinsame Jahre sind den beiden vergönnt, mehr nicht. Ein zweites Mal also muß Rembrandt es verkraften, daß ihm die Frau seines Herzens vor der Zeit wegstirbt: Hendrickje erreicht nur ein Alter von vierzig Jahren; am 24. Juli, eine Woche nach seinem eigenen siebenundfünfzigsten Geburtstag, wird sie zu Grabe getragen.

Die sechs Jahre, die ihm selber noch verbleiben, sind keine guten Jahre: Nur Tochter Cornelia und eine alte Wirtschafterin sind um ihn. Mit Geld umzugehen hat er noch immer nicht gelernt: Um das Notwendigste zum Essen kaufen zu können, muß er eines Tages gar die Spardose seiner Tochter aufbrechen.

Ein Jahr nach Hendrickje stirbt Sohn Titus; er hat gerade erst geheiratet. Bei der Taufe der kleinen Tita, die der junge Vater nicht mehr erlebt, steht Großvater Rembrandt Pate. Sechs Monate später, am 4. Oktober 1669, stirbt auch er. Bei der Bestattung in der Westerkerk fehlt das offizielle Amsterdam, nur ein Mitglied der Malergilde erweist dem Kollegen, dessen überragende Bedeutung erst ein Jahrhundert später erkannt werden wird, die letzte Ehre.

»Liebe Mizzi!«

Gustav Klimt und Marie Zimmermann

Die Emilie soll kommen!« sind die einzigen Worte, die er
noch hervorbringt, als ihn am 11. Jänner 1918 ein
Schlaganfall niederstreckt. Neben seinen beiden Schwestern
Klara und Hermine, die ihm seit dem Tod der Mutter vor
drei Jahren den Haushalt führen, ist die Modistin Emilie
Flöge Gustav Klimts engste Vertraute. Selber Betreiberin
eines der exklusivsten Haute-Couture-Salons im Fin-de-
siècle-Wien, verfügt die zwölf Jahre Jüngere über ein her-
vorragendes Organisationstalent. Freilich – Wunder kann
auch sie nicht wirken: Klimt erholt sich nicht von seinem Zu-
sammenbruch, ist vier Wochen später tot. Der ewige Junggeselle tritt mit fünfundfünfzig Jahren von dieser Welt ab,
der er mit seinen Ölgemälden, seinen Zeichnungen und seinen Werkvorlagen für eine Reihe monumentaler Innen-
raumausstattungen zu so viel überzeitlichem Glanz verhol-
fen hat.

Darf sich Emilie Flöge, die zwei Jahrzehnte Gustav Klimts
Leben geteilt hat, als dessen Witwe betrachten? Die Fakten:
Man trifft sich zum gemeinsamen Französisch-Unterricht,
man geht miteinander ins Theater, man spricht über Beruf-
liches, und man reist alljährlich miteinander in die Sommerfrische. Man läßt sich zusammen photographieren, auch
Klimt selber porträtiert seine »Midi« in mehreren Ölbildern,
und wenn sie verreist und er allein in Wien zurückbleibt,

können es bis zu fünf Korrespondenzkarten am Tag sein, die er ihr an ihre Adresse nachschickt.

Es sind allerdings Botschaften von ernüchternder Kargheit: Mitteilungen über die Wetterlage, über sein gesundheitliches Befinden, über Banalitäten des praktischen Alltags. Weder Anrede noch Gruß lassen auf eine intime Beziehung zwischen dem Meister und seiner Muse schließen: Da fällt nicht ein einziges jener zärtlichen Worte, wie sie unter Liebenden üblich sind, nicht eine einzige Grußfloskel, in die sich ein Kuß verirrt. Gustav Klimt hält »seine« Emilie auf Distanz.

Genügt es ihr, von ihm nur verehrt und nicht auch geliebt zu werden? Oder ist es gar ihr eigener Wille, sich partout ihre Autonomie zu bewahren?

Natürlich weiß die ebenso attraktive wie stolze Frau sehr genau, daß es da auch jene »anderen« gibt, mit denen Klimt intimen Umgang pflegt – und zwar in beträchtlicher Zahl. In seinem Atelier in der Josefstädterstraße (und später in der Feldmühlgasse im Vorort Unter St. Veit) wimmelt es von hübschen jungen Modellen, die ihm nach getaner Arbeit die gewünschte »Entspannung« verschaffen: Gegen geringes Entgelt stehen sie ihm nicht nur vor der Staffelei zu Diensten, sondern auch im Bett. Die freizügigen Zeichnungen, die er zu Hunderten und Aberhunderten von ihnen anfertigt, sind nur die Vorstufe zum eigenen sexuellen Vollzug, und wie bedenkenlos der Erotomane Gustav Klimt dabei vorgeht, wird sich nach seinem Ableben erweisen, wenn bei der Verlassenschaftsabhandlung nicht weniger als vierzehn Mütter unehelicher Kinder ihre Erbschaftsansprüche anmelden. Manche dieser Früchte flüchtiger Atelier-Amouren sind sogar auf den Vornamen ihres Vaters getauft, und einer

Alles, nur kein
Skandal: Gustav Klimt

dieser Gustavs wird es in späteren Jahren zu eigener
Berühmtheit bringen: Es ist der 1899 geborene Sohn der aus
Prag stammenden Wäscherin Maria Ucicka, der unter dem
Namen Gustav Ucicky als Filmregisseur Karriere macht.
In sämtlichen anderen Fällen aber liegt ein Schleier des
Schweigens und Vergessens über all diesen namenlosen
Frauenschicksalen, die mit Klimts ausschweifendem Liebes-
leben verknüpft sind: Man kennt weder ihre Namen noch
ihren weiteren Lebensweg. Mit einer einzigen Ausnahme:
Marie Zimmermann. Und sie, die am 14. Mai 1879 als Toch-
ter des Haustischlers Johann Zimmermann und dessen Ehe-
frau Franziska geb. Thim in Hernals Geborene, ist es auch,
mit der der siebzehn Jahre Ältere nicht nur ein flüchtiges
Abenteuer, sondern eine über mehrere Jahre andauernde
Beziehung eingeht, ja mit der er in Phasen örtlichen Ge-

182

trenntseins sogar lebhaften Briefkontakt pflegt. Wenn man weiß, welche Überwindung es ihn zeitlebens kostet, Zeichenstift oder Malpinsel gegen den Federhalter zu tauschen, wird man zu dem Schluß kommen müssen, im Fall Marie Zimmermann handele es sich auch seitens Klimts um mehr als eine jener vielen für ihn typischen Augenblicksaffären, nämlich um eine durchaus ernsthafte Beziehung, der es weder an Zärtlichkeit noch an Obsorge fehlt: Diese siebzehn Jahre jüngere Frau und ihre beiden gemeinsamen Kinder hat er geliebt.

In einem kurzen autobiographischen Text, den Klimt hinterlassen hat, ist zu lesen:

»Das gesprochene wie das geschriebene Wort sind mir nicht geläufig. Schon, wenn ich einen einfachen Brief schreiben soll, wird mir angst und bang wie vor drohender Seekrankheit.«

Diese Angst hat er zwischen 1899 und 1903 an die dreißig Mal überwunden, und etliche dieser dreißig Briefe, Postkarten und Telegramme gehen weit über jenen bloßen Mitteilungscharakter hinaus, der Klimts Korrespondenz mit seiner Dauermuse Emilie Flöge kennzeichnet: Sie zeugen von lebhafter Anteilnahme am Wohlergehen der Adressatin, sie gehen auf deren Lebensumstände ebenso ein wie auf seine eigenen, und sie enden allesamt mit Wiedersehenswünschen, mit »herzlichsten Grüßen und Küssen«, und sofern es sich um verschlossene Sendungen handelt, liegt ihnen fast immer auch ein Geldschein bei.

Gustav Klimt ist sechsunddreißig, als er die neunzehnjährige Marie Zimmermann kennenlernt – es ist also bei Gott nicht seine letzte Liebe. Aber es ist die letzte, von der man

dezidiert weiß. Die – wie man annehmen darf – zahlreichen
Nachfolgerinnen bleiben allesamt unbekannt. Des Meisters
Liebesleben spielt sich in seinen Ateliers ab, und selbst seinen engsten Freunden gegenüber wahrt der ohnehin Einsil-
bige diesbezüglich strengste Diskretion.

In das von Mutter und Schwestern gehütete Heim in der
Westbahnstraße 36 kommt er nur zum Schlafen: Bett und
Tisch, zwei Kästen und ein Sofa bilden das einzige Mobiliar
des einfachen Wohnschlafzimmers. Sogar das Frühstück
nimmt Klimt außer Haus ein: Zu Fuß legt er den Weg zur Ti-
voli-Meierei nächst Schloß Schönbrunn zurück, wo vor allem
frischer Kaffee mit Unmengen Schlagobers auf dem Tisch zu
stehen hat. Tagsüber in seiner im Gartentrakt des Hauses Josefstädterstraße 21 installierten Werkstatt eingeschlossen,
unterzieht er sich, bevor er sich an die Arbeit macht, einem
intensiven Gesundheitstraining: Athletische Übungen mit
den geliebten Hanteln wechseln mit Gymnastik ab. Vorm
Nachtmahl, das er entweder daheim oder mit Freunden in
Lokalen einnimmt, bilden Obst und Naschwerk seine einzige Nahrung; auch das abendliche Kegelspiel dient weniger
der Geselligkeit als körperlicher Ertüchtigung.

Die neunzehnjährige Marie Zimmermann, die ihm da eines
Tages als Modell ins Haus schneit, hat's nicht weit von ihrem
Elternhaus: Von der Tigergasse 38, wo die Zimmermanns im
vierten Stock Tür Nr. 17 wohnen, sind es keine fünf Minuten
zu Fuß zum Klimt-Atelier. Die Photos von der in einfachsten
Verhältnissen aufgewachsenen Handwerkerstochter zeigen
eine gutgewachsene Person mit breitwangigem Gesicht,
sinnlichem Mund, weitgeöffneten Katzenaugen und üppi-
gem Haarschmuck: Prototyp des von Schnitzler besungenen
»süßen Mädels«.

*Kein Modell wie
jedes andere:
Marie Zimmermann*

Auf welcher der vielen erotischen Skizzen, die Klimt zu dieser Zeit anfertigt, Marie Zimmermann festgehalten ist, läßt sich heute nicht mehr bestimmen. Fest steht, daß sie mit jener den Beschauer frontal anblickenden jungen Frau identisch ist, die auf dem 1899 entstehenden Ölbild »Schubert am Klavier« dem in sein Spiel versunkenen Meister zuhört. Das eineinhalb auf zwei Meter große Gemälde ist für die Wandfläche über der Eingangstür zum Musikzimmer des Palais Dumba bestimmt – es wird 1945 im Zuge der kriegsbedingten Auslagerung nach Schloß Immendorf nahe Hollabrunn ein Raub der Flammen werden.
Am 1. September 1899 bringt Marie Zimmermann in der elterlichen Wohnung ein Kind zur Welt. Frau Magdalena Grö-

ger aus der nahen Langegasse 64 leistet Hebammendienste, in der Kirche Zu den sieben Zufluchten in der oberen Lerchenfelderstraße wird der Knabe auf den Namen Gustav getauft. Eine Eheschließung kommt für den eisernen Junggesellen Klimt nicht in Betracht: Die junge Mutter muß sich damit abfinden, daß der Erzeuger dem Neugeborenen lediglich seinen Vornamen überläßt und im übrigen das Versprechen abgibt, für dessen Auskommen zu sorgen. Taufpate ist der Gutsbesitzer und k.u.k. Truchseß Rittmeister Dr. Josef von Savinschegg. Doch obwohl es der noble Herr, Träger vieler hoher Auszeichnungen, von seiner Stadtwohnung in der Landesgerichtsstraße nicht weit hätte zur Taufstätte, läßt er sich bei der Zeremonie in der Pfarrkirche von Alt-Lerchenfeld durch Johann Zimmermann, den Vater der Kindsmutter, vertreten.

Klimt nimmt am Wohlergehen des kleinen Gustl regen Anteil: Zu dieser Zeit längst ein erfolgsverwöhnter Künstler mit stets wohlgefüllter Börse, läßt er es weder an den laufenden Unterhaltszahlungen noch an sonstiger Zuwendung fehlen. Schwierig wird es nur, wenn er auf Reisen ist – und da insbesondere während der Zeit der Sommerfrische, die er an der Seite seiner »offiziellen« Gefährtin Emilie Flöge am Attersee zubringt. Im geschwätzigen Seewalchen, wo man im Sommer 1900 logiert, braucht niemand davon Wind zu bekommen, daß es in Wien eine junge Frau gibt, die sich nach Lebenszeichen von ihrem Geliebten und Vater ihres Kindes sehnt, und so sieht sich Klimt bei allen Liebesbezeugungen, die er Mutter und Kind zukommen läßt, gezwungen, in punkto Briefverkehr um Zurückhaltung zu bitten. Das liest sich so: *»Liebe Mizzi! Danke allerherzlichst für die Gratulation zum Namenstag. Und danke Dir, liebes Gusterl, daß Du mir so*

schöne Wünsche schickst; der Papa wird Dir dafür etwas
Schönes mitbringen und beim Wiedersehen überreichen. Mit
dem Schreiben, liebe Mizzi, geht's hier herzlich schlecht. Fast
alle Welt weiß, wem man schreibt und von wo man Briefe be-
kommt; das ist zu dumm und zuwider. Der Briefträger
kommt und bläst auf einer kleinen Trompete, die ganzen In-
wohner des Hauses laufen bei ihm zusammen, gelockt durch
diese Trompete, übernehmen und übergeben ihre Briefe. So
weiß also alle Welt, von wannen ein Brief kommt, wohin er
geht. Ich muß also meine Correspondenz auf das Notwen-
digste beschränken.«

Zum Trost für die Daheimgebliebene, die nun für Wochen
von ihrem Geliebten getrennt ist, fügt er hinzu, seine
»Schreibfaulheit« brauche sie »nicht zu verdrießen«, sei sie,
die »liebe Mizzi«, doch die einzige, mit der er überhaupt
Briefverkehr pflege, alle anderen, »Mutter, Schwager etc.«,
erhielten gar nur Ansichtskarten …

Daß seine Glückwünsche zu Gustls Geburtstag mit Verspä-
tung eintreffen, erklärt er mit dem langen Postweg, und zur
»Versöhnung« schiebt er sogleich einen zweiten Brief nach,
der zur Gänze dem »lieben Jährling« gewidmet ist:

»Nun bist Du schon ein ganzes Jahr alt. Das heißt also, Du
bist schon ein kleiner Mann, von dem man verlangt, daß er
allein gehen kann, daß er Mama und Papa sagen kann oder
lernt, daß er verschiedene Dinge höchsteigen verlangt und
zwar mit dem Worte. Ich bin neugierig, ob Du das alles fein
treffen wirst, damit man Dich ein feines Büblein nennen
kann.«

Auch mit den laufenden Geldsendungen gibt's Probleme.
Mizzi zeigt sich besorgt, die 20-Gulden-Scheine, die Klimt
regelmäßig seinen Briefen beilegt, könnten dann und wann

in falsche Hände geraten und verlorengehen. Rekommandierte Post wäre also der sicherere Weg. Seine Erwiderung: *»So ein rekommandierter Brief muß erstens auf die Post getragen werden, zweitens wird er gewogen und viel genauer betrachtet. Man kommt also eher drauf, daß darinnen Geld gesendet wird. Er kommt überdies in mehr Hände als ein gewöhnlicher Brief, es ist also die Möglichkeit eher vorhanden, daß ein Angestellter in Versuchung kommt, etwas herauszunehmen, und Ersatz kann man nicht verlangen. Es ist also noch mehr riskiert als durch einen gewöhnlichen Brief, den man sehr bequem in ein Kastel wirft.«*

Nichts fürchtet Klimt so sehr wie einen Skandal, also unternimmt er alles, die ferne Geliebte »ruhig zu stellen«: Er redet sich, was seine Säumigkeit als Briefschreiber betrifft, auf seine »schwere Arbeit« aus sowie auf »heftigen Schnupfen, detto Husten und gemeines Schädelweh«, begegnet Mizzis Klage über den allzu »schlimmen und lebhaften« Gustl mit dem Argument, dies sei doch allemal besser, als wenn der temperamentvolle »kleine Kerl« ein »stilles Hascherl« wäre, und wenn Mizzi, wie sie verzagt mitteilt, bei ihren eigenen Versuchen, sich im Malen zu üben, nicht recht vorankomme, rät er ihr, sich statt dessen doch ein wenig mehr Erholung zu gönnen: »Daß das Malen schwer, sehr schwer ist, weiß ich selbst am besten.«

Auch Mizzis drängende Fragen nach seinen Lebensumständen während des Urlaubs im Salzkammergut bleiben nicht ohne Antwort:

»Du willst eine Art Stundenplan wissen, die Tageseinteilung – nun, die ist wohl sehr einfach und ziemlich regelmäßig. Früh morgens, meist um 6 Uhr, ein wenig früher, ein wenig später, steh ich auf. Ist das Wetter schön, geh ich in den nahen

*Wald; ich male dort einen kleinen Buchenwald, mit einigen
Nadelbäumen untermischt; das dauert bis 8 Uhr. Dann wird
gefrühstückt, danach kommt ein Seebad, mit aller Vorsicht
genommen, hierauf wieder ein wenig Malen, bei Sonnenschein ein Seebild, bei trübem Wetter eine Landschaft vom
Fenster meines Zimmers. So wird's Mittag, nach dem Essen
kommt ein kleines Schläfchen oder Lektüre – bis zur Jause.
Vor oder nach der Jause ein zweites Seebad – nicht regelmäßig, aber meistens. Nach der Jause kommt wieder die Malerei: eine große Pappel in der Dämmerung bei aufsteigendem
Gewitter. Hie und da kommt statt dieser Abendmalerei eine
kleine Kegelpartie in einem benachbarten kleinen Orte. Nach
dem Nachtmahl zeitlich zu Bette und wieder zeitlich morgens
heraus aus den Federn. Ab und zu ist in diese Tageseinteilung
noch ein kleines Rudern eingeschaltet, um die Muskeln auf-
zurütteln. In dieser erwähnten Art läuft Tag für Tag. Schon
sind zwei Wochen passé, die kleinere Hälfte des Urlaubs ist
vorüber, man geht dann wieder ganz gern nach Wien.«*

Ganz gern nach Wien – das hat gewiß auch damit zu tun, daß
er sich hier ohne das lästige Atterseer Versteckspiel seiner
Geliebten und dem kleinen Gustl widmen kann. Hier, in der
Millionenstadt, wo ihm keine Menschenseele in sein Privatleben dreinredet, ist er ein freier Mann, und hier, im persönlichen Gegenüber, ist es auch um vieles leichter als in um-
ständlichem Briefwechsel, seiner Mizzi zu erklären, wieso er
sie, um ebendieser berufsnotwendigen Freiheit willen, unmöglich heiraten kann. Er werde jedoch, das schwört er hoch
und heilig, für sie und ihr gemeinsames Kind sorgen: Kein
Zusammentreffen ohne Griff in die Geldbörse.

Als Marie Zimmermann im Frühsommer 1902 – der kleine
Gustl ist inzwischen fast drei Jahre alt – ein zweites Kind von

Klimt erwartet, porträtiert er sie als splitternackte Hochschwangere. Nur für das *Gesicht* der Figur, die unter dem Titel »Hoffnung I« in sein Œuvre eingehen und dem für die Aula der Wiener Universität bestimmten Fakultätszyklus einverleibt werden wird, wählt er ein *anderes* Modell: Eventuelle Schnüffler, die aus Klimts Vorlagen gewisse Übereinstimmungen mit Personen aus seinem privaten Umkreis herauslesen, sollen in die Irre geführt werden.

Mizzi befindet sich nach ihrer zweiten Niederkunft in schlechtem Gesundheitszustand: Klimt »verordnet« ihr einen Landaufenthalt. Und im Jahr darauf – der kleine Otto erreicht nur ein Alter von zwanzig Wochen – schickt er sie nach Villach zur Kur. Zum Zeichen seiner Verbundenheit berichtet er der wochenlang fern von Wien Weilenden, wie er auf dem Weg zu seinem seit kurzem dazugemieteten Zweitatelier in der Florianigasse an ihrem Wohnhaus in der Tigergasse vorüberkommt und dann jedesmal zu den Fenstern im vierten Stock hinaufblickt. Im Wissen um Mizzis Fernsein findet er die Gasse »recht verödet«; umso tröstlicher, daß die Fenster allesamt »angelweit« offenstehen: Mizzis Eltern, mit denen die inzwischen Vierundzwanzigjährige nach wie vor die Wohnung teilt, halten die Stellung.

Über den weiteren Verlauf der Beziehung Gustav Klimts mit Marie Zimmermann läßt sich mangels Aufzeichnungen nur spekulieren: Noch gegen Jahresende 1903 scheint sie jedenfalls abzukühlen. Daß sie dennoch nicht gänzlich abbricht, ja sogar noch 1914 anzudauern scheint, als Klimt sein Atelier in der Josefstädterstraße aufzugeben gezwungen ist und mit seiner Arbeit in die Feldmühlgasse in Unter St. Veit übersiedelt, könnte – mit aller gebotenen Vorsicht – aus dem Um-

Odyssee zweier Verlassener:
Marie Zimmermann und Sohn Gustav

stand geschlossen werden, daß Marie Zimmermann, deren
polizeiliche Meldezettel einen häufigen Wohnungswechsel
bezeugen, im September 1914 in die Hütteldorferstraße
196, also in Klimts Nähe umzieht. Nun allerdings scheint sie
vor der Notwendigkeit zu stehen, sich auf eigene Beine zu
stellen: Zum erstenmal findet sich in der Rubrik »Beschäfti-
gung«, wo all die Jahre bisher stets der Eintrag »Private« zu
lesen war, die Berufsbezeichnung »Schaffnerin«. Marie Zimmermann, zu deren Haushalt nach wie vor Sohn Gustl gehört
(der inzwischen eine Lehrstelle angetreten hat), geht also
von nun an einem geregelten Beruf nach, tritt in die Dienste
der Wiener Verkehrsbetriebe.

Als im Februar 1918 Gustav Klimt auf dem Hietzinger
Friedhof zu Grabe getragen wird, ist seine Mizzi knapp

neununddreißig. Sie überlebt den Exgeliebten und Vater ihres Sohnes um siebenundfünfzig Jahre, stirbt (zuletzt erblindet und in ärmlichen Verhältnissen lebend) fünfundneunzigjährig am 10. Jänner 1975.

Die Ehe, die ihr Klimt verweigert hat, schließt sie erst als Frau von achtundvierzig: Im August 1931 heiratet die inzwischen als Näherin Tätige den zwanzig Jahre älteren, aus dem niederösterreichischen Wolkersdorf stammenden Leopold Graindl, an dessen Seite ihr allerdings nur sechs Jahre vergönnt sind: Der zuvor von seiner ersten Frau geschiedene Pensionist stirbt im Oktober 1937 in der Wiener Heil- und Pflegeanstalt Am Steinhof.

Die Hölle

Richard Gerstl und Mathilde Schönberg

W ien um 1900« – auch in punkto Malerei eine *trade mark* sondergleichen. Es fallen die Namen Schiele und Klimt, Kolo Moser und Kokoschka. Nur einer fehlt fast immer bei diesen Ad-hoc-Aufzählungen: Richard Gerstl. Wieso? An der Qualität der Bilder kann es nicht liegen: Die Akte, Porträts und Landschaften des österreichischen Früh-expressionisten, den die Fachkritik auf eine Stufe mit van Gogh und Edvard Munch, mit Lovis Corinth und Max Liebermann gestellt hat, zählen zur Weltklasse. Ist es also vielleicht der ungewöhnlich geringe Umfang seines Œuvres, was der Popularität Richard Gerstls im Wege steht? Nur karge vier Jahre umfaßt seine Schaffenszeit: 1904 bis 1908. Noch dürftiger fällt seine Ausstellungsbilanz aus: Nicht ein einziges Bild ist zu Gerstls Lebzeiten öffentlich gezeigt worden. Erst dreiundzwanzig Jahre nach seinem Tod wird man endlich auf ihn aufmerksam: Die Ausstellung, die der Kunsthändler Otto Nirenstein 1931 in der Wiener »Neuen Galerie« organisiert, geht als Sensation in die Annalen der Kunstgeschichte ein; die Kritik überschlägt sich in Superlativen: »Kein Maler auf der Welt hat zu seinen Lebzeiten so gemalt wie dieser Österreicher!« urteilt das »Neue Wiener Journal«, und die »Österreichische Volkszeitung« fügt hinzu: »Aus der Versenkung steigt ein Mensch, der ein großer Maler war, wovon aber niemand etwas wußte.«

Nun also weiß man es. Und doch – es ist nur ein Strohfeuer, das da aufflammt: Die dunklen Jahre des Nationalsozialismus bringen es rasch wieder zum Verglimmen, die Werke des Halbjuden Richard Gerstl werden der »entarteten Kunst« zugeschlagen, sein Name verschwindet aufs neue in der Versenkung.

Und wie ist es *heute*, da Richard Gerstl immerhin zu den Stars des hochgelobten Leopold-Museums im neuen Wiener Museumsquartier zählt? Und wo keiner der Gründe aus dem privaten Bereich des Künstlers, die seinerzeit zu dessen Ausgrenzung, ja Tabuisierung Anlaß gegeben haben mögen, mehr zählt? Wird also das Werk dieses Malers, das zu dessen Lebzeiten von einem Gesellschaftsskandal sondergleichen überschattet war, in unserer schrankenlos der Sensation zugeneigten Zeit mit umso lebhafterem Interesse rechnen dürfen?

Die Gerstls wohnen in der Nußdorferstraße im Wiener Bezirk Alsergrund, ein paar Häuser weiter ist Franz Schubert zur Welt gekommen. Der Vater ist mit Börsengeschäften reich geworden, die drei Söhne können ohne finanzielle Sorgen in die Zukunft blicken.

Richard, am 14. September 1883 geboren und der Jüngste, belegt noch als Gymnasiast einen Kursus in der Zeichenschule »Aula« und bezieht mit fünfzehn die »Allgemeine Malerschule« an der Akademie der bildenden Künste. Doch sein Lehrer, der streng konservative Professor Griepenkerl, kann mit dem ungebärdigen Schüler nichts anfangen: »So wie Sie malen«, schnauzt er ihn an, »kann ich in den Schnee brunzen!« Da gefällt's Richard Gerstl in der Malerschule von Nagybánya in Siebenbürgen, wo er sich zwei Sommer hindurch aufhält, schon um vieles besser.

Eklat in der Sommerfrische: Richard Gerstl
(hier eines seiner Selbstbildnisse)

Auch mit Professor Lefler, in dessen Wiener »Spezialschule für Malerei« er im Frühjahr 1906 eintritt, verträgt er sich nicht: Wie kann sich ein ernstzunehmender Künstler, so wirft der Schüler seinem Lehrer vor, für etwas so Triviales wie die Planung des Festzuges zum Regierungsjubiläum des Kaisers hergeben? Da hilft es auch nichts, daß Lefler, vom Talent seines Schülers durchaus angetan, dessen Arbeiten sogar – in einer Gemeinschaftsausstellung in der angesehenen Galerie Miethke – an die Öffentlichkeit bringen will.

195

Der Eigenbrötler Gerstl, von der Einzigartigkeit seines
Könnens fest überzeugt, legt sich quer: Da in der geplanten
Ausstellung auch mehrere Bilder des bereits berühmten, von
dem zwanzig Jahre Jüngeren jedoch rigoros abgelehnten
Klimt gezeigt werden sollen, zieht Gerstl seine Exponate
zurück.

Auch die offene Konfrontation scheut er nicht. Als Gerstl
einmal mit Leinwand und Palette im Kunsthistorischen Museum am Werk ist, um eines der dortigen Bilder zu kopie-
ren, schaut ihm ein Unbekannter über die Schulter und
äußert sich abfällig über das Gesehene. »Stören Sie mich
nicht«, fährt ihn Gerstl zornentbrannt an, »was verstehen
Sie denn schon davon?!« Darauf der Fremde: »Entschuldi-
gen Sie, ich bin der Direktor des Museums; wenn ich will,
kann ich Ihnen das Malen in diesem Hause untersagen!«
Replik Gerstl: »Sie können mir überhaupt nichts untersagen, ich habe die Erlaubnis vom Obersthofmeisteramt.« Die
Folge: Der Direktor gibt klein bei, Gerstl kann seine Arbeit
unbehelligt fortsetzen.

Wir sehen schon, er ist ein schwieriger Zeitgenosse, dieser
Richard Gerstl. Mindestens ein solcher Bürgerschreck wie
der junge Kokoschka, liebt er es, mit kahlgeschorenem Schä-
del im Sträflings-Look aufzutreten. Überschlank und hoch-
aufgeschossen, schwankt er zwischen den Extremen: einmal
dandyhaft, dann wieder verwahrlost. Er plagt sich mit Ma-
genproblemen und überreizten Nerven, hat kaum Freunde,
und selbst mit dem einzigen, den er auf Dauer um sich dul-
det, seinem Mitschüler Victor Hammer, bleibt er per »Sie«.
Umso intensiver wendet er sich dem eigenen Innenleben zu:
Gerstl betreibt philosophische und Sprachstudien, lernt in
Eigenregie Spanisch und Italienisch, und sein Interesse für

Musik nimmt solche Intensität an, daß er kurzzeitig sogar daran denkt, Musikkritiker zu werden. Seine literarischen Hausgötter sind Wedekind und Ibsen, Weininger und vor allem Freud, dessen gerade erschienene »Traumlehre« er in einem Zug verschlingt. Keines der bedeutenden Klassikerkonzerte läßt er aus, bis zu drei Mal in der Woche sieht man ihn in der Oper. Obwohl ihm Gustav Mahler, den er auf der Straße anspricht und um die Erlaubnis bittet, ihn porträtieren zu dürfen, eine Abfuhr erteilt, wird Gerstl unter jenen Adoranten sein, die dem aus der Wiener Hofoper Hinausgeekelten auf dem Westbahnhof einen bewegten Abschied bereiten.

Bei einem anderen Großen der Wiener Musikszene hat Gerstl mehr Glück: Arnold Schönberg, dessen Werk er über alles andere stellt, zeigt sich nicht nur bereit, dem neun Jahre Jüngeren Modell zu sitzen, sondern läßt sich von ihm auch selber in die Grundbegriffe der Malerei einweihen, und vor allem: Er nimmt Gerstl in seinen Kreis auf, dem spätere Berühmtheiten wie Alban Berg, Anton von Webern, Alexander Zemlinsky und Egon Wellesz angehören.

Im Mai 1906 haben die beiden einander kennengelernt, noch im selben Jahr entsteht Gerstls repräsentatives Schönberg-Porträt. Auch die Familie des Komponisten wird in Öl festgehalten – zuerst Gattin Mathilde, später das Ehepaar mit den 1902 bzw. 1906 geborenen Kindern Gertrud und Georg.

Daß Mathilde Schönberg – nächst ihm selbst (auf insgesamt siebzehn Selbstbildnisse wird Gerstl es im Lauf der Jahre bringen!) – sein häufigstes Motiv ist, hat einen besonderen, einen höchst delikaten Grund: Der Maler hat sich in die um sechs Jahre Ältere verliebt …

Mathilde, eine Schwester des mit Schönberg eng verbundenen Komponisten Alexander von Zemlinsky, durchlebt in
diesem Schicksalsjahr 1906 spannungsreiche Wochen: Da ist
einmal ihre komplizierte Schwangerschaft mit dem im September zur Welt kommenden Sohn Georg, hinzu kommt die
Überreiztheit ihres Mannes, der größte Mühe hat, seine
Mehrfachverpflichtungen als Komponist, Dirigent und Lehrer unter einen Hut zu bringen, und dadurch seine Familie
vernachlässigt. Daß es da diesen jungen Maler gibt, der sich
seiner Frau annimmt und sie zu den diversen musikalischen
Veranstaltungen begleitet, kann ihm nur recht sein. Dieser
leutscheue Eigenbrötler, der alles andere als ein Frauenheld
ist, genießt jedenfalls sein volles Vertrauen: Richard Gerstl
geht in der Schönberg-Wohnung in der Liechtensteinstraße
68–70 aus und ein. Was liegt da näher, als ihn dazu einzuladen, mit ihnen auch die Sommerferien zu verbringen?
Die Schönbergs schlagen ihr Ferienquartier am Traunsee
auf: In dem einen der beiden kleinen Häuser, die zur sogenannten Fera-Mühle in Traunkirchen gehören, ist die Familie, im anderen der mitreisende Kreis der Schönberg-Jünger
untergebracht.
Daß sich zwischen Mathilde Schönberg und Feriengast
Richard Gerstl in diesem Salzkammergut-Sommer 1907 ein
intimes Verhältnis anbahnt, fällt als erstem der Tochter des
Komponisten auf: Gertrud, demnächst sechs Jahre alt werdend, beobachtet die beiden, wie sie einander engum-
schlungen küssen, und gibt ihr Wissen an den Vater weiter.
Arnold Schönberg schreitet ein, verbietet seiner Frau, als
man wieder nach Wien zurückgekehrt ist, das Atelier des
Nebenbuhlers zu betreten, und schreibt diesem, noch
immer um eine Lösung im Guten bemüht, einen Brief, der

»Leben zu müssen in so einem Fall, ist schrecklich schwer«:
Mathilde Schönberg

in den beschwörenden Worten gipfelt: »Zwei wie wir sollten sich nicht wegen einer Frau entzweien.«

Doch Gerstls Beziehung zu Mathilde Schönberg hält an, steigert sich noch, als man Mitte Juli 1908 neuerlich gemeinsam in die Sommerfrische fährt, und der gehörnte Ehemann verfällt darüber in so schwere Depressionen, daß er sogar sein Testament aufsetzt. »Ich habe geweint«, schreibt er in der Begründung, »habe mich wie ein Verzweifelter gebärdet, habe Entschlüsse gefaßt und wieder verworfen, habe Selbstmordideen gehabt, habe mich von einer Tollheit in die andere gestürzt – mit einem Wort, ich bin ganz zerrissen.«

Kurz darauf kommt es zum Eklat: Schönberg selbst überrascht Gattin und Nebenbuhler in einer verfänglichen Situation, das Paar reist Hals über Kopf aus Traunkirchen ab, Schönberg eilt nach Gmunden und schaltet, um die Ehe-

brecherin zurückzuholen, die Gendarmerie ein. »Mama
kommt gleich!« versucht Schönberg seine kleine Tochter zu
beruhigen, die von dem nächtlichen Tumult im Haus aufge-
wacht ist. Doch die Siebenjährige bricht in Tränen aus und
stammelt: »Nein, Mama kommt nicht mehr …«
Inzwischen ist auch einer aus der Runde der Schönberg-
Schüler, der von der Katastrophe Kenntnis erhalten hat, in
Aktion getreten: Anton von Webern. Ihm gelingt es, Mathilde, die mittlerweile in Wien eingetroffen ist, in ihrem Versteck in der Liechtensteinstraße 20, wo Gerstl eilends ein
Atelier gemietet hat, ausfindig zu machen, zur Rede zu stellen und umzustimmen. Sein Appell, schon um der Kinder
willen zu ihrer Familie zurückzukehren, hat Erfolg: Mathilde Schönberg reißt sich nach Ablauf einiger Tage von ihrem
Liebhaber los und läßt diesen in seinem Atelier allein zurück.
Es folgen zwei Monate, die für den ohnehin depressionsan-
fälligen Richard Gerstl die Hölle sein müssen: Nicht nur, daß
die Frau, der er in glühender Leidenschaft zugetan ist, jeglichen Kontakt mit ihm abgebrochen hat, wenden sich auch
alle anderen, mit denen er in letzter Zeit Umgang gepflegt
hat, brüsk von ihm ab. Von dem Vorgefallenen peinlich
berührt und in stiller Solidarität mit dem betrogenen Ehemann Arnold Schönberg, machen sie einen weiten Bogen
um den Ehebrecher: Richard Gerstl ist zur Unperson geworden, ist isolierter denn je. Die Glückwunschkarten zum
fünfundzwanzigsten Geburtstag, der auf den 14. September
fällt, bleiben ungeschrieben.
Es kommt der 4. November: Im Großen Saal des Wiener
Musikvereins ist ein Konzert des Tonkünstlerorchesters angesetzt, bei dem Stücke von Schönberg-Schülern aus der
Taufe gehoben werden sollen. Webern dirigiert sein opus

Nummer eins, die Passacaglia, Alban Berg ist mit seinen »Zwölf Variationen und Finale über ein eigenes Thema« vertreten, auch jüngste Arbeiten von Karl Horwitz, Heinrich Jalowetz und Viktor Krüger stehen auf dem Programm, desgleichen ein Werk des Meisters, der alles Erdenkliche unternommen hat, den für das Fortkommen seiner Adepten so wichtigen Abend zustande zu bringen. Damit es nicht wieder – wie bei allen Veranstaltungen, die mit dem heftig umkämpften Neutöner Schönberg zu tun haben – zu Publikumsprotesten, ja Ausschreitungen gegen die Mitwirkenden kommt, ist der Besuch des Konzerts an persönliche Einladungen gebunden, die auf die betreffenden Namen ausgestellt sind. Der Name Richard Gerstl fehlt auf der Liste.

Natürlich ist fraglich, ob Gerstl in dem Zustand, in dem er sich seit Wochen befindet, den Weg zum Musikverein antreten und seinen Platz im Konzertsaal einnehmen würde. Aber entscheidend ist wohl die Tatsache, daß er von einer Veranstaltung, der alle seine Freunde seit Wochen entgegenfiebern und der er unter normalen Umständen nie und nimmer fernbleiben würde, ausgeschlossen bleiben soll. Es wird also kaum ein Zufall sein, daß Richard Gerstl ausgerechnet in der dem Konzert folgenden Nacht seinem jungen Leben ein Ende setzt …

Die Rekonstruktion der Katastrophe läßt viele Fragen offen: Hat sich Richard Gerstl wirklich, als er vor jenem Spiegel, an dem er alle seine Selbstporträts gemalt hat, die Schlinge um den Hals legte, zuvor ein Fleischhauermesser ins Herz gestoßen? Und hat er sich gar, wie es einer anderen Version nach heißt, entmannt?

Die behördlichen Untersuchungen werden mit größter Diskretion abgewickelt, nur das Allernötigste dringt nach außen:

Die Familie, einen Skandal fürchtend, blockt ab. Eine noch
am Tag nach der Tat ausgefertigte amtsärztliche Unzurech-
nungsfähigkeitserklärung sichert Gerstl trotz Selbstmordes
ein christliches Begräbnis; der Leichnam wird auf dem Sie-
veringer Friedhof beigesetzt.

Auch Arnold Schönberg schaltet sich ein und appelliert in
einem Brief an Gerstls Lieblingsbruder Alois, seinen und
den Namen seiner Frau bei allen Nachforschungen der Presse aus dem Spiel zu lassen und ausschließlich berufliche
»Kränkungen und Mißerfolge« als mögliches Tatmotiv zu
nennen. Der zweite Brief, der Alois Gerstl, den zwei Jahre
älteren Bruder des Künstlers, fünf Tage nach der Katastrophe erreicht, stammt von Mathilde Schönbergs Hand:
»Glauben Sie mir«, versucht sich die Einunddreißigjährige
zu rechtfertigen, »Richard hat von uns beiden den leichteren
Weg gewählt. Leben zu müssen in so einem Fall, ist schrecklich schwer.«

Tatsächlich sind die fünfzehn Jahre, die noch vor ihr liegen,
bis sie im Herbst 1923 nur sechsundvierzigjährig stirbt, von
Kränkelei und Depression geprägt: Mathilde Schönberg hält
sich vom gesellschaftlichen Leben ihres Mannes fern, zieht
sich bei Besuchen in ihr Zimmer zurück, meidet alle neuen
Bekanntschaften, gibt sich wortkarg und reserviert.

Arnold Schönberg, in dem erwähnten Brief an Alois Gerstl
sowohl seine Unschuld beteuernd wie sein eigenes »Leiden
und Weiterleiden« beklagend, versucht mit dem Vorgefallenen fertigzuwerden, indem er es in etlichen seiner Kompo-
sitionen thematisiert – seien es das Augustin-Motiv im zweiten Satz seines fis-Moll-Quartetts (»Alles ist hin!«), das
Monodram »Erwartung«, dessen Text von einer Frau handelt, die durch einen finsteren Wald irrt und auf der Suche

nach ihrem Geliebten auf dessen Leichnam stößt, oder das Musikdrama »Die glückliche Hand«, dessen Protagonisten »Mann«, »Weib« und »Herr« in eine verhängnisvolle Dreiecksbeziehung verstrickt sind.

Die Kokosnuß

Amedeo Modigliani und Jeanne Hébuterne

Als die Wirtin des Pariser Künstlerlokals »Chez Rosalie« einige Zeit nach Modiglianis Tod erfährt, die Bilder ihres einstigen Stammgastes würden neuerdings um Unsummen gehandelt, stürmt sie in den Keller, um den dort gelagerten Schatz zu heben: Die Zeichnungen, mit denen »Modi« Jahre hindurch seine Zechschulden beglichen hat, bilden einen ganzen Stapel. Doch kaum hat sich Rosalie einen Weg durch das viele Gerümpel gebahnt, da zerplatzt der Traum vom späten Reichtum wie eine Seifenblase: Die Ratten haben die unschätzbar wertvollen Blätter zernagt.

Welch ein Unglück: Sie, die so vielen Hungerleidern übers Ärgste hinweggeholfen (und umgekehrt allen reichen Gästen mit den Worten »Pelzmäntel gehören auf die Champs-Elysées!« den Zutritt zu ihrem Lokal verwehrt) hat, hätte sich diese Pfründe wahrlich verdient. Doch das Abkassieren besorgen andere: die eiskalt kalkulierenden Kunsthändler vom Schlage jenes Louis Libaude etwa, der bei Modiglianis Ableben in ein wahres Freudengeheul ausbricht: »Was für ein Schweineglück ich gehabt habe! Für ein Butterbrot konnte ich ihm seine Arbeiten abkaufen. Ich halte zwar nichts von dem Zeug, aber ich weiß, eines Tages wird es eine Menge wert sein.«

Der Mann sollte recht behalten: Als sein berühmter Kollege Ambrose Vollard dreißigtausend Francs für ein Bild hinzublättern bereit ist, für das er zu Modiglianis Lebzeiten nicht einmal dreihundert Francs lockergemacht hat, ereilt ihn die ihm gebührende Strafe: Es ist unterdessen dreihunderttausend Francs wert. Der Meister des weiblichen Aktes, der brillanten Freundesporträts und der mit knappsten Mitteln hingefetzten Sekundenskizzen ist zur ersten Garnitur aufgerückt – und das in der Kunstmetropole Paris, in der es von Genies nur so wimmelt.

Ende Jänner 1906 taucht Amedeo Modigliani zum erstenmal in Paris auf. Der gebürtige Italiener ist vor einem halben Jahr einundzwanzig geworden; wie so viele Ausländer, die es ins Künstlermilieu der französischen Hauptstadt zieht, träumt auch er den Traum vom Durchbruch in den Galerien des durch Größen wie Toulouse-Lautrec, Monet, Renoir, Pissarro und Matisse zu Weltruhm gelangten Montmartre. Es ist die Zeit des Aufbruchs der »jungen Wilden« um den drei Jahre älteren Pablo Picasso. Modigliani selber fühlt sich eher zu Exzentrikern wie Utrillo hingezogen, mit dem er – im Gegensatz zu dem Abstinenzler Picasso – die Freude am Trinken teilt.

Der »schöne Junge« aus dem Süden fühlt sich auf Anhieb in Paris heimisch: Seine Mutter, seit dem Konkurs des väterlichen Holzkohlenhandelsunternehmens die eigentliche Ernährerin der sechsköpfigen Familie, hat in Livorno eine Sprachschule gegründet und auch ihrem Jüngsten Französisch-Unterricht erteilt. Beide Elternteile entstammen sephardischen Juden, die seit Generationen in der Toskana ansässig sind.

»Dedo«, wie die Familie das am 12. Juli 1884 in Livorno zur Welt gekommene vierte Kind ruft, erhält eine vorzügliche, auch das Musische nicht aussparende Ausbildung: Dante, Petrarca und D'Annunzio zählen zu ihren literarischen Hausgöttern. Der Malunterricht, zu dem sich der erst Vierzehnjährige anmeldet, erfährt nur durch eine Reihe ernsthafter Erkrankungen Unterbrechungen: Dedo wird vom Typhusfieber außer Gefecht gesetzt, und seine Probleme mit der Lunge wird er sein ganzes Leben lang nicht loswerden. Davon bekommen seine neuen Freunde in Paris, als der Einundzwanzigjährige – nach kurzem Aufenthalt in einem komfortablen Hotel an der Place de la Madeleine – in der Bohèmewelt des Montmartre Fuß faßt, nichts mit: »Modi«, wie sie ihn schon bald nennen werden, ist eine romantische Erscheinung von bezwingendem Charme, in dem die Frauen den typischen »latin lover« und die Männer den allzeit zu jeder Verrücktheit aufgelegten Zechkumpan sehen. Im Gegensatz zu dem stets in seinem ausgeblichenen, vielfach geflickten Overall auftretenden Picasso, über den der drei Jahre Jüngere geringschätzig bemerkt, Talentiertheit sei doch kein Grund, sich so miserabel zu kleiden, pflegt Modigliani auch bei leerer Geldbörse die für ihn typische lässige Eleganz: Eigenhändig wäscht er jeden Abend sein blauweiß kariertes Hemd, nicht der kleinste Farbfleck verunziert seinen Cordanzug, und wenn er ausgeht, vergißt er nie die kühn um den Kragen geschlungene Krawatte.

Von seinen Liebschaften weiß man wenig: Es werden wohl in der Mehrzahl jene leichtlebigen jungen Frauen sein, die zu Hunderten und Aberhunderten den Montmartre bevölkern und Künstlern wie Modigliani nicht nur als Malermodell, sondern auch für flüchtigen Sex zur Verfügung stehen. Zu einer festen Bindung kommt es erst im achten Jahr seines Paris-Aufenthaltes, als der inzwischen Dreißigjährige vom

Montmartre zum Montparnasse überwechselt. Hier, wo sich alles, was Rang und Namen hat, tummelt, wo die Dichter stundenlang vor einer leeren Tasse Café crème zubringen und kein Kellner es wagen würde, sie zu einer Nachbestellung aufzufordern oder statt der tatsächlich verzehrten *zehn* Croissants mehr als die »deklarierten« *zwei* zu berechnen, wo die russischen Emigranten in endlosen Diskussionen beisammen hocken und die Maler vergeblich nach Käufern ihrer Bilder Ausschau halten, lernt Modigliani die Engländerin Beatrice Hastings kennen, die man fortan ständig an seiner Seite sehen wird. Die fünf Jahre Ältere ist Schriftstellerin; schon durch ihren literarischen Vornamen scheint sie dem leidenschaftlichen Dante-Verehrer schicksalhaft vorbestimmt. Es wird eine stürmische Liaison; die Bilder, die Modigliani von der stolzen Frau mit dem hochmütig geschürzten Mund malt, müssen auf Einschreiten der Polizei aus dem Fenster der Galerie, in dem sie ausgestellt sind, wegen »Unzüchtigkeit« entfernt werden. Beatrice wird, als ihre Affäre mit Modigliani zu Ende gegangen ist, über jene zwei Jahre resümierend sagen:

»Ein komplizierter Charakter. Ein Schwein und eine Perle. Traf ihn 1914 in einer Konditorei. Haschisch und Brandy. Er sah häßlich, wild und gierig aus. Traf ihn wieder im Café Rotonde. Er war rasiert und sah bezaubernd aus. Zog seine Mütze mit einer hübschen Bewegung, errötete und bat mich, ich möge ihm folgen und mir seine Werke ansehen. Ich ging mit.«

Daran gewöhnt, ständig sein Quartier zu wechseln, zieht Modigliani also neuerlich um: Beatrice nimmt den Geliebten in ihre Wohnung in der Rue Montparnasse Nr. 11 auf. Auch sie ist kein Kind von Traurigkeit: Schon zum Frühstück

207

Dolch unterm Kopfkissen:
Jeanne Hébuterne

taucht man sein Croissant nicht selten in Absinth statt in Kaffee; verwirrt von den harten Drogen, denen beide zügellos zusprechen, kommt es in den Lokalen, in denen sie verkehren, zu Exzessen, die oft genug mit Hinauswurf enden. Es beginnt mit exaltiertem Deklamieren von D'Annunzio-Versen und steigert sich zu wüsten Prahlereien, auch von exhibitionistischen Akten wird gemunkelt. Die Freunde fangen an, sich um »Modis« Gesundheitszustand zu sorgen.

Da muß es in deren Augen wie ein Hoffnungsschimmer erscheinen, als Modigliani, nun schon über ein Jahr lang wieder Single, im Frühjahr 1917 plötzlich in Begleitung eines jungen Mädchens aufkreuzt, das ganz anders ist als jene exzentrische Beatrice Hastings: Sie heißt Jeanne Hébuterne, ist vierzehn Jahre jünger als er, strahlt eine in diesen Kreisen kaum je anzutreffende Reinheit, ja Unschuld aus, wirkt still

208

und in sich gekehrt, und da ihr Begleiter kein Hehl daraus macht, daß er in dieses aparte Wesen ernstlich verliebt ist, ist man sich rasch einig: Wenn irgend jemand diesen entfesselten Alkoholiker und Haschischraucher vor dem totalen Absturz in den Abgrund retten kann, dann sie ...

Einer von jenen, die Jeannes Eintritt in Modiglianis Leben aus nächster Nähe mitverfolgen, Stanislas Fumet, wird später über sie zu Protokoll geben:

»*Ihr bedächtiger, ein wenig schwerfälliger Gang erinnerte an den eines Schwanes. Ihre ganze Erscheinung hatte etwas von diesem königlichen Vogel: die Art, wie sie den Kopf trug, ihr Rhythmus, ihre Haltung, ihr langer Hals, ihre Hüften. Ihre Stirn krönte ein veronesegrüner Turban, zwei Zöpfe fielen bis auf die Knie herab. Sie trug ein taubenblaues Kleid, ein farbiges Käppchen zierte ihren Kopf. Ihr Teint, der weder Puder noch Schminke kannte, glänzte rosig bis blaß. Ihre hellen, vergißmeinnichtblauen Augen hoben sich wunderbar von den Brauen ab; ihre lange, an byzantinische Gesichter erinnernde Nase paßte in ihren Proportionen zum Oval des Antlitzes – wie von einer primitiven Madonna entliehen. Ihr Mund war orangefarben, ihre Arme waren dünn, ihre Hände winzig, ihre Fesseln schlank. Wenn man sie so in ihrer widersprüchlichen Schönheit betrachtete, hatte sie das Ebenmaß und die Anmut einer Amphore.*«

Die wenigen Fotos, die sich von ihr erhalten haben, bestätigen diesen Eindruck, und sie erklären zugleich den Kosenamen, den Jeanne im Freundeskreis um Modigliani erhält: »Kokosnuß«. Die durch ihr kastanienbraunes Haar noch betonte milchweiße Haut wird bald auch etliche jener insgesamt sechzehn Ölbilder zum Strahlen bringen, die »Modi« von ihr malt.

Am 6. April 1898 kommt sie im nordfranzösischen Arras zur Welt, die Familie übersiedelt nach Paris. Der Vater, Haupt-kassierer in der Parfümerieabteilung des Kaufhauses Bon Marché, setzt auf Reputierlichkeit; in der spießigen Klein-bürgerwohnung in der Rue Amyot riecht es nach Sakristei und Weihrauch. Wenn Mutter und Tochter zum Kartoffel-schälen in der Küche beisammensitzen, liest ihnen der Vater erbauliche Traktate vor oder hält sie zu geistlichen Übungen an. Wenn Jeanne für ihre Abkehr vom frömmleri-schen Elternhaus und für ihr Untertauchen in der Bohè-mewelt des Montparnasse ein Minimum an Verständnis er-warten darf, dann ausschließlich von seiten der gütig-toleranten Mutter: Den bigotten Vater hat es offenbar genug Überwindung gekostet, mit ansehen zu müssen, daß Jeannes älterer Bruder André einen Künstlerberuf ergreift und Maler wird. Der Tochter gesteht er lediglich die Hin-wendung zur Musik zu: Jeanne spielt vorzüglich Geige, und ihr Lieblingskomponist ist zum Glück Bach. Nur der vehe-menten Fürsprache der Mutter ist es zuzuschreiben, daß Jeanne ihren Willen, sich an der Académie Colarossi in der Rue de la Grande Chaumière zum Kunstunterricht anzu-melden, durchsetzen kann. Schon als Kind eine begabte Zeichnerin, zieht es die nunmehr Achtzehnjährige zum Modedesign: Sie begeistert sich für extravagante Kleider, kreiert orientalisch angehauchte Farbkombinationen und Stoffmuster; auch was sie am eigenen Leib trägt, stammt ausnahmslos von ihrer Hand.

Ihre männlichen Bekannten beschränken sich auf harmlose Kontakte zu den Mitstudierenden; erotische Annäherung scheint sie erst zulassen zu wollen, wenn ihr »der Richtige« über den Weg läuft.

Dieser »Richtige«, das spürt sie ganz genau, ist jener bildschöne, verrückte Kerl, der ihr da im Karneval 1917, einige Wochen vor ihrem neunzehnten Geburtstag, auf einem der Künstlerbälle des Montparnasse den Hof macht. Amedeo Modigliani, seinerseits zweiunddreißig, ist auf die hübsche Person mit dem scheuen Wesen, die da im selbstgefertigten Ballkostüm – weiße Russenbluse und bodenlanger dunkler Rock – an ihrem Tisch sitzt, aufmerksam geworden, leert mit ihr ein ums andere Glas, fertigt eine Bleistiftskizze von ihr an und lädt sie ein, ihn in sein schäbiges kleines Hotel zu begleiten, wo sie ihm für ein Ölporträt Modell sitzen soll. Wie in Trance – so wird die erste Begegnung der beiden auch dem Alter nach so ungleichen Menschen später geschildert werden – folgt Jeanne ihrem Verehrer, und noch in derselben Nacht kommt es auch zur körperlichen Vereinigung mit der bis dato Unberührten.

Auch an den folgenden Tagen bleiben die zwei beisammen, und da Jeanne Abend für Abend ins Elternhaus zurückkehrt und die Nächte daheim zubringt, ahnt die Familie nichts von dem, was vorgefallen ist. Umso hektischer deren Aktivitäten, als die Affäre eines Tages auffliegt: Mutter Hébuterne beschwört eine der Freundinnen der »Gestrauchelten«, dieser ins Gewissen zu reden, und der Vater, noch entsetzter über den drohenden Verlust der Tochter an einen Verführer, in dem er nichts anderes sehen kann als einen Nichtsnutz aus der Halbwelt, sucht Trost in der Kirche …

Dem Hinauswurf aus der elterlichen Wohnung kommt Jeanne zuvor, indem sie ihrerseits das Weite sucht: Modigliani hat kurz zuvor in der Person des aus Polen stammenden Kunsthändlers Leopold Zborowski einen Förderer gefunden, der nicht nur alles Menschenmögliche unternimmt, die

Werke des ihm Anvertrauten an den Mann zu bringen, Galerien auf das junge Genie aufmerksam zu machen und Ausstellungen für ihn zu organisieren, sondern, bald schon sein engster Freund, sich auch für die persönlichen Lebensumstände seines Schützlings verantwortlich fühlt. Klug genug, zu erkennen, wie wichtig »Modis« Liaison mit Jeanne für das weitere Leben, ja Überleben des durch seine Alkohol- und Drogensucht Gefährdeten ist, sorgt Zborowski dafür, daß es mit der ewigen Herumzieherei von Hotel zu Hotel ein Ende hat: Er mietet in der Rue de la Grande Chaumière Nr. 8 ein Atelier für die beiden, und Gattin Anna Zborowska legt selber Hand an, das künftige Quartier wohnlich zu gestalten. Ein Tisch, ein paar Korbsessel, ein Sofa und ein Ofen werden herbeigeschafft, Kerzen und eine Petroleumlampe sorgen für das nötige Licht, die Wände werden – als Hintergrund für die Modelle – orangefarben, rot und gelb angestrichen.

Das neue Leben mit seiner ungewohnten Häuslichkeit kommt auch Modiglianis Arbeit zustatten: Er malt Bild um Bild, und wenn er zu diesem Zweck Modelle mit heimbringt, zieht sich Jeanne, um ihn nicht zu stören, regelmäßig in den Nebenraum zurück, näht an ihrem nächsten Kleid oder schreibt Briefe an ihre Freundinnen. Da der Geliebte zu Eifersucht neigt, darf ihn Jeanne nur selten in die Künstlercafés begleiten, in denen er sich mit den Kollegen trifft, und wenn sie ihn von dort, falls es wieder einmal recht spät geworden ist, abholt, muß sie auf dem Trottoir vor dem Lokal auf ihn warten. Daß sie die gemeinsamen Mahlzeiten oft genug in Restaurants einzunehmen gezwungen sind, in denen man »anschreiben« lassen kann, tut ihrem Hochgefühl keinen Abbruch: Es sind glückliche Tage, die den zwei

Das neue Leben:
Amedeo Modigliani

Liebenden in diesem Sommer 1917 und dem folgenden Winter beschieden sind, vielleicht die überhaupt glücklichsten in ihrer beider Leben.

Allerdings birgt Jeannes rückhaltlose Hingabe an den Geliebten auch Gefahren: Weder fähig noch willens, dem an seiner ohnehin angeschlagenen Gesundheit Raubbau Treibenden den Kopf zurechtzurücken, läßt sie ihm apathisch alle seine Schwächen durchgehen, und als man im März 1918 auf dringendes Anraten des Notarztes zu einem mehrmonatigen Erholungsurlaub an der Riviera aufbricht, weiß sich Jeanne schwanger und muß somit vermehrt auf ihren eigenen Zustand Bedacht nehmen.

213

Am 29. November 1918 bringt sie in der Klinik Saint-Roche zu Nizza ein Mädchen zur Welt. Modigliani hat seine Vorfreude über das Ereignis schon im Sommer kundgetan – bei so manchem seiner Streifzüge durch die Bistros und Cafés. Nun tut er noch ein übriges, seine Vaterschaft zu genießen: Obwohl die Kleine auf den Vornamen der Mutter getauft worden ist, wird er sie selber nie anders als »Giovanna« rufen. Er denkt dabei an den Tag, da er mit seiner Familie nach Italien reisen und seiner nach wie vor abgöttisch geliebten Mutter im heimatlichen Livorno ihr Enkelkind präsentieren wird.

Natürlich bleiben auch Probleme nicht aus: Da Modigliani – kein Wunder bei seinen chaotischen Verhältnissen! – wieder einmal seine Papiere verloren hat, gilt er auf dem Standesamt als Unperson, und die Eintragung ins Geburtsregister erhält den Vermerk »Vater unbekannt«. Doch sobald er wieder seine Dokumente beisammenhaben wird, will er Jeanne Hébuterne heiraten – vor Zeugen unterzeichnet er eine entsprechende Erklärung.

Auch die Frage des künftigen Zusammenlebens bedarf dringender Klärung: Jeanne-Giovanna, der man schwerlich zumuten kann, daß sich ihr Vater in trunkenem Zustand der Wiege nähert, wird kaum in dem Atelier auf dem Montparnasse, das man nun wieder bezogen hat, aufwachsen können. Das Baby wird also bei einer Frau, die in einem Kinderheim im nahen Versailles beschäftigt ist, in Pflege gegeben; Mutter Jeanne kommt einmal pro Woche zu Besuch. Ihre eigenen Eltern scheiden für jedwede Hilfe aus: Im Hause Hébuterne ist für die »Sünderin« und die »Frucht ihrer Sünde« kein Platz, der Bruch ist vollkommen und endgültig.

Als Jeanne-Giovanna ein Jahr alt ist, wird die junge Mutter zum zweitenmal schwanger. Schon durch ihre erste Niederkunft erheblich geschwächt und nun auch figürlich in die Breite gegangen, fehlt es der inzwischen Einundzwanzigjährigen an der Kraft, den Geliebten, der nicht nur wieder zu trinken begonnen hat, sondern neben Haschisch nun auch zu Kokain greift, zu bändigen. Obwohl Modigliani endlich auf dem Weg wäre, als Maler Anerkennung zu finden, und in dieser Zeit auch einige der besten seiner über dreihundert Ölbilder entstehen, schreitet sein körperlicher Verfall unaufhaltsam fort. Schwere Hustenanfälle wechseln ab mit Blutspucken – in diesem Zustand kann ein einziges Glas Wein ausreichen, ihn betrunken zu machen. Auch bei größter Kälte sieht man ihn ohne Mantel und Schal durch die Gassen torkeln; Passanten, die ihn wirre Selbstgespräche führen hören, drehen sich tuschelnd nach ihm um; er spricht wildfremde Menschen auf offener Straße an und schlägt sie mit seinen Aggressionen in die Flucht. Immer öfter verläßt er unrasiert das Haus, seine einst so elegante Kleidung wird von Tag zu Tag nachlässiger, auch die ersten Zähne fallen ihm aus.

Freunde, die »Modi« in der Rue de la Grande Chaumière besuchen, um ihn – es ist der strenge Winter 1919/20 – mit Heizmaterial zu versorgen, erschrecken angesichts des Elendsbildes, das sie in dem verwahrlosten Atelier erwartet: Auf dem Boden türmen sich leere Konservendosen, seit Tagen bilden Ölsardinen die einzige Nahrung des meist mittellosen Paares. Die Concierge, von den Besuchern alarmiert, kocht für die Mieter aus dem Dachgeschoß, die kaum noch das Haus verlassen, ja oft tagelang im Bett bleiben, eine kräftige Gemüsesuppe.

Am 22. Jänner 1920 wird Amedeo Modigliani mit dem Kran-
kenwagen abgeholt und ins Hôpital de la Charité eingeliefert. Die Ärzte stellen eine tuberkulöse Hirnhautentzündung fest, können den Freunden, die sich am Krankenbett
einfinden, keine Hoffnung auf Rettung machen. Zwei Tage
später – nach einer letzten Injektion, von der der Patient in
tiefen Schlaf sinkt, ohne noch einmal das Bewußtsein zu er-
langen – stirbt der erst Fünfunddreißigjährige.

Jeanne Hébuterne, seine Gefährtin und die Mutter seines
Kindes, ist nicht an seiner Seite: Der Hochschwangeren wird
geraten, schleunigst das Entbindungsheim aufzusuchen, in
dem man ein Zimmer für sie bestellt hat. Wie gelähmt vor
Schmerz und außerstande, auf den erlittenen Verlust anders
zu reagieren als stumm, ist die einzige Reaktion, deren sie
fähig ist, ihre beharrliche Weigerung, den Weg in die Gebär-
klinik anzutreten, in der alles für ihre Aufnahme vorbereitet
ist. Nur eines steht für die von grenzenloser Verzweiflung Er-
starrte fest: Im Atelier, wo sie alles – jedes Bild, ob vollendet
oder unvollendet, jedes Möbelstück, jedes Wäschestück,
jede Weinflasche, ob voll oder leer – an »ihn«, an die große
Liebe ihres Lebens erinnert, hält sie es keinen Augenblick
länger aus. Jeanne rafft das Nötigste an Habseligkeiten an
sich, hält auf der Straße vorm Haus ein Taxi an und läßt sich
bei einem billigen kleinen Hotel in der Rue de Seine abset-
zen. Als sie am nächsten Morgen ihr Quartier verläßt, findet
das Zimmermädchen unter dem Kopfkissen einen Dolch; es
ist dieselbe Selbstmordwaffe, die man später – bei der Sichtung ihrer Hinterlassenschaft – auch auf einer jener Zeichnungen entdecken wird, die Jeanne Hébuterne an einem der
letzten Tage ihres Lebens angefertigt haben muß. Sie zeigt
eine junge Frau, die sich einen Dolch ins Herz stößt.

Erst jetzt, in der Stunde der höchsten Gefahr, zeigen sich
Jeanne Hébuternes Eltern bereit, den Bann, den sie seit
Monaten über ihre »verirrte« Tochter verhängt haben, zu
lösen und ihr beizustehen. Sogar der starrsinnig-selbstge-
rechte Vater kann sich dazu überwinden, ihr auf dem Weg
zur Leichenkammer der Charité das Geleit zu geben: Jeanne will von ihrem Geliebten Abschied nehmen, ihm ein letztes Mal in die – nun toten – Augen blicken. Wortlos gibt sie
dem Vater zu verstehen, daß sie dabei allein sein will: Nur die
engsten Freunde stehen um sie herum, werden Zeugen der
erschütternden Szene. Jeanne tritt an den Leichnam heran,
nähert ihr Gesicht dem seinen, verharrt lange in dieser Stellung, als wollte sie in den Augen des Toten lesen, löst eine der
Locken aus ihrem Haar und legt sie ihm auf die Brust. Rück-
wärts, als könne sie den Blick nicht von ihm abwenden, verläßt Jeanne den Raum – kein Seufzer, nicht das kleinste Wort
löst sich von ihren Lippen. Auch, als der vor der Pforte des
Spitals auf sie wartende Vater sie auffordert, ihm zu folgen
und ins Elternhaus zurückzukehren, scheint sie gefaßt: Mit
einem stummen Kopfnicken willigt sie ein.
Dort, in der alten Wohnung in der Rue Amyot, in der sie aufgewachsen ist, ist es ihr geliebter Bruder André, der keinen
Augenblick von ihrer Seite weicht. Auch während der folgenden Nacht ist er ständig um sie, teilt sogar das Zimmer
mit ihr. Als er gegen vier Uhr morgens erschöpft einschläft,
nützt Jeanne, die sich wohl schon länger mit Selbstmordge-
danken gequält hat, die Gelegenheit, öffnet das Fenster und
stürzt sich, um sich den Anblick des Abgrundes zu ersparen,
rücklings vom fünften Stockwerk in die Tiefe. Ob es ein
Schrei ist, den sie vielleicht noch vor ihrem letzten Schritt
ausstößt, oder aber der Aufprall auf dem Straßenpflaster, was

André Hébuterne aus dem Schlaf reißt, ist ungeklärt: Der Bruder begreift jedenfalls sofort, was geschehen ist. Ein Straßenarbeiter, der den leblosen Körper der Hochschwangeren birgt, ist der einzige Zeuge des grausigen Vorfalls.

Wie ein Lauffeuer verbreitet sich in den Ateliers und Künstlerlokalen vom Montparnasse die Schreckensnachricht von der Doppeltragödie. Am größten ist das Entsetzen natürlich unter den engsten Freunden. Für sie steht fest: Die auf so gräßliche Weise auseinandergerissenen Liebenden müssen gemeinsam bestattet werden. Doch die Familie Hébuterne legt sich ein weiteres Mal quer: Ihre christlich erzogene Tochter im Grab eines Juden – ausgeschlossen!

An die tausend Trauernde, darunter auch Pablo Picasso, Fernand Léger und Maurice Utrillos Mutter, die Malerin Suzanne Valadon, folgen am frühen Nachmittag des 27. Jänner dem Leichenwagen auf dessen Weg zum Friedhof Père Lachaise. »Deckt ihn mit Blumen zu!« hat Modiglianis Bruder Emanuele aus Livorno telegraphiert: Es werden ihrer so viele sein, daß man, von den Freunden organisiert, einen Teil davon für das tags zuvor stattfindende Begräbnis der armen Jeanne abzweigen kann. Freilich müssen die für sie bestimmten Bukets an der Familie Hébuterne vorbeigeschmuggelt werden: Um die Modigliani-Anhängerschaft von der Zeremonie auf dem Friedhof des Pariser Vorortes Bagneux fernzuhalten, hat man das Begräbnis für acht Uhr früh angesetzt. Erst viele Jahre später wird sich die Familie Hébuterne dazu durchringen, der Umbettung des Leichnams ihrer Tochter zuzustimmen. Nun also endlich vereint, ruhen Amedeo Modigliani und Jeanne Hébuterne in einem und demselben Grab im jüdischen Teil des Prominentenfriedhofs Père Lachaise. In den Grabinschriften spiegelt sich der

Versuch, der besonderen Tragik dieser beiden Lebensge-
schichten gerecht zu werden: »Der Tod ereilte ihn, als ihm
der Ruhm winkte« lesen wir auf der einen, »Seine treue Gefährtin bis zum höchsten Opfer« auf der anderen Grabplatte
– beides in Modiglianis Muttersprache Italienisch.

Das Kind, das aus der Beziehung Amedeo Modiglianis und
seiner letzten Liebe hervorgegangen ist, ist zum Zeitpunkt
des Doppeltodes seiner Eltern vierzehn Monate alt. Die
Vollwaise findet im Elternhaus des Künstlers Aufnahme:
Dedos unverheiratet gebliebene Schwester Margherita zieht
sie auf. Erst als junge Frau wird Jeanne Livorno verlassen
und nach Paris zurückkehren. Nach ihrem Studium – italienische Sprache und italienische Literatur – arbeitet sie in
den verschiedensten Berufen, bringt sich als Sekretärin, Te-
lefonistin, Journalistin, Kunstkritikerin, Lehrerin und Übersetzerin durch. Auf den Vater, den sie niemals bewußt kennengelernt hat, bleibt sie auf ihre Weise fixiert: Sie schreibt
eine Modigliani-Biographie, versucht sich in späteren Jahren
so wie er als Malerin, und ihr gesundes Selbstbewußtsein
kommt ihr vor allem zustatten, wo es darum geht, Amedeo
Modiglianis Lebenswerk vor Mißbrauch zu schützen. Da
sind die gewissenlosen Autoren, die seine Biographie aufs
schändlichste verkitschen, die Kunsthändler, die den Markt
mit Fälschungen überschwemmen, die Frauen, die sich als
ehemalige Modigliani-Mätressen ausgeben und finanzielle
Ansprüche geltend zu machen versuchen.

Nur mit ihrem *eigenen* Leben kommt sie nicht zurecht. Von
Modiglianis Bruder Emanuele, der als Abgeordneter im römischen Senat ihre späte Adoption durchsetzt, auch formell
in den Familienverband aufgenommen, heiratet die nunmehrige Jeanne Modigliani den französischen Gelehrten

Victor Nechtschein, doch als sich die eine der beiden Töchter, die sie zur Welt bringt, als schwerbehindert herausstellt, ergibt auch sie sich, dem Beispiel ihres unglücklichen Vaters folgend, dem Alkohol und stirbt 1984 im Alter von sechsundsechzig Jahren an den Folgen ihrer Sucht.

Kein süßer Fratz

Fred Astaire und Robyn Smith

Adele, seine ein Jahr ältere Schwester, an deren Seite er als sechsjähriger Knirps auf der Bühne debütiert, mit der er siebenundzwanzig Jahre hindurch tanzt und mit der er auch bis ins hohe Alter Kontakt hält, erklärt ihn rundweg für verrückt, als er ihr zu Weihnachten 1980 anvertraut, er habe vor, noch einmal zu heiraten. Er – das ist Weltstar Fred Astaire, der sich mit einundachtzig in den Kopf gesetzt hat, mit der dreiundvierzig Jahre jüngeren Dressurreiterin Robyn Smith den Bund fürs Leben zu schließen. Und Ava, die Tochter aus seiner ersten Ehe, gleichen Alters wie die Braut, reist sogar eigens aus Irland an, um das Unvorstellbare zu verhindern. Auch die Freunde in und um Los Angeles tun sich zusammen und schmieden Pläne, den alten Gockel zur Vernunft zu bringen. Als alles nichts hilft und am 24. Juni 1980 tatsächlich die Trauung vollzogen wird, geht ein Aufschrei der Verwunderung durch die Filmwelt: Derselbe Mann, der seine gesamte Karriere hindurch niemals mit Details aus seinem Privatleben in die Schlagzeilen geraten ist, steht auf einmal als törichter Lustgreis da, der auf eine besitzgierige Person hereinfällt, die dem Alter nach seine Enkeltochter sein könnte.

Vor allem die Boulevardpresse steht Kopf. Seit Jahr und Tag an die bizarrsten Affären gewöhnt, scheint sie im Fall Astaire ratlos: Bis zu dessen zweiundachtzigstem Lebensjahr hat

221

sie warten müssen, um dieses Musterbild an Solidität und Unauffälligkeit von seinem Sockel zu stürzen. Ja, gab es nicht sogar Zeiten, wo die unablässig nach Skandalen gierenden Klatschreporter Amerikas Tanzstar Nummer eins gram waren, weil er ihnen jahraus, jahrein nicht das kleinste bißchen Stoff geliefert hatte?

Auch jetzt, wo man in aller Eile die Archive plündert, um die soeben publik gewordene Sensation mit pikanten Stories aus seinem früheren Liebesleben anzureichern, macht sich allgemeine Enttäuschung breit: Das »Material«, das die Redaktionen ausheben, könnte karger nicht sein. Da ist wahrhaftig nur von einer einzigen Beziehung die Rede: von Astaires Ehe mit der neun Jahre jüngeren Phyllis Potter aus Long Island, die sich sowohl vom Filmbetrieb wie vom Gesellschaftsleben Hollywoods fernhält, die ihrem Mann zwei Kinder – den 1936 geborenen Sohn Fred junior und die 1942 nachfolgende Tochter Ava – schenkt und die 1954, nach sechsmonatigem Kampf gegen den Krebs, sechsundvierzigjährig stirbt.

Da diese paar Eckdaten aus Fred Astaires Privatleben dem amerikanischen Medienzirkus allzu dürftig waren, behalf man sich mit Erfindungen und hängte dem angeblich so treuen Ehemann eine Liaison mit seiner neunfachen Filmpartnerin Ginger Rogers an und kehrte die Sache, als beide Teile wütend dementierten, prompt ins Gegenteil um und setzte die Legende in die Welt, nie habe ein Traumpaar wie diese zwei, die den Kinobesuchern stets die vollkommene Harmonie vorgegaukelt hätten, einander glühender gehaßt als sie.

Über Fred Astaire gab es also fast ein ganzes Leben lang nichts anderes zu berichten als die Geschichte seiner (väter-

*»Wie kann man ihn
nur zur Vernunft
bringen?«:
Fred Astaire*

licherseits) altösterreichischen Abkunft, seiner von der aus
dem Elsaß stammenden Mutter gelenkten Wunderkindkar-
riere, seines steilen Aufstiegs zum Hollywoodstar, seines späten Wechsels ins Charakterfach und schließlich seines Rück-
zugs in ein ruhiges, ja geradezu aufreizend skandalfreies
Privatleben.
Und nun das! Der Einundachtzigjährige, seit sechsundzwanzig Jahren Witwer, geht eine zweite Ehe ein – mit einer
mehr als vier Jahrzehnte Jüngeren!

Obwohl er es gewohnt ist, nach wie vor tagtäglich sein Büro
aufzusuchen, um die eingegangene Post zu sichten, Film-
angebote zu prüfen und Autogrammwünsche zu erfüllen,

gönnt er sich nun doch auch das eine oder andere Freizeitvergnügen. Wenn er gegen vier Uhr früh aufwacht und keinen Schlaf mehr findet, löst er Kreuzworträtsel; die Abende verbringt er vor dem Fernsehschirm, Game Shows und Soap Operas sind seine bevorzugten Programme. Seitdem sich herumgesprochen hat, daß Fred Astaire nichts so sehr verabscheut wie große Parties, erhält er kaum noch Einladungen; nur mit engen Freunden wie Robert Wagner, Natalie Wood, Twiggy und dem Ehepaar Gregory und Veronique Peck trifft er sich gelegentlich zum Essen. Seinem Lieblingssport Schwimmen frönt er im eigenen Pool; Haushälterin Jo Coady umsorgt den bedürfnislosen Single in seinem eingeschossigen Bungalow im Nobelbezirk Beverly Hills. Im übrigen ist die Zeit der großen Ehrungen angebrochen: hier eine Preisverleihung, dort ein Jubiläumsauftritt. Läßt er sich dazu überreden, fürs Fernsehen eine Show wie »The Man in the Santa Claus Suit« zu drehen, so denkt er weniger an die Gage, die ihm dafür geboten wird, als an die eigenen Enkelkinder, denen er damit eine Freude macht.

Was ihn außerdem noch reizt, sind Pferderennen: Bei so manchem der illustren Derbys in Santa Anita sieht man Fred Astaire nicht nur auf der Zuschauertribüne, sondern auch am Wettschalter. Alfred Vanderbilt, der einen der größten Rennställe Kaliforniens besitzt, zählt seit Jahr und Tag zu seinen Freunden. Jetzt ist die Nummer eins unter Mister Vanderbilts Jockeys (was in diesem von Männern dominierten Beruf eine ungewöhnliche Ausnahme bildet) eine attraktive junge Frau, und da man diese Robyn Smith häufig Hand in Hand mit ihm antrifft, wird sogleich von einer Affäre des vor kurzem Geschiedenen mit der noch ungebundenen End-

zwanzigerin gemunkelt, ja sogar deren unmittelbar bevorstehende Heirat erwartet.

Mit den Jahren leben sich Robyn Smith und ihr Förderer jedoch auseinander: Vorbei die Zeiten, da die ehrgeizige junge
Person lauthals verkündete, die »beste Reiterin der Welt«
werden zu wollen, mit Starpferden wie »Exciting Divorce«
von Sieg zu Sieg ritt und bis zu dreihunderttausend Dollar
Jahresgage einstreifte. Die Folge: Robyn Smith muß nach
neuen Gönnern Ausschau halten.

Unter den Bekanntschaften, die sie ihrem Ex-Begleiter Vanderbilt verdankt, ist auch Hollywoodstar Fred Astaire: Bei
einem Pferderennen am Neujahrstag 1973 begegnen die
beiden einander zum erstenmal. Jetzt, fünf Jahre später,
scheint der Augenblick gekommen, die lose Verbindung, die
sich bis dato auf gelegentliche Treffs auf Rennplätzen beschränkt hat, zu vertiefen: Robyn Smith greift in ihrem Lu-
xusappartement in Arcadia, einem der Nobelbezirke von Los
Angeles, zum Telefonhörer und ruft Fred Astaire an. Der
zeigt sich überrascht – und wird im nächsten Augenblick
noch überraschter sein: Robyn Smith lädt den Neunund-
siebzigjährigen, mit dem sie bisher höchstens ein paar Worte
über die unterschiedlichen Qualitäten von Rennpferden
oder über riskante Einsätze am Wettschalter gewechselt hat,
zum Dinner ein. Nicht einmal die Wahl des Lokals, in dem
man miteinander tafeln will, überläßt sie ihm: »Ich gebe zu«,
wird Fred Astaire später in einem seiner spärlichen Interviews verraten, »daß ich zuerst ganz schön geschockt war.
Von einer Lady zum Essen ausgeführt zu werden, war für
mich neu. Eigentlich war es bisher immer genau umgekehrt
gewesen. Doch ich sagte zu.«

Ungewöhnlich auch der Verlauf des Treffens: Statt, wie es

vielleicht zu erwarten wäre, dem weltberühmten Schauspieler zu schmeicheln, gesteht ihm Robyn Smith unumwunden ein, keinen einzigen seiner Filme gesehen zu haben, Musicals seien ihre Sache nicht, sie interessiere sich mehr für Cowboy-Geschichten.

Ist es diese verblüffende Offenheit, was Fred Astaire an ihr imponiert? Die beiden kommen jedenfalls von diesem Tag an öfter und öfter zusammen: Seitdem sie kaum noch als Jockey tätig ist und er nur noch selten in den Filmateliers zu tun hat, verfügen die zwei reichlich über Freizeit, und als Fred Astaire eines Tages in Robyns ramponierten Volkswagen einsteigt, der noch aus ihrer Zeit mit Alfred Vanderbilt stammt, wird schließlich auch das erste Geschenk fällig: Robyn Smith darf sich von ihrem Begleiter ein neues Auto wünschen …

Ein Jahr darauf, zwei Monate vor seinem einundachtzigsten Geburtstag, tut Fred Astaire einen Schritt, den keiner, der ihn zu kennen glaubte, jemals für möglich gehalten hätte: Er gewährt der ABC-Starmoderatorin Barbara Walters in seinem Heim in Beverly Hills ein ausführliches Fernsehinterview, in dessen Verlauf er mit seinem Plan herausrückt, noch ein weiteres Mal zu heiraten. Ohne Umschweife nennt er den Namen der Erwählten, rühmt ihre Schönheit, und als – unweigerlich – der riesige Altersunterschied der beiden zur Sprache kommt, verbittet er sich unwirsch jegliche Bevormundung: »Wer zum Teufel will mir vorschreiben, was ich zu tun habe? 1954 habe ich meine Frau verloren. Es war eine Katastrophe, wie sie schlimmer nicht hätte sein können. Seitdem steht mein Leben still. Die sechsundzwanzig Jahre, die darauf gefolgt sind, sind gleich null. Ich fühle mich wie fünfzig.«

Am 24. Juni 1980 werden Fred Astaire und Robyn Caroline Smith getraut; das Haus am San Ysidro Drive Nr. 1155 ist von Stund an auch offiziell ihr gemeinsames Heim.

Jetzt will natürlich auch die Öffentlichkeit wissen, wer diese Frau ist, die bis dato nur in Rennsportkreisen einen Namen gehabt, nun aber das Kunststück fertiggebracht hat, einen als extrem scheu geltenden Mann wie Fred Astaire einzufangen. »Selfmade-Woman« lautet das Schlüsselwort: Neben Robyns attraktiver Erscheinung ist es vor allem das phänomenale Durchsetzungsvermögen des Armeleutekindes, das auf Fred Astaire Eindruck macht.

Mutter Constance hat bereits drei Ehen hinter sich, als sie den Schiffsarbeiter Billie Smith heiratet; die am 14. August 1942 in San Francisco geborene Robyn ist das vierte Kind. Von einer Tante zur anderen »abgeschoben«, wird sie sich später als »verhökertes Baby« bezeichnen, das, vor die Wahl gestellt, eine schöne Kindheit oder lieber ein schönes Erwachsenenleben zu haben, sich spontan für letzteres entscheiden würde.

Eigentlich zieht es sie ja zum Film. Da man jedoch in den Columbia Studios, wo sie sich nach einem Job umsieht, wenig mit ihr anfangen kann und ihre Mitwirkung bei einem Werbespot für eine Getränkefirma ihr einziger Kameraauftritt bleiben wird, entschließt sie sich eines Tages, ihr Glück im Rennsport zu versuchen. Als Kind – ihrer Asthmaanfälle wegen – von Pferden ängstlich ferngehalten, ist es ihr mit zwanzig gelungen, ihre körperlichen Defizite zu überwinden, und mit eiserner Disziplin erreicht sie das für Jockeys vorgeschriebene Höchstgewicht von zweiundfünfzig Kilo. Tagaus, tagein sitzt sie im Sattel, noch im Morgengrauen

227

nimmt sie das Training auf, schon abends um neun liegt sie im Bett, Privatleben gibt es keines. 1969 ist Robyn Smith so weit, ihr erstes öffentliches Rennen zu bestreiten; vier Jahre später ist sie der erste weibliche Jockey, der es zuwege bringt, an einem und demselben Tag drei Siege einzuheimsen.

Das ist nun, da sie Mrs. Astaire wird, lange vorbei: Die Pferde sind fortan nur noch ihr Hobby. Umso stärker legt sie sich ins Zeug, wenn es darum geht, ihren Mann zu einer zweiten Filmkarriere zu überreden. Tatsächlich dreht Fred Astaire 1981 einen Streifen, der den einstigen Tanzstar von einer gänzlich neuen Seite zeigt: als Charakterdarsteller in dem allerdings mittelmäßigen und auch wenig erfolgreichen Horrorspektakel »Ghost Story«. Es wird sein letzter größerer Auftritt vor der Kamera: Das Publikum ist nicht bereit, sich seine Erinnerung an Meisterwerke wie »Daddy Langbein«, »Seidenstrümpfe« oder »Ein süßer Fratz« durch irgendwelche dubiosen B-Pictures trüben zu lassen, die nur auf die Zugkraft seines Namens setzen.

Was Fred Astaires neues Leben als Ehemann betrifft, so wiederholt sich die Situation der Jahre von 1935 bis 1954, als er mit Phyllis Potter verheiratet ist: Es dringt kein Sterbenswörtchen nach außen. Einzige Ausnahme: Als eine Reihe von Zeitungen das Gerücht lanciert, Astaires zweite Ehe sei am Scheitern, und auch die Abfindungssumme nennt, die Robyn für den Fall der Scheidung beansprucht (fünf Millionen Dollar), rafft sich der sonst so Pressescheue zu einem Dementi im Magazin »People« auf. Bei der Aufzählung all der vielen guten Charaktereigenschaften seiner Frau, die ihn unverbrüchlich an sie binden, rutscht ihm allerdings das Wörtchen »aufbrausend« heraus, und damit ist für jedermann klar, wer im Hause Astaire den Ton angibt ...

Eine Frau, die weiß, was sie will: Robyn Smith

Am 12. Juni 1987 erkrankt der inzwischen Achtundachtzig-jährige und wird mit Verdacht auf Lungenentzündung ins Century City Hospital von Los Angeles eingeliefert; zehn Tage darauf tritt der Tod ein. Sechs Stunden später bittet die Witwe zu einer Pressekonferenz und gibt unter Tränen und mit gebrochener Stimme bekannt, daß Fred Astaire so gestorben sei, wie er es sich immer gewünscht habe: in ihren Armen.

Eine ganz andere Frage ist es, ob er sich auch gewünscht hat, wie Robyn Astaire fortan mit seinem Erbe umgeht: Ihre Versteigerungs-, Verhinderungs- und Prozeßaktivitäten, die der Fachpresse und bald auch der breiten Öffentlichkeit nicht verborgen bleiben, stellen alles in den Schatten, was man je in punkto Witwenwillkür zu hören bekommen hat. Da ist der auch für amerikanische Verhältnisse horrende Betrag von hundertfünfzigtausend Dollar, den Robyn Astaire pro Minu-

229

te verwendeten Filmmaterials an Vergütung einfordert; da ist ihr Versuch, den »Fred Astaire Dance Studios« das Recht streitig zu machen, Tanzvideos herzustellen und zu verbreiten; da läßt sie dem Schriftsteller David Shipman durch ihre Anwälte ausrichten, die Fred-Astaire-Biographie, die er mit ihrer Mithilfe herauszubringen gedenke, werde sie selbst schreiben, er möge also gefälligst die Finger davon lassen. Auch mit dem Magazin »Forbes«, das Photowünsche äußert, legt sie sich an, und der Firma Turner, die eine Jubiläumsdokumentation über die Geschichte von Metro Goldwyn Mayer vorbereitet, rückt sie keinen Zentimeter Filmmaterial heraus. Selbst die große Ginger-Rogers-Ehrung im Kennedy Center muß ohne jene Filmausschnitte, die die Jubilarin mit ihrem einstigen Lieblingspartner zeigen, über die Bühne gehen. Umgekehrt läßt die sonst so strenge Nachlaßhüterin – selbstverständlich für eine immense Gage – die Geschmacklosigkeit zu, den seit Jahren Toten für einen Werbefilm in Sachen Haushaltsgeräte einzuspannen: Die moderne Filmtechnik macht's möglich, Fred Astaire mit einem Staubsauger tanzen zu lassen …

Die sich häufenden Angriffe in der Presse, in die auch manche von Freds einstigen Kollegen entrüstet einstimmen, lassen die Witwe, die sich in ihrem 3-Millionen-Dollar-Besitz verschanzt hält, die entschlossen alle Interviewwünsche abwehrt und die in der Öffentlichkeit höchstens zu erblicken ist, wenn sie ihrem Hobby Fliegen frönt und ihre Privatmaschine besteigt, kalt. Von dem Tag an, da Fred Astaires Tochter Ava, mit der Nachricht von der Wiederverehelichung ihres Vaters konfrontiert, beschlossen hat, die »neue Situation« zu ignorieren, hat Robyn Astaire es gelernt, damit zu leben, eine ungeliebte Person zu sein.

»Gib nur acht, über Nacht
kommt die Liebe …«

Greta Keller und Wolfgang Nebmaier

Herbst 1967 – keine gute Zeit für die Anbeter großer Diseusen: Marlene Dietrich schon mehr Legende als Wirklichkeit, Trude Hesterberg seit einigen Wochen, Edith Piaf seit vier Jahren tot. Da sind wir in *Wien* noch einigermaßen *gut* dran: Ab und zu kommt Greta Keller aus New York, um in ihrer Geburtsstadt einen Chansonabend zu geben.

Am 23. September 1967 ist es wieder einmal so weit: Im Theater an der Wien drängen sich die Fans, um der rauchig-dunklen Stimme der inzwischen Vierundsechzigjährigen zu lauschen. Sie singt – wie sie es immer, also auch in ihrer Wahlheimat USA, tut – ein dreisprachiges Programm: einiges auf englisch, einiges auf französisch, einiges auf deutsch, einiges sowohl als auch. Kurt Weills Bilbao Song, Richepins »Mon cœur est un violon« und Ralph Benatzkys »Paradeisgartl«, die zu dieser Zeit für unser Ohr noch taufrischen Songs aus dem Broadway-Musical »Cabaret« und das nostalgische Wienerlied »Herr Doktor, erinnern Sie sich noch ans Zwölferjahr?«.

Was ist der Unterschied zwischen Greta Kellers Amerika und Greta Kellers Österreich, den beiden Polen ihrer künstlerischen Existenz? Drüben ist sie ein *Star*, hüben wird sie *geliebt*. Drüben die Schallplattenmillionärin mit den über

231

achthundert Aufnahmen, hier die Heimkehrerin mit dem Odeur der großen weiten Welt. Wenn die Kritiker ihrer Wiener Konzerte zur Feder greifen, ist es immer, als wollten sie dem Objekt ihrer Bewunderung nacheifern, und huldigen ihr mit Formulierungen, die selber einem ihrer Chansons entstammen könnten. Gotthard Böhm schreibt in der »Presse«: »Im von Greta Keller behüteten Garten des Chansons gedeiht das bescheidene Veilchen neben der üppigen Rose, die Orchidee neben dem schlanken Immergrün. Sie veredelt hier, stutzt da, jätet sorgfältig und pflanzt Neues – eine Gärtnerin aus Liebe.«

Zehn Jahre darauf ist sie abermals in der alten Heimat, nun allerdings gesundheitlich angeschlagen, und die alten und die neuen Freunde, die um sie geschart sind, zittern, ob Greta Keller überhaupt imstande sein werde, ihren noch immer dichten Terminplan einzuhalten und die für die nächste Saison vertraglich fixierten Auftritte in München, Berlin, Köln, Hamburg, Aachen und Los Angeles zu absolvieren. Im August 1977 – fünf Monate nach ihrem letzten Chansonabend im Vienna English Theatre – haben die behandelnden Ärzte die tödliche Diagnose gestellt: Leberkrebs. Um den Lebensmut der Vierundsiebzigjährigen nicht zu brechen, wird der Patientin die grausame Wahrheit vorenthalten. Nur eine Gefährtin aus New Yorker Tagen, die an Greta Kellers Sterbelager geeilt ist, die trotz ihrer dreiundneunzig Jahre noch immer »amtierende« Wiener Haushälterin Poldi, die spätere Prinzipalin der Wiener Kleinbühne »Komödie am Kai«, Sissy Koller-Boran, und ein hochaufgeschossen-schlanker Jüngling von Mitte zwanzig sind in das Bevorstehende eingeweiht: Am 5. November 1977 hört Greta Kellers Herz auf zu schlagen. Wolfgang Nebmaier – so der Name des jungen Mannes, der seit längerem an ihrer Seite ist – neigt sich zu einem letzten Kuß über das auf einmal ganz klein gewordene, erschreckend eingefallene Gesicht der Geliebten. Auf dem Zentralfriedhof findet unter großer Anteilnahme ihrer Wiener Anhängerschaft das Leichenbegängnis statt, die Stadt Wien widmet Greta Keller ein Ehrengrab.

Mag manch einer auch – unter Hinweis auf die siebenundvierzig Jahre Altersunterschied – die Nase rümpfen: Greta Keller hat ihren Lebensabend nicht – wie so viele vormals gefeierte Bühnenkünstler – in Einsamkeit verbracht, sondern sie hat, sollte die »Bild-Zeitung« nicht wieder einmal schamlos übertrieben haben, sogar noch Heiratspläne geschmiedet. Dem allem kommt der Tod zuvor. Was bleibt, ist die Bilanz glücklicher vier Jahre mit einem jugendlichen Fan, der seinem Idol die Gewißheit zu geben vermag, auch als Frau noch begehrt zu sein.

Dreiundzwanzig wird er demnächst, der Münchner Musiker und Antiquitätenrestaurator Wolfgang Nebmaier, als er im Mai 1973 Greta Keller nach einem Auftritt im Münchner Amerikahaus kennenlernt. Mit Freundin und Familie sitzt er in einer der hintersten Reihen des Konzertsaales. Das letzte Chanson ist verklungen, die Fans stürmen die Bühne, stehen Schlange um Autogramme, die enthusiastisch Gefeierte versinkt in einem Blumenmeer. Als Wolfgang Nebmaier an der Reihe ist, Greta Keller seine Verehrung zu bezeugen und dafür ihren auf den Programmzettel gekritzelten Namenszug in Empfang zu nehmen, fängt er ein paar Wortfetzen auf, die für jemanden aus ihrer Umgebung bestimmt sind: Sie soll am folgenden Tag mit der Bahn nach Wiesbaden weiterreisen – wie wird sie in dem engen Coupé mit all den vielen Buketts zurechtkommen?

Wolfgang bietet ihr seine Dienste an, borgt sich das Auto seines Vaters aus und spielt Chauffeur. Und statt, am Ziel angelangt, sogleich wieder nach München zurückzukehren, wird er eingeladen, die folgende Nacht in Wiesbaden zu bleiben: Man logiert in der vornehmen Villa reicher Freunde, Tür an Tür. Beim morgendlichen Aufwachen, noch bevor man das gemeinsame Frühstück einnimmt, faßt sich der junge Verehrer ein Herz, setzt einen schwärmerischen Brief an seine Zimmernachbarin auf und schiebt ihr das gefühlvolle Elaborat unter der Tür durch. Es kommt zu einer ernsten Aussprache, zu einem mehrstündigen Spaziergang, zu leidenschaftlichem Austausch erster Zärtlichkeiten. Und als man sich voneinander verabschiedet, steht für beide Teile fest: Es muß für das, was sich da an Zuneigung, an gegenseitigem Verstehen, ja an Begehren anbahnt, unbedingt eine Fortsetzung geben.

Zunächst sind es Briefe, die zwischen ihnen hin und her gehen, bald folgt das nächste Treffen, und als kurz darauf Greta Keller in Hamburg vor der Fernsehkamera steht, sind die Würfel endgültig gefallen: Man beschließt beieinanderzubleiben.

Zu tun gibt's genug: Wolfgang Nebmaier, der sich inzwischen von seinem Münchner Elternhaus gelöst hat, nimmt Greta Keller, die all die Jahre ohne eigenes Management auszukommen glaubte, sämtliche Sekretariatsarbeiten ab, begleitet sie von Konzert zu Konzert, zieht schließlich auch zu ihr nach Wien, wo sie nach wie vor – Singerstraße Nr. 12, nur wenige Schritte vom Stephansdom entfernt – ihren zweiten (und nun, nach Verlassen ihres Manhattaner Penthouse-Appartements, ihren ersten) Wohnsitz hat. Wohl noch immer ein wenig verschreckt von dem Wagnis, auf das

»Thanks for the memory«:
Greta Keller und der 47 Jahre jüngere Wolfgang Nebmaier

sie sich da eingelassen hat, unterzieht sich die lebensfrohe
Siebzigerin einer Frischzellenkur, und in Interviews, in
denen sie natürlich auch auf ihre neue Partnerschaft angesprochen wird, stellt sie klar: »Ja, ich gebe zu, es ist eine ungewöhnliche Liebe. Aber auch eine ungewöhnlich große.
Glauben Sie mir, es ist alles völlig normal.« Und ist man einmal für ein paar Tage voneinander getrennt, schreibt sie
ihrem Wolfgang: »Ich umarme Dich – gar nicht mütterlich,
wie ich sollte ...«
Für Wolfgang Nebmaier werden diese vier Jahre – über
Greta Kellers Tod hinaus – zum prägenden Ereignis seines
Lebens: Auch als er längst in anderen Berufen Fuß gefaßt
hat, andere Beziehungen eingegangen ist und, dem Beispiel
der Exgeliebten folgend, in Amerika eine zweite Heimat gefunden hat, wird er bei keiner Gelegenheit versäumen, darauf hinzuweisen, daß es Greta Keller ist, an deren Format er
alles und alle messen werde, die fortan seinen Lebensweg
kreuzen.

Am 8. Februar 1903 in Wien geboren, wächst Greta als behü-
tetes Kind im Haus eines Multimillionärs auf: Der Vater ist
Kompagnon jenes berühmt-berüchtigten Waffenfabrikan-
ten Fritz Mandl, der auch als Ehegatte Nummer eins der
Filmschauspielerin Hedy Lamarr in die Schlagzeilen gerät.
Doch mit dem Ende des Ersten Weltkrieges bricht die Hir-
tenberger Patronenfabrik zusammen, und die Familie Keller verarmt von einem Tag auf den anderen.
Ebendies ist Gretas große Chance: War es schon ihrer Mutter verwehrt, als Gattin eines Konzernherrn die erträumte
Sängerinnenlaufbahn einzuschlagen, hätte auch das Töch-
terl niemals, wie es deren fester Wille ist, zum Theater dür-

fen. Das ist nun mit einem Schlag anders: Mutter Madeleine erteilt der Halbwüchsigen Gesangsunterricht; Tante Hedwig, als Schauspielerin am Deutschen Volkstheater engagiert, verschafft der Elfjährigen eine Bubenrolle in dem Sittendrama »Der Pfarrer von Kirchfeld«. Mit vierzehn schlüpft Greta mangels eigener Luxusgarderobe in Mutters Kleider und wagt sich, mag dies für eine höhere Tochter ihres Alters auch noch so unschicklich sein, in die führenden Wiener Literatencafés, wo Größen wie Alfred Polgar und Egon Friedell, Felix Salten und Arthur Schnitzler den Ton angeben. Anton Kuh, der sich Hals über Kopf in sie verliebt, hat nur deshalb keine Chance bei ihr, weil sie selber – ebenso aussichtslos – in den Burgschauspieler Alexander Moissi verknallt ist.

Daß sie trotz erster bescheidener Erfolge als Schauspielerin zur Gesangskunst tendiert, hat sich schon in frühester Kindheit abgezeichnet, als die Eltern sie in die Oscar-Straus-Operette »Ein Walzertraum« mitnehmen und die erst Fünfjährige nach Verlassen des Theaters fast alle Musiknummern fehlerlos nachsingen kann.

Bis es ihr gelingen wird, aus dieser Begabung ihren eigentlichen Beruf zu machen, sind allerdings noch mancherlei Hürden zu überspringen: Zwar steht sie – nach ihrem Debüt an der »Neuen Wiener Bühne« – im Berliner Theater am Schiffbauerdamm an der Seite solcher Berühmtheiten wie Elisabeth Bergner, Hilde Hildebrandt, Renate Müller und Gustav Dießl auf der Bühne, doch ihre eigenen Rollen sind klein und unbedeutend. Marlene Dietrich, zwei Jahre älter als sie (und ebenfalls noch weit entfernt vom großen »Durchbruch«), ist es, die der Kollegin in der gemeinsamen Garderobe der Wiener Kammerspiele (auf dem Programm steht das US-Erfolgsstück »Broadway«) den Anstoß für den künftigen Berufsweg geben wird, indem sie ihr auf einem Koffergrammophon amerikanische Songs vorspielt: Greta Keller, für die Englisch zu dieser Zeit noch ein fremdes Idiom ist, fängt augenblicks Feuer, macht sich an die Arbeit, studiert Chansons wie »Can't help loving this man of mine« ein und ergreift die Chance, im Kabarett »Pavillon« in der Walfischgasse (dem späteren »Moulin Rouge«) für eine Sängerin einzuspringen, die plötzlich ausgefallen ist: Es ist die Geburtsstunde der Diseuse Greta Keller.

Es folgen ein Engagement ans Pariser »Casanova«, BBC-Probeaufnahmen in London sowie der erste Schallplattenvertrag mit der Weltfirma Decca, der seinerseits den Weg bahnt für den Sprung über den Atlantik: Die großspurige Visitenkarte »Greta Keller Wien/Berlin/Paris/London«, die sie sich schon als Debütantin hat drucken lassen, wird bald um einen fünften Ortsnamen ergänzt werden müssen: New York. Denn hier schlägt sie von nun an ihre Zelte auf, hier singt sie im Rundfunk, in mondänen Bars und in Luxushotels wie dem berühmten Waldorf-Astoria, hier wird sie zum gefeierten Star.

Erst 1936 kehrt sie zu einem Gastspiel in die alte Heimat zurück, geht mit Peter Kreuder auf Tournee, hält aber – der bedrohlichen politischen Entwicklung wegen – ihrer Wahlheimat USA die Treue und wird erst nach Ende des Zweiten Weltkrieges wieder regelmäßig vor das Wiener (und vors deutsche) Publikum treten. Songs von Gershwin, Rodgers und Kurt Weill singt sie auf englisch, Lieder von Ralph Benatzky, Theo Mackeben und Friedrich Hollaender auf deutsch, dem kessen »Oh frivol ist mir am Abend« folgt das sentimentale »Don't ask me why«, und über all den Welt-

Hits vergißt sie auch niemals, ihr geliebtes »I remember Vienna« anzustimmen.

Inzwischen längst amerikanische Staatsbürgerin, darf sie Stars wie Mary Pickford, Pola Negri und Vivien Leigh, Kollegen wie Maurice Chevalier und Hildegard Knef, die Schriftsteller Noel Coward und Ernest Hemingway zu ihren Freunden, Christian Dior, Gian-Carlo Menotti sowie die Dirigenten Thomas Schippers und Leonard Bernstein zu ihren Bewunderern zählen. In Wien ist es unter anderem die sonst so spröde Paula Wessely, die auf Greta Kellers Gesangsstimme schwört, und als die inzwischen Zweiundsiebzigjährige sich 1975 dazu überreden läßt, auch nochmals eine Bühnenrolle anzunehmen und in dem Musical »Pippin« mitzuwirken, strotzt das Premierenpublikum im Theater an der Wien vor Prominenz.

In vielem bleibt Greta Kellers Lebenswerk allerdings ein Torso: Die Memoiren, von denen sie ein paar erste Kapitel ins Diktaphon gesprochen hat, schreibt sie ebenso wenig zu Ende wie das mehrfach angekündigte Kochbuch »Liebe macht hungrig«. Kochen ist ja ihr erklärtes Hobby, und wer einmal ihre Schinkenfleckerln, ihr Szegedinergulasch oder ihren Apfelstrudel gekostet hat, versteht den Ausspruch, der in keinem ihrer Interviews fehlt: »Hätte ich mich nicht fürs Theater entschieden, wäre ich Köchin geworden!« Indische Reistafel, spanische Paella und kreolischen Gumbo beherrscht sie ebenso wie all die alten Rezepte aus der k.u.k. Monarchie: »Ich singe in drei Sprachen und koche in zwölf.« Auch ein Lehrauftrag, am Reinhardt-Seminar die Schauspielstudenten in der Kunst des Entertainments zu unterweisen, kommt nicht mehr zustande. Alle Kraft, die der alternden Greta Keller noch verblieben ist, fließt in ihre

Konzertauftritte, und da ist es ein wahres Glück, daß sie in dem jungen Wolfgang Nebmaier einen Partner zur Seite hat, der ihr all den Kleinkram des Managements abnimmt. Ist also doch noch ein letztes Mal Wirklichkeit geworden, was sie sonst nur, ins Mikrophon hauchend, ihrem Publikum mit auf den Weg gegeben hat: »Gib nur acht, über Nacht kommt die Liebe …«

Interessanterweise sind Greta Kellers Liebhaber immer jünger als sie: der US-Sänger Joe Sargent, dem sie 1928 nach überstürzter Heirat nach Kalifornien gefolgt ist, oder ihr – gleichfalls amerikanischer – zweiter Ehemann, der Schauspieler David Bacon, dessen gewaltsamer Tod Herbst 1943 in Long Beach ihr einen solchen Schock zufügte, daß sie über der Schreckensnachricht das Baby verlor, auf dessen Geburt sie sich so sehr gefreut hatte.

Am 8. Februar 2003 wäre Greta Keller hundert geworden. Die Jungen kennen ihren Namen nicht mehr, und auch die Fans von einst, die sich die geliebte Stimme per CD-Player ins Wohnzimmer holen möchten, haben nicht allzu viel Auswahl. Vergessen ist die große österreichisch-amerikanische Diseuse dennoch nicht: Am Portal des vornehmen Hauses gegenüber der Deutschordenskirche, Singerstraße Nr. 12, wo Greta Keller sich bis zuletzt, umgeben von den geliebten Biedermeiermöbeln ihrer Mutter, stets so wohl gefühlt hat, ist 1999 eine Gedenktafel angebracht worden, deren Notenzeile an einen ihrer größten Hits erinnert: »Wenn die Sonne hinter den Dächern versinkt …« Und in der Musiksammlung der Stadt Wien wird, für jeden Interessenten einsehbar, ihr künstlerischer Nachlaß gehütet. Auch in der alten Heimat, wo sich die Greta-Keller-Fans unter anderem an umjubelte

Gastspiele im Schönbrunner Schloßtheater und im Brahms-
saal des Musikvereins, an eine Reihe von Fernsehauftritten
und an ihre letzte Studioaufnahme – eine kurz vor ihrem Tod
produzierte Schallplatte mit Kinderliedern – erinnern, be-
hielte also ein weiteres ihrer Lieblingslieder nach wie vor
Gültigkeit: »Thanks for the memory …«

Je ne regrette rien

Edith Piaf und Théo Sarapo

Chansons? Ich könnte ihnen das Telefonbuch vorsingen, und sie würden den Unterschied nicht merken.« Edith Piaf hat es nicht zynisch gemeint, hat sich nicht etwa über ihr Publikum lustig gemacht. Sondern lediglich jenes Phänomen zum Ausdruck bringen wollen, das mit dem Begriff »blinde Verehrung« nur unzulänglich umschrieben ist. Noch als Tote, deren Stimme seit nunmehr vierzig Jahren verstummt ist, ist der »Spatz von Paris« eine Kultfigur, deren Grab auf dem Père Lachaise zu den meistbesuchten und meistgeschmückten des Pariser Prominentenfriedhofs zählt. Denn hier wird nicht nur der großen Chansonsängerin gehuldigt, sondern fast noch mehr der heroischen Überlebenskünstlerin, die, sobald sie die Bühne bestieg und nach dem Mikrophon griff, noch als physisches Wrack Tausende zu Begeisterungsstürmen hinriß. Die Briefe und Blumen, die nach wie vor an ihrer letzten Ruhestätte niedergelegt werden, sind nur zum Teil Zeugnisse anhaltender Bewunderung einer überragenden Künstlerin. Weit öfter sind es Stoßgebete von Krankheit und Verfall heimgesuchter Menschen, die sich von einem Besuch am Piaf-Grab Linderung ihrer Leiden erhoffen: eine Art *Klein-Lourdes*, dem manche nachrühmen, es habe ihnen in der Tat Erlösung von ihrer Arthritis gebracht, von ihrem Rheuma, ihrer Gicht.

Auch wer nichts auf Wunder gibt, muß bei dem Namen Edith Piaf nachdenklich werden: Hat dieses am 19. Dezember 1915 im Stiegenaufgang des Hauses Rue de Belleville Nr. 72 zur Welt gekommene Armeleutekind nicht mit acht Jahren ihr Augenlicht verloren und nach einer Wallfahrt zur heiligen Therese von Lisieux plötzlich wieder sehen können? Und größtes aller Wunder: Noch ein Jahr vor ihrem tragisch frühen Ende trat die bereits vom Tod Gezeichnete vor den Traualtar und wechselte das Ja-Wort mit einem Mann, der ihr Sohn sein konnte, der zwanzig Jahre jünger war als sie ...

Winter 1961/62. Die kleinwüchsige, zerbrechlich-zarte und doch so kraftstrotzende Person mit der gewaltigen Gesangsstimme ist seit Jahren ein Weltstar; ihre Lieder »Mon Légionaire«, »Milord«, »L'Accordéoniste«, »La Vie en Rose«, »Sous le Ciel de Paris« und »Je ne regrette rien« sind Legende. In ihrer Luxuswohnung am Boulevard Lannes, die zuzeiten einem Campingplatz gleicht, weil Edith Piaf, obwohl vielfache Millionärin, nichts auf bürgerliche Ordnung gibt und auf äußeren Prunk, ist eines Abends Besuch angesagt: Claude Figus, der Agent der jetzt Sechsundvierzigjährigen, will sich nach dem Befinden seines Schützlings erkundigen, vielleicht auch frische Pläne mit ihr schmieden. Gerade hat sie wieder eine ihrer vielen Krisen überwunden. Die Ärzte beschwören sie, ihre schwindenden Kräfte nicht durch neue Auftritte weiter zu schwächen: An manchen Tagen kann sie kaum den Telefonhörer in der Hand halten.

An diesem Abend hat sie sich zwar aus dem Bett hochrappeln können, aber viel anzufangen ist mit ihr in diesem Zustand nicht, auch mit dem jungen Burschen, den Claude

Figus mitgebracht hat, wechselt sie kaum ein Wort. Er gibt dazu freilich auch wenig Anlaß: Der großgewachsene Schwarzhaarige im dunklen Dreß, der sich da auf dem Teppich im Salon niedergelassen hat und fasziniert die Gastgeberin anstarrt, trägt so gut wie nichts zur Unterhaltung bei. Als er sich Stunden später verabschiedet, denkt sich Edith Piaf: »Nicht gerade eine Stimmungskanone, der Kleine.« Daß er Theophanis Lamboukis heißt und Grieche ist, der mit seinen Eltern am Stadtrand von Paris lebt, hat sie schon im nächsten Augenblick wieder vergessen.

Drei Monate später. Edith Piaf hat wieder einmal alle Ratschläge ihrer Ärzte in den Wind geschlagen, hat sich trotz ihres angeschlagenen Gesundheitszustandes nicht geschont, ist schwer erkältet, hat Zugluft abbekommen: Mit einer doppelseitigen Lungenentzündung wird sie in die Klinik Ambroise-Paré in Neuilly eingeliefert.

Unter den ersten, die sie am Krankenbett besuchen, ist der stumme Gast von damals. Da er an jenem Abend in ihrer Wohnung kaum Eindruck auf sie gemacht hat, erkennt sie ihn gar nicht gleich wieder. Erst, als er seinen Namen nennt und statt der allgemein üblichen Blumen eine kleine Puppe hervorholt und der Patientin überreicht, huscht so etwas wie ein Lächeln über Edith Piafs Gesicht.

»Aber über das Puppenalter bin ich eigentlich hinaus!« sagt sie halb abwehrend, halb gerührt.

Theophanis Lamboukis hat sich offensichtlich seine Antwort gut überlegt: »Das ist keine gewöhnliche Puppe, Madame. Es ist eine Puppe aus meiner Heimat, aus Griechenland. Und wenn Sie es erlauben, komme ich morgen wieder.«

Theophanis hält Wort, Tag für Tag erscheint er von nun an an Edith Piafs Krankenbett. Seine einfache Kleidung verrät, daß er bestimmt nicht zu denen zählt, die allzu viel Geld in der Tasche haben. Sie fragt ihn nach seinem Beruf.

Statt zu antworten, sagt er nach einigem Überlegen: »Ich würde Sie gern frisieren, Madame.«

»Sie sind also Friseur?«

Theophanis läuft rot an. Verlegen wie ein unschuldiges Mädchen, dem man sein Herzensgeheimnis entlockt hat, rückt der hübsche Jüngling mit den zärtlichen dunklen Augen mit der Wahrheit heraus. Edith Piaf erschrickt: Ihr Haar ist verdammt dünn geworden in letzter Zeit, kräuselt sich nur noch wie ein kleines Häufchen Moos auf dem halbkahlen Kopf. Was sollte da zu frisieren sein?

Doch Theophanis läßt sich nicht abschütteln, holt sein Werkzeug hervor und macht sich an die Arbeit.

Beim nächsten Mal bringt er einen Stapel Bücher mit: »Lesen Sie gern?«

»Doch, aber es strengt mich zu sehr an.«

Also liest er ihr vor.

Als Edith Piaf aus dem Spital entlassen wird, setzt ihr Verehrer seine Besuche am Boulevard Lannes fort, meist bleibt er nun auch nachts über, und wieder einige Zeit später zieht er offiziell in ihre Wohnung ein. Daß er ihr gesteht, seinen angestammten Beruf aufgeben und Sänger werden zu wollen, macht sie überglücklich: Endlich kann auch sie etwas für diesen jungen Menschen tun, der so viel Wärme, so viel Hoffnung in ihr chaotisches Leben gebracht hat.

Als erstes wird sein Name geändert. Theophanis Lamboukis – das taugt nichts. Viel zu umständlich, wer soll sich das merken? Außerdem klingt es fremdländisch: »Die Leute werden glauben, du singst griechisch.«

Edith Piaf denkt nach. Und weiß im Nu die Lösung: »Aus

245

Theophanis machen wir Théo, und Lamboukis ersetzen wir durch Sarapo.« Sarapo klingt ähnlich wie eines der wenigen griechischen Worte, die sie auf ihrer Gastspielreise nach Athen aufgeschnappt hat – es bedeutet »Ich liebe dich«.

Jetzt geht es nur noch darum, das bißchen Sangeskunst, über das der junge Grieche verfügt, so weit zu vervollkommnen, daß er eines Tages an ihrer Seite auf die Bühne treten kann. Gleichzeitig kümmert er sich um Edith Piafs in letzter Zeit sträflich vernachlässigtes Äußeres: Er redet ihr zu, die Garderobe zu wechseln, überzeugt sie mit dem nötigen Takt davon, daß ihr bei ihrer von Krankheit und Sucht angegriffenen Figur Hosen besser stehen als Kleider, und auch in ihre Lebensgewohnheiten greift er behutsam ein: Rotwein und Champagner werden zwar nicht gestrichen, doch auf ein Normalmaß reduziert.

26. Juli 1962. Edith und Théo kennen einander nun acht Monate, leben seit sechs Monaten unter einem Dach. Der Ex-Friseur, der so gern Sänger werden möchte, hält den Zeitpunkt für gekommen, einen weiteren, einen entscheidenden nächsten Schritt zu wagen: Er fragt die zwanzig Jahre Ältere, ob sie seine Frau werden will.

Damit hat Edith nicht gerechnet: Sie erschrickt. Und unternimmt alles, dem in ihren Augen Wahnsinnigen seine Flausen auszureden: »Wo denkst du hin? Ich habe ein bewegtes Leben hinter mir. Du hingegen hast dein ganzes Leben noch vor dir.«

Doch Théo, für den dieser dramatische Augenblick so etwas wie ein Verlobungsakt zu sein scheint, läßt nicht locker. Auf jedes ihrer Argumente hat er ein Gegenargument. Auch Ediths Hinweis auf Théos Eltern, die nie und nimmer eine

solche Verbindung zulassen würden, vermag ihn nicht zu be-
irren: »Du wirst sie morgen kennenlernen. Sie erwarten uns
zum Mittagessen.«

»Ausgeschlossen. Ich hätte viel zuviel Angst.«

Edith findet in der folgenden Nacht keinen Schlaf, grübelnd
wälzt sie sich in ihrem Bett hin und her. Immer wieder steht
ihr das groteske Bild dieses ungleichen Paares vor Augen, das
von aller Welt verlacht werden wird. Außerdem fehlt ihr jegliches Talent zur Ehefrau: Sie hat nie für einen Mann ge-
sorgt, versteht nichts von Haushaltsführung. Théo kann an
ihrer Seite nur unglücklich werden. Und Liebe? Ja, natürlich
liebt sie diesen hübschen jungen Kerl, der ihr jeden Wunsch
von den Augen abliest. Und auch die Zweifel an der Auf-
richtigkeit seiner Gefühle, die manche aus ihrer Umgebung
hegen, ohne sie freilich offen auszusprechen, teilt sie nicht:
Théo, da ist sie sich ganz sicher, meint es ernst.

Wie in Trance erhebt sie sich am nächsten Morgen aus dem
Bett, erledigt ihre Toilette, geht zum Schminktisch. Théo,
der inzwischen ins Zimmer getreten ist, frisiert sie, hilft ihr
in ihr blaues Seidenkleid: Blau ist Ediths Glücksfarbe. Es
wird kaum ein Wort gewechselt in dieser Stunde, dann steigt
man in den weißen Mercedes, den Edith seit einiger Zeit
fährt, Théo erklärt ihr den Weg in den Pariser Vorort La
Frette, wo die Lamboukis einen Friseursalon betreiben.

Das Geschäft bleibt an diesem Tag geschlossen; die Familie
– neben den Eltern auch noch die Töchter Catharina und
Christina – sitzen um den Wohnzimmertisch und erwarten
den Besuch der Verlobten ihres Sohnes.

Hand in Hand treten Edith und Théo ins Zimmer: freundli-
ches Lächeln da wie dort, liebevolle Begrüßung, doch gleichzeitig auch diese quälende Atmosphäre allseitiger Ge-

hemmtheit. Théos Schwester Catharina ist es, der es gelingt, das Eis zu brechen: Sie legt eine Schallplatte auf und fragt den Gast, ob sie Twist tanzen kann.

Edith verneint.

»Dann bringen wir es Ihnen bei.« Catharina und ihre jüngere Schwester nehmen die künftige Schwägerin bei der Hand und wirbeln mit ihr durchs Zimmer.

Währenddessen verlassen der Bräutigam und dessen Eltern den Raum, ziehen sich zur Besprechung in den Garten hinterm Haus zurück. Als sie zurückkehren, ergreift Vater Lamboukis nach einer langen Pause des Schweigens das Wort und sagt, zu Edith gewandt: »Théo hat mich um die Erlaubnis ersucht, Sie zu heiraten, Madame. Er ist ein guter Sohn. Und er ist alt genug, um zu wissen, was er tut. Die Entscheidung liegt ausschließlich bei ihm selbst. Dennoch sollen Sie wissen, daß ich hocherfreut bin, Sie in unserer Familie willkommen zu heißen.«

Edith versucht die Tränen zurückzuhalten. Als jedoch im nächsten Augenblick Théos Mutter auf sie zutritt, die acht Monate Jüngere in ihre Arme schließt und sie auffordert, »maman« zu ihr zu sagen, ist der Bann endgültig gebrochen: Gerührt setzt man sich zu Tisch, und binnen kurzem schlägt die zunächst so betretene Stimmung in fröhliche Ausgelassenheit um. Als das Brautpaar zur Heimfahrt aufbricht, überreicht Mutter Lamboukis ihrer künftigen Schwiegertochter einen Korb mit frischen Pfirsichen und Aprikosen aus ihrem Garten. »Unser Haus ist von heute an auch das Ihre!« ruft sie ihr nach.

Noch vor dem Termin auf dem Standesamt, der für 9. Oktober festgesetzt ist, wartet auf Edith und Théo eine Bewährungsprobe, die nicht nur ihnen selbst das Äußerste ab-

»Willst du meine Frau werden?«:
Théo Sarapo und Edith Piaf

verlangt, sondern auch mit der zu erwartenden Häme jenes Teils der Öffentlichkeit belastet ist, für den Edith Piafs Beziehung zu Théo Sarapo ein Skandal ist, eine einzige Geschmacklosigkeit, ja wohl gar der dreiste Versuch eines Karrieresüchtigen, eine zwar in vieler Hinsicht abgetakelte, aber immer noch weltberühmte Künstlerin für seine Zwecke einzuspannen: Am 25. September 1962 treten Edith und Théo zum erstenmal gemeinsam vor Publikum auf. Es ist die Galapremiere des Films »Der längste Tag«. Edith Piafs Bühne ist der Eiffelturm, auf einem riesigen Bildschirm wird ihr Auftritt bis in die Gärten des Palais Chaillot übertragen. Bis zu dreihundertfünfzig Francs haben die dreitausend Zuschauer für ihre Plätze bezahlt, darunter Weltprominenz wie Eisenhower, Churchill und Mountbatten, der Schah von Persien und der König von Marokko, das spanische Königspaar, Fürst Rainier von Monaco, die Filmstars Liz Taylor, Sophia Loren, Ava Gardner, Audrey Hepburn, Robert Wagner, Richard Burton, Mel Ferrer und Curd Jürgens, der Sänger Paul Anka. Jeder kennt die Lieder, die Edith Piaf an diesem Abend singt, nur eines ist für sie neu: »A quoi ça sert, l'amour«. Und dieses eine, dieses neue, dieses »Wozu ist die Liebe gut?« singt sie nicht allein, sondern im Duett. Im Duett mit Théo Sarapo.
Zwei Tage später noch einmal das gleiche Programm, diesmal im »Olympia«. Und diesmal ist der Druck noch um vieles stärker: Alle Snobs von Paris sind gekommen, alle Lästermäuler der Millionenstadt, die nur darauf lauern, diesen jungen Kerl, der sich erfrecht, ihnen »ihre« Piaf wegzunehmen, scheitern zu sehen. Doch das Wunder tritt ein: Auch bei der Schlußnummer – es ist wieder das Duett »A quoi ça sert, l'amour« – bricht das Publikum in Jubel aus, und statt

der befürchteten Pfiffe erfüllen Sprechchöre den zum Ber-
sten vollen Saal: »Hipp hipp hurra!« Edith Piaf hat ein weiteres Mal gesiegt und diesmal zusammen mit dem Mann an
ihrer Seite: Théo Sarapo ist akzeptiert.

Die gehässigen Artikel der Boulevardpresse, die Edith Piafs
letzte Liebe eben noch als abgekartetes Spiel eines gewissenlosen Vorstadtgigolos denunziert haben, der nur auf das
Geld seiner Geliebten aus ist, ja voller Ungeduld auf den
nahen Tod der Sterbenskranken wartet, sind von einem Tag
auf den anderen vergessen.

Auch auf dem Platz vor dem Standesamt des 16. Arrondisse-
ments, wo am 9. Oktober die Trauung stattfindet, brandet
Applaus auf, als das Paar auf den Balkon hinaustritt, und bei
der kirchlichen Zeremonie im Bethaus der griechisch-ortho-
doxen Gemeinde von Paris prügeln sich die Fans um die
Plätze mit der besten Sicht, so daß die Polizei schlichtend
einschreiten muß. Die Zurufe »Viva Edith, viva Théo!« wollen dem vor Glück strahlenden Paar lange nicht aus dem
Ohr: Die Schlacht ist gewonnen!

Ist sie wirklich gewonnen? Das erste, was platzt, ist die geplante Hochzeitsreise in Théos Heimat Griechenland: Edith
Piafs Kräfteverfall schreitet fort, die Ärzte raten von jeder
strapaziösen Ortsveränderung ab. Umso mehr ist Théo daran
gelegen, daß es seine Frau in ihrem nunmehr gemeinsamen
Heim so schön hat wie irgend möglich: Er richtet das zwar
prachtvolle, doch seit längerem vernachlässigte Apparte-
ment am Boulevard Lannes frisch ein, ersetzt verbrauchte
Möbel durch neue, schafft einen Projektionsapparat an, der
es ihr ermöglicht, auch an Tagen, wo sie den Weg zum Kino
nicht mehr schafft, sich die Filme vorzuspielen, die sie sehen
will. In diesen Stunden hat sie, liebevoll auf einem eigenen

Fauteuil plaziert, jenen überdimensionalen Teddybär in Reichweite, den sie sich als Hochzeitsgeschenk gewünscht hat. Théo hat damals ganz Paris abgeklappert – auf der Suche nach einem Exemplar, das Ediths Maße hat: Nur 147 Zentimeter beträgt ihre Körpergröße. Er hat sein Ziel um vier Zentimeter verfehlt.

In einer anderen Ecke des Salons, auf einer kleinen Ablage, eine Miniaturnachbildung der Gnadenstatue von Lisieux: Sie soll Edith Piaf in den dunklen Stunden der Mutlosigkeit daran erinnern, daß Théo und sie kurz vor ihrer Heirat eine Wallfahrt in die Normandie unternommen und in der Basilika der Therese vom Kinde Jesu deren Schutz erfleht haben. Als achtjähriges Kind hat ihr diese Heilige das Augenlicht wiedergeschenkt – da könnte sie doch vielleicht auch einer hinfälligen, alternden Frau noch zu einem bißchen Lebensglück verhelfen? »Je n'en connais pas la fin ...« hat sie in einem ihrer früheren Chansons gesungen. Ja, so ist es: Auch wenn Edith Piaf nicht weiß, wie dieses Leben einmal enden wird – vielleicht hält es wenigstens noch ein paar späte Glücksmomente für sie bereit.

Am 18. März 1963, fünf Monate nach ihrer Eheschließung, hat sie ein Konzert in der Oper von Lille – es ist das letzte Mal, daß ihre Stimme von einer Bühne erklingt. Drei Wochen darauf erkrankt Edith Piaf an einem Lungenödem, fünf Tage liegt sie im Koma, und als sie endlich wieder zu sich kommt, verfällt sie vorübergehend in Wahnsinn. Théo ist zu ihr in die Klinik nach Neuilly übersiedelt: Er wischt ihr den Schweiß von der Stirn, löst ihre Hände, die ein imaginäres Mikrophon zu umklammern scheinen. Träumt sie womöglich von dem geplanten Konzert im Weißen Haus, wo sie für John F. Kennedy singen soll?

Die Villa Serrano in Cap Ferrat, die Théo für den zweimonatigen Erholungsaufenthalt gemietet hat, erweist sich als Mißgriff: Das Seeklima strengt die Patientin zu sehr an. Also wechselt man in die Berge. Ein Rückfall verlangt ihre Einlieferung in eine Klinik in Cannes: Die Ärzte halten Edith Piaf für verloren. In ihrem allerletzten Refugium, einem Dorf oberhalb von Grasse, ist sie nur noch ein Schatten ihrer selbst, wiegt achtunddreißig Kilo, ist fast kahl, die riesigen Augen starren gespenstisch aus dem aufgedunsenen Gesicht mit dem verzerrten Mund. Keinen einzigen Schritt kann sie mehr gehen, ist ständig auf den Rollstuhl angewiesen. Am 11. Oktober, zwei Monate vor ihrem achtundvierzigsten Geburtstag, verliert sie das Bewußtsein und wacht nicht mehr auf.

Théo veranlaßt die Überführung der Toten nach Paris. Da der Transport in größter Eile, unter strenger Geheimhaltung und während der Nachtstunden erfolgt, werden sofort allerlei Verdächtigungen laut: Hat der junge Witwer bei seinen Verfügungen wirklich nur an Ediths wiederholt geäußerten Wunsch gedacht, unbedingt in Paris sterben zu wollen, und deshalb die wahren Umstände verschleiert, oder hat er, wie böse Zungen munkeln, damit spekuliert, in Paris die größeren Publicity-Effekte zu erzielen als draußen auf dem Land? Tatsache ist, daß sich unter die Tausenden Fans, die von der in ihrer Wohnung Aufgebahrten Abschied nehmen wollen, auch hemmungslose Souvenirjäger mengen, die Edith Piafs Kleider in Fetzen reißen, Schallplatten, Photographien und Nippessachen mitgehen lassen. Und beim Begräbnis durchbrechen die Massen die von der Friedhofsverwaltung verfügten Absperrungen: Ein Chaos bricht aus. Der Pope, der die Einsegnung vornimmt, hat größte Mühe, sich Gehör zu verschaffen.

Théo Sarapo ist in den Tagen nach dem Leichenbegängnis unauffindbar, und wieder scheiden sich, was die Motive seines Handelns betrifft, die Geister. Während die einen ihm zugute halten, er habe sich, um in seiner Trauer ungestört zu bleiben, auf den Landsitz des mit ihm befreundeten Filmschauspielers Jean-Claude Brialy zurückgezogen, verdächtigen ihn andere, sich jener wüsten Zeitungsschlagzeilen zu schämen, die ihm unterstellen, er habe Edith Piafs Ableben finanziell ausgeschlachtet, indem er die Exklusivrechte für die Bildberichte vom Totenbett an den meistbietenden Pressekonzern Lazareff verhökert habe.

Erst geraume Zeit später wird er sich den harten Fragen der Reporter stellen, wird sich entrüstet gegen alle Behauptungen verwahren, Edith Piaf nur geheiratet zu haben, um sich zu bereichern, wird darauf verweisen, daß er die Gewinne aus dem anhaltenden Run auf Piaf-Schallplatten ausschließlich dafür verwende, die von seiner Frau hinterlassenen Steuerschulden abzudecken.

Zwei Monate nach Edith Piafs Tod startet der junge Witwer zu seiner ersten eigenen Tournee als Chansonnier. Die immer wieder gestellte Frage, ob er sich seine Karriere »erschlichen« habe, wird sich schon bald erübrigen: Nur sieben Jahre und Théo Sarapo kommt bei einem Autounfall in der Nähe von Limoges ums Leben. Vierunddreißig Jahre alt. Was heute, in der Rückschau auf Edith Piafs Lebensfinale einzig zählt, ist die tröstliche Gewißheit, daß sie selber in dem festen Glauben von dieser Welt gegangen ist, noch ein letztes Mal aus ganzem Herzen geliebt worden zu sein.

Schlechter Verlierer

Napoleon Bonaparte und Fanny Bertrand

Eigentlich wäre er ein Mann in den besten Jahren: Als Napoleon am 18. Oktober 1815 an Bord des Segelschiffes »Northumberland« auf der Atlantikinsel St. Helena eintrifft, hat er gerade erst seinen sechsundvierzigsten Geburtstag hinter sich. Doch Europas vormals mächtigster Potentat ist ein auf allen Linien Geschlagener: Die Engländer und ihre Verbündeten betrachten ihn als Kriegsgefangenen, schicken ihn in die Verbannung. Sogar der Kaiserwürde entkleiden sie ihn, nennen ihn herablassend »General Bonaparte«.

Damit er nicht ein weiteres Mal in Versuchung geraten kann, die Weltordnung zu stören, wird er an einen Ort deportiert, der so entlegen ist, daß es keinerlei Fluchtmöglichkeit gibt: Bis zum nächsten Festland sind es achtzehnhundert, bis Frankreich gar achttausend Kilometer. Die gebirgige Tropeninsel im südlichen Atlantik, Anlaufhafen auf der Route zum Kap der Guten Hoffnung, wird von knapp zweitausend Eingeborenen bewohnt, dazu kommen tausenddreihundertachtzig britische Soldaten. Das Schlagwort vom »tropischen Sibirien« macht unter den Neuankömmlingen die Runde: Was *dort* Kälte, ist *hier* drückende Hitze.

Aber das noch Schlimmere ist die rigoros eingeschränkte Bewegungsfreiheit: Einhundertfünfundzwanzig Wachposten sind dazu abkommandiert, Napoleon bei jedem seiner

Schritte im Auge zu behalten. Hätten ihn seine Bezwinger denn nicht als Privatmann in England leben lassen können, statt ihn, total abgeschottet von der Welt, auf einem öden Felsen mitten im Meer auszusetzen? Kein Wunder, daß sich das schwere Unrecht, das ihm in seinen Augen zugefügt wird, dem Exkaiser aufs Gemüt schlägt: Obwohl zunächst noch in ausgezeichneter körperlicher Verfassung, baut der sowohl unter dem ungewohnten Klima wie unter der quälenden Langeweile Leidende Zug um Zug ab, wird noch vor Ablauf dieser fünfeinhalb Jahre ein Wrack sein.

Die ersten paar Wochen auf St. Helena sind noch halbwegs erträglich: Mit dem im Dienst der Ostindischen Handelsgesellschaft stehenden Kaufmann William Balcombe, der das Gartenhaus seiner unweit des Ankerplatzes gelegenen Besitzung »The Briars« für den prominenten »Gast« zur Verfügung stellt, kann sich Napoleon sogar anfreunden, und für die vierzehnjährige Tochter des Hausherrn, ein ausgelassener Backfisch namens Betsy, empfindet er fast so etwas wie väterliche Liebe. Als die Balcombes einige Zeit später die Insel verlassen, wird er der Kleinen, die so viel zu seiner Aufheiterung beigetragen hat, zum Abschied eine Schachtel Bonbons zukommen lassen. Daß das Geschenk abgefangen und konfisziert wird, wirft ein bezeichnendes Licht auf die Strenge der Überwachung, der er unterliegt: Die Süßigkeiten könnten ja mit chiffrierten Nachrichten für die »Außenwelt«, vielleicht gar mit Anweisungen zur Fluchthilfe »gespickt« sein …

Mit solchen Schlupflöchern, aus denen geheime Botschaften zu den frustrierten Bonapartisten in Paris gelangen könnten, ist es ein für allemal vorbei, als Napoleon kurz darauf sein eigentliches Quartier zugewiesen erhält: Longwood, ein als

*Notwehr eines Ver-
zweifelten: Napoleon
als Gefangener auf
St. Helena*

Staatsgefängnis adaptiertes Farmhaus am anderen Ende der
Insel, steht auf einem kahlen, fünfhundertfünfzig Meter
hohen Plateau, wo die Bedingungen der Internierung geradezu ideal sind.

Natürlich lassen die Engländer ihren Gefangenen nicht in
einer Kerkerzelle schmachten: Napoleon hat ein Arbeitszimmer, einen Salon, ein Speisezimmer, ein Schlafzimmer
und ein Bad zu seiner Verfügung, im Korridor steht sogar ein
Billardtisch, und im Garten vorm Haus darf er selber Hand
anlegen, um Bäume zu pflanzen und Zierteiche anzulegen –
freilich nur in jenen allerersten Jahren seines Zwangsaufent-
haltes, da er noch Lust verspürt, ins Freie hinaus zu treten

und sich noch nicht in seinem Schlafzimmer abkapselt, das er späterhin kaum noch verläßt.

Es ist ein zwölf mal vierzehn Fuß großer Raum, dessen Wände mit braunem Baumwollstoff ausgeschlagen sind; die beiden kleinen Fenster sind statt der ortsüblichen Rolläden nur mit Gardinen aus weißer Leinwand versehen, bieten also den Wachesoldaten freien Zublick; das zusammenklappbare Feldbett, ein abgenutztes Sofa, eine billige Kommode, ein wackeliges Büchergestell, ein paar Rohrstühle und ein schäbiger Kamin bilden das Mobiliar. Einziger Luxus: ein prachtvoller Waschtisch mit silberner Schüssel und silbernem Krug. An Erinnerungsstücken finden sich vier oder fünf Bildnisse des jungen Napoleon, darunter eines, das seine Mutter gestickt hat, eine Marmorbüste seines Sohnes, eine Miniatur Kaiserin Josephines sowie ein Bild Marie Louises und – nicht zu vergessen! – die alte Weckuhr aus dem Besitz Friedrichs des Großen, die er seinerzeit in Potsdam hat mitgehen lassen.

Napoleons Tagesablauf folgt einem festen Schema: Gegen sechs Uhr steht er auf, noch im Hausmantel nimmt er eine Tasse Kaffee zu sich, nach der Morgentoilette läßt er sich vom Kammerdiener mit Eau de Cologne abreiben, schon um zehn wird zu Mittag gegessen, nach Tisch wendet er sich für drei Stunden dem Diktat seiner Lebenserinnerungen zu. Nach einem mindestens einstündigen Vollbad trifft er sich mit den ihm verbliebenen Freunden zu Gesprächen oder empfängt, sofern der für seine Sicherheit verantwortliche Gouverneur Sir Hudson Lowe die Zustimmung dazu erteilt hat, Besucher. Seine Versuche, sich mit Hilfe eines Sprachlehrers des Englischen zu bemächtigen, gibt er nach wenigen Monaten auf. Förmlich geht es bei dem aus fünf Gängen bestehenden Nachtmahl zu, pathetisch beim Deklamieren von Bühnentexten seiner Lieblingsdichter Corneille, Racine und Molière. Gegen dreiundzwanzig Uhr zieht sich Napoleon zurück; beim Schlafen in den feuchten, stets von einer Schicht weißgrünen Schimmels überzogenen Wänden stören ihn höchstens die Ratten, die durch den Raum huschen. Sie auszurotten, will den Bedienten ebensowenig gelingen wie das ausreichende Heizen der Räume, für das es auf der holzarmen Insel in der kalten Jahreszeit so sehr an Material mangelt, daß Napoleon eines Tages Teile seines Mobiliars demonstrativ zu Brennholz zerhacken läßt.

Mißt man die Umstände von Napoleons Internierung auf St. Helena an den Lebensbedingungen »normaler« Häftlinge, so wird man das Gefolge, das ihm die Engländer zugebilligt haben, allerdings fast einen Hofstaat nennen können: Die Generäle Bertrand und Montholon samt Gemahlinnen, General Gorgaud, Kammerherr de la Cases samt Sohn sowie zwölf Diener befinden sich in Napoleons Begleitung; auf Wohnungen in unterschiedlicher Nähe zum Sitz ihres »Monseigneur« verteilt, stehen sie jederzeit bereit, ihm das Leben in der Verbannung einigermaßen erträglich zu gestalten.

Besonders Graf Henri Gratien de Bertrand bewährt sich einmal mehr als der Treueste der Treuen. Seine Ergebenheit geht weit über militärischen Gehorsam hinaus: Seinem Abgott zu Ehren hat er·das älteste seiner Kinder auf den Namen Napoleon taufen lassen. Für seinen Kaiser würde der vier Jahre Jüngere, der schon bei den Schlachten von Austerlitz und Wagram Seite an Seite mit Napoleon gekämpft hat, der ihm zunächst als Adjutant und später als Divisionsgeneral gedient und der ihn nach der Abdankung von 1814 auch nach Elba begleitet hat, wohl sogar sein Leben geben.

259

Aussöhnung am Sterbebett:
Fanny Bertrand

Jetzt aber, in diesen zermürbenden Tagen zunehmender Vereinsamung auf St. Helena, geht es nicht um Bertrands *Leben*, sondern um Bertrands *Frau*: Napoleon, noch keine fünfzig Jahre alt, ist ohne liebende Gefährtin.

Auch da ist unter allen Vertrauten Seiner Majestät Bertrand der einzige, mit dem er offen über so Intimes reden kann. In seinen Privatissima, zu denen sich Napoleon mit ihm trifft, läßt er nostalgisch alle seine einstigen Liebschaften Revue passieren, zählt sie ihm an den Fingern auf: Sieben seien es gewesen, die ihm wirklich etwas bedeutet hätten. Auch auf seine Ansichten zu Eros, Liebe und Ehe kommt Napoleon zu sprechen: Monogamie zum Beispiel, so doziert er, sei keineswegs etwas Natürliches, sondern nichts weiter als ein Ausfluß gesellschaftlicher Konventionen.

Gebannt lauscht Bertrand der Stimme seines Herrn: nichts, dem er, der seinem Idol willenlos Ergebene, nicht freudig zustimmen würde. Napoleon kann es also ohne jedes Risiko wagen, an sein Gegenüber die Frage zu richten, ob er, Bertrand, dazu bereit wäre, ihm für eine Zeitlang seine Frau abzutreten. Bertrand weiß nicht, daß Napoleon schon an anderer Stelle einen Vorstoß in der gleichen Richtung unternommen hat. Doch bei seinem Leibarzt Dr. Antommarchi, den er als Kuppler einzuspannen versucht hat, ist er abgeblitzt: Antommarchi, der auch Madame Bertrand behandelt, wenn sie ärztlicher Hilfe bedarf, mag sich für solche Machenschaften nicht hergeben; Napoleon wird dem störrischen Mann dessen hartnäckige Weigerung sein Leben lang nicht verzeihen, ja ihn sogar verdächtigen, selber ein Auge auf die schöne Madame Bertrand geworfen zu haben.

Statt an den Schmiedl wendet er sich also an den Schmied: Natürlich könnte er es sich noch leichter machen und den direkten Weg wählen, versuchen, Madame Bertrand, der man ohnehin eine Neigung zu Seitensprüngen nachsagt, ohne Einschaltung Dritter für ein galantes Abenteuer zu gewinnen. Doch dafür respektiert er deren Ehemann zu sehr: General Bertrand zu hintergehen, verböte ihm sein Ehrbegriff. Nein, Napoleon will mit offenen Karten spielen, spricht also unverblümt seinen Wunsch aus. Und so, wie er sich noch in jeder Situation auf seinen treuen Vasallen hat verlassen können, kann er auch diesmal mit dessen blinder Gefolgschaft rechnen: Bertrand weiß, was er seinem Herrn schuldig ist ...

Gräfin Françoise Elisabeth Bertrand, von ihren Freunden Fanny und von ihren Bewunderern »la grande Fanny« genannt, ist zwölf Jahre jünger als ihr Mann und sechzehn Jahre jünger als Napoleon. Sie ist eine Schönheit von edelstem Geblüt: Ihr Vater, General Arthur Dillon, entstammt einem einflußreichen irischen Adelsgeschlecht und ist zur französischen Krone übergelaufen, die Mutter ist Kreolin. Ihren Gatten, mit dem sie drei Kinder hat, läßt sie nach ihrer Pfeife tanzen; wenn sie in ihren stets nach der neuesten Mode angefertigten Roben durch die Räume schwebt, gibt sie zu erkennen, daß sie sich unter ihrem Wert vermählt fühlt, daß ihr eigentlich ein Platz an der Seite eines Herzogs oder Fürsten zustünde. Ihren verschwenderischen Lebensstil kann sie sich nur leisten, weil Napoleon den Bertrands in den Tagen, da man noch in den Tuilerien residierte, ein beträchtliches Vermögen zugeschanzt hat.

Ihre jetzige Verbannung geht ihr also mächtig gegen den Strich. Schon, daß ihr Mann seinerzeit Napoleon auf die Insel Elba gefolgt ist, hat ihr schwer zugesetzt. Hat sie sich nicht gar, als man an Bord der »Northumberland« ging, um nach St. Helena zu segeln, aus einer der Schiffsluken ins Meer zu stürzen versucht, um die Pläne ihres Angetrauten zu durchkreuzen? Von einem Matrosen, der den Vorgang beobachtet hat, eilends alarmiert, kann General Bertrand im letzten Augenblick seine Frau von ihrem Verzweiflungsschritt abhalten. Da will sie wenigstens, wenn die Übersiedlung auf die entlegene Atlantikinsel nun schon unabwendbar ist, ihr dortiges Eigenleben gesichert wissen: Fanny Bertrand besteht darauf, statt mit Napoleon in Longwood unter einem Dach zu wohnen, eine separate Residenz im anderthalb Kilometer entfernten Hutt's Gate zu beziehen, die sie ganz nach ihrem Geschmack einrichten kann. Sie läßt rund um den alten Kolonialbesitz Bäume pflanzen, legt Blumenbeete an, schmückt das Portal mit Kamelien, die schon in Frankreich ihre erklärten Lieblingsblumen gewesen sind.

Napoleon weiß Fanny Bertrands Hang zum Exklusiven zu schätzen, sie ist ihm eine glänzende Unterhalterin, und im Gegensatz zu den anderen Damen in seiner Entourage zieht er vor ihr regelmäßig, wenn er ihr gegenübertritt, den Hut. Man begegnet einander bei den Mahlzeiten, bei mancherlei Gesellschaftsspielen, bei den gemeinsamen nachmittäglichen Ausritten, und wenn eines von beiden unpäßlich daniederliegt, stattet man einander Besuche ab. Auch Napoleon eilt also in solchen Fällen an ihr Krankenlager.

Sein Verlangen, eine Frau wie sie auch zur *Mätresse* zu haben, steigert sich im gleichen Maße, wie sein Drang nach bloßer sexueller Befriedigung, dem nachzugeben er auch jetzt vielerlei Möglichkeiten hätte, mehr und mehr nachläßt. Doch Fanny Bertrand mag von alledem nichts wissen – zumindest nicht jetzt. Vielleicht wäre sie zu einem früheren Zeitpunkt geneigt gewesen, Napoleons Drängen nachzugeben: Nun, in seinem letzten Lebensjahr, ist Seine Majestät ein von seinem fortschreitenden Magen- und Leberleiden gezeichneter Mann, dessen Korpulenz mit Übellaunigkeit einhergeht, dem nicht einmal mehr der Schnupftabak schmeckt und bei dem sich auch erste maßlos übersteigerte Wahnvorstellungen einstellen. Fanny Bertrand, im Bemühen, den um ihre Gunst Buhlenden nicht zu sehr vor den Kopf zu stoßen, entzieht sich ihm mit aller ihr angeborenen Schläue. Und kann dennoch nicht verhindern, daß er auf ihre so sanfte wie bestimmte Abfuhr ungestüm, ja mit geradezu monströsen Haßausbrüchen reagiert, die sie, selbst in dieser Situation klug und beherrscht, Napoleons miserabler Gemütsverfassung zuschreibt und als Notwehr eines Verzweifelten einstuft.

Schwerer hat es ihr Mann, mit der neuen Situation fertigzuwerden: General Bertrand kann nur fassungslos zuhören, als Napoleon den treuen Weggefährten zu sich ruft und den vier Jahre Jüngeren anbrüllt: »Wissen Sie überhaupt, was für eine Frau Sie haben? Alle Spatzen pfeifen es von den Dächern: Mit jedem englischen Offizier, der bei Eurem Haus vorbeikommt, geht Madame ins Bett! Wieso haben Sie da nicht gleich aus ihr eine Prostituierte gemacht?«

Ist es die anhaltende Kränkung durch Napoleons wüste Ausfälle oder wirklich – wie sie selber es darstellt – die Sorge um ihre Kinder, daß Fanny Bertrand eines Tages ihren Mann mit dem Plan konfrontiert, St. Helena für einige Zeit verlassen zu wollen? Ihr »offizielles« Argument: Die Kinder brauchten eine ordentliche Ausbildung, müßten in französischen Schulen untergebracht werden. Sobald dies erledigt sei, werde sie auf die Insel zurückkehren.

General Bertrand stimmt dem Vorhaben seiner Frau zu, man beginnt mit dem Packen, erkundigt sich nach dem nächsten Schiff, das Madame und die Kinder an Bord nimmt. Doch das Projekt muß im letzten Augenblick zurückgestellt werden: Napoleons Gesundheitszustand – Diagnose Magenkrebs – verschlechtert sich rapide, Leibarzt Dr. Antommarchi gibt seinem Patienten nur noch wenige Wochen, der »Hofstaat« des Todkranken muß für den Fall des Falles vollzählig zur Stelle sein.

Als sich am 4. Mai 1821, einen Tag vor seinem Ableben, zum letztenmal Napoleons Anhang am Sterbebett versammelt, um von dem Einundfünfzigjährigen Abschied zu nehmen, ist auch Fanny Bertrand unter denjenigen, die ihm die Hand reichen. Der Gefangene von St. Helena und seine – wenn auch verhinderte – letzte Liebe haben sich im Angesicht des Todes ausgesöhnt.

Literaturverzeichnis

»AUF HÄNDEN MÜSST IHR IHN TRAGEN!«
Constanze Mozart und Nikolaus von Nissen

Ludwig Berger: Die unverhoffte Lebensreise der Constanze Mozart. Tübingen 1955
Klemens Diez: Constanze, formerly widow. Mellen 1991
Heinz Gärtner: Constanze Mozart after the requiem. Portland 1991
Konstanze Mozart: Briefe. Dresden 1922
Georg Nikolaus Nissen: Biographie W.A. Mozarts. Leipzig 1828

»FÜR DICH ERBLÜHEND IN WONNE …«
Richard Wagner und Carrie Pringle

Martin Gregor-Dellin: Richard Wagner – sein Leben, sein Werk, sein Jahrhundert. München/Zürich 1982
Hans Mayer: Richard Wagner in Selbstzeugnissen und Bilddokumenten. Reinbek 1959
Rolf Schneider: Ich bin ein Narr und weiß es. Berlin 2001

DIE LIEBLICHSTE DER LIEBLICHSTEN GESTALTEN
Johann Wolfgang von Goethe und Ulrike von Levetzow

Richard Friedenthal: Goethe – sein Leben und seine Zeit. München 1968
Johann Wolfgang Goethe: Elegie von Marienbad. Frankfurt/Leipzig 1991

Franz Götting (Hrsg.): Goethes Leben und Werk in Daten und Bildern. Frankfurt 1966
Klaus Seehafer: Mein Leben ein einzig Abenteuer. Berlin 1998

»EINE ART GESUNDHEITSLIEBE ...«
Heinrich Heine und Elise Krinitz

Wolfgang Haedecke: Heinrich Heine. München 1985
Josef Kruse: Heinrich Heine. Frankfurt 1983
Christian Liedtke: Heinrich Heine in Selbstzeugnissen und Bilddokumenten. Reinbek 1997
Corinne Pulver: Mouche. Düsseldorf 1993
Camille Selden: L'Esprit moderne en Allemagne. Paris 1869
Edda Ziegler: Heinrich Heine. Zürich 1993

ZWEITER ANLAUF
Edgar Allan Poe und Elmira Royster

William Bittner: Poe. Boston 1962
Marie Bonaparte: Edgar Poe – eine psychoanalytische Studie. Wien 1934
Dietrich Kerlen: Edgar Allan Poe – Der schwarze Duft der Schwermut. Berlin 1999
Walter Lennig: Edgar Allan Poe in Selbstzeugnissen und Bilddokumenten. Reinbek 1959
G.M. Tracy: Les amours extraordinaires d'Edgar Poe. Paris 1963

»MEINE KLEINE ELFE ...«
Henrik Ibsen und Rosa Fitinghoff

Robert Ferguson: Henrik Ibsen. Eine Biographie. München 1998
Gerd Enno Rieger: Henrik Ibsen in Selbstzeugnissen und Bilddokumenten. Reinbek 1981

»ICH WEISS UND FÜHLE ...«
Arthur Schnitzler und Suzanne Clauser

Dominique Auclères: Arthur Schnitzler tel que je l'ai connu. In:
Journal of the International Schnitzler Research Association. 1963
Elisabeth Heresch: »Als gehörte Schnitzlers Reichtum mir.« In:
Die Presse, Wien o.J.
Arthur Schnitzler: Briefe. Frankfurt 1981 ff.
Arthur Schnitzler: Tagebuch. Wien 2000

»EIN WUNDERBARES WESEN ...«
Franz Kafka und Dora Diamant

Josef Cermák: Nachrichten vom Krankenbett. In: Prager deutsch-
sprachige Literatur zur Zeit Kafkas. Wien 1991
Dora Diamant: Mein Leben mit Franz Kafka. In: Hans-Gert Koch
(Hrsg.): »Als Kafka mir entgegenkam ...« Berlin 1995
Nahum N. Glatzer: Frauen in Kafkas Leben. Zürich 1987
Ronald Hayman: Kafka. Sein Leben, seine Welt, sein Werk.
Bern/München 1983
Gina Thomas: Kafkas Geliebte. In: Frankfurter Allgemeine Zei-
tung 17.8.1999
Werner Timm: Münitz. Franz Kafkas Begegnung mit Dora Dym-
ant. In: Freibeuter Nr. 28, Berlin 1988

»DU LIEBES, LIEBES MÄDEL!«
Josef Weinheber und Gerda Janota

Helmut Bräundle-Falkensee: »A Flaschn Ribiselwein, i muaß dichten!« In: Morgen Nr. 81, Wien 1992
Dietmar Grieser: Glückliche Erben. München/Wien 1983
Peter Mosser: Vom Gasthof auf den Dichterberg. In: Wiener Zeitung 6.3.1992

»ICH BIN DER SCHULDIGE!«
Hans Fallada und Ursula Losch

Kerstin Blanck: Wirklichkeit und Fiktion in Fallada-Biografien. In: Hans-Fallada-Jahrbuch Nr. 3, Neubrandenburg 2000
Hans Fallada: Drei Jahre kein Mensch. Berlin 1997
Jürgen Manthey: Hans Fallada in Selbstzeugnissen und Bilddokumenten. Reinbek 1963
Jenny Williams: Mehr Leben als eins. Berlin 2002

MIT HAUT UND HAAR
Joseph Roth und Irmgard Keun

David Bronsen: Joseph Roth. Eine Biographie. Köln 1974
Hiltrud Häntzschel: Irmgard Keun. Reinbek 2001
Gabriele Kreis: »Was man glaubt, gibt es.« Zürich 1991
Heinz Lunzer: Joseph Roth. Leben und Werk in Bildern. Köln 1994
Ingrid Marchlewitz: Irmgard Keun. Leben und Werk. Würzburg 1999
Helmut Nürnberger: Joseph Roth in Selbstzeugnissen und Bilddokumenten. Reinbek 1981

»ICH WERDE EWIG UNGLÜCKLICH SEIN …«
Leonardo da Vinci und Francesco Melzi

Silvia Alberti de Mazzeri: Leonardo da Vinci. Düsseldorf 1987
Kenneth Clark: Leonardo da Vinci in Selbstzeugnissen und Bilddokumenten. Reinbek 1969
Sigmund Freud: Eine Kindheitserinnerung des Leonardo da Vinci. Frankfurt 1976
Wilhelm Suida: Leonardo und sein Kreis. München 1929
Antonina Vallentin: Leonardo da Vinci. München 1951

DIE EHRBARE DIRNE
Rembrandt und Hendrickje Stoffels

Bob Haak: Rembrandt – Leben und Werk. Köln 1991
Oskar Kloeffel: Rembrandt und Hendrickje. Prag/Berlin/Leipzig 1944
Ro Oven: Hendrickje Stoffels. Amsterdam 1961
Christian Tümpel: Rembrandt in Selbstzeugnissen und Bilddokumenten. Reinbek 1977

»LIEBE MIZZI!«
Gustav Klimt und Marie Zimmermann

Wolfgang Georg Fischer: Gustav Klimt und Emilie Flöge. Wien 1987
Gustav Klimt: Die Zeichnungen. Salzburg 1980-1989
Christian M. Nebehay: Gustav Klimt schreibt an eine Liebe. In: Klimt-Studien Jahrgang 22/23, Nr. 66/67. Salzburg 1978
Christian M. Nebehay: Gustav Klimt – Von der Zeichnung zum Bild. Wien 1992
Susanna Partsch: Klimt – Leben und Werk. München 1990
Susanna Partsch: Gustav Klimt, Maler der Frauen. München 1994

DIE HÖLLE
Richard Gerstl und Mathilde Schönberg

Otto Breicha: Gerstl und Schönberg. Salzburg 1993
Richard Gerstl: Bilder zur Person. Salzburg 1991
Otto Kallir: Richard Gerstl. In: Mitteilungen der Österreichischen Galerie Nr. 62, Wien 1974
Arnold Schönberg: Gesammelte Schriften. Frankfurt 1976
Klaus A. Schröder: Richard Gerstl. Diss. Wien 1995

DIE KOKOSNUSS
Amedeo Modigliani und Jeanne Hébuterne

Patrice Chaplin: Modiglianis letzte Geliebte. Reinbek 1992
Jean-Paul Crespelle: Modigliani – seine Frauen, seine Freunde, sein Werk. Hamburg/ Düsseldorf 1973
June Rose: Modigliani. Bern 1991

KEIN SÜSSER FRATZ
Fred Astaire und Robyn Smith

Larry Billmann: Fred Astaire. A Bio-Bibliography. Westport/London 1997
Dietmar Grieser: Heimat bist du großer Namen. München/Wien 2000
Stephen Harvey: Fred Astaire. Seine Filme, sein Leben. München 1982
Tim Satchell: Astaire. The Biography. London/Melbourne/Johannesburg 1987

»GIB NUR ACHT, ÜBER NACHT KOMMT DIE LIEBE …«
Greta Keller und Wolfgang Nebmaier

Gotthard Böhm: Die geliebte Stimme. In: Die Presse, Wien 7.11.1977
Felix Czeike: Historisches Lexikon Wien. Wien 1994
Renate Wagner: Wanderin zwischen den Welten. In: Frauenblatt, Wien 31.7.1993

JE NE REGRETTE RIEN
Edith Piaf und Théo Sarapo

Simone Berteaut: Ich hab' gelebt, Mylord. Frankfurt/Berlin/Wien 1974
Dietmar Grieser: Irdische Götter. München/Wien 1980
Edith Piaf: Mein Leben. Reinbek 1966

SCHLECHTER VERLIERER
Napoleon Bonaparte und Fanny Bertrand

Henri Gratien Bertrand: Cahiers. Paris 1950–1959
Vincent Cronin: Napoleon. Hamburg 1973
Ronald F. Delderfield: Napoleon und das zarte Geschlecht. Stuttgart 1960
Gilbert Martineau: Napoleons St. Helena. London 1968
Jean Savant: Les amours de Napoléon. Paris 1956

Bildnachweis

Österreichische Nationalbibliothek 19, 22, 49, 55, 59, 83, 155, 163, 167, 176, 195, 223; Ullstein 77, 114, 182, 213; Gesellschaft für Musikfreunde 34; Richard-Wagner-Stiftung 39; Heine-Institut 67; Artemis & Winkler Verlag 73; Zeit-Magazin 89; Deutsches Literaturarchiv 99; Bibliothèque Nationale de France 109; Weinheber-Archiv 125, 131; Hans-Fallada-Archiv 137, 142; Martina Keun-Geburtig /Rowohlt Verlag 150; Archiv für Kunst und Geschichte 173; Prestel Verlag 185; Wiener Stadt- und Landesarchiv 191; Schönberg-Archiv 199; Corbis 229; Vallechi 208; Klaus Bischoff 235; Musée Piaf 249; Victor Gollancz Ltd 260.

In einzelnen Fällen konnte der Verlag die Inhaber der reproduzierten Bilder nicht ausfindig machen. Wir bitten Sie daher, dem Verlag bestehende Ansprüche zu melden.